トーマス・H・オグデン
Thomas H. Ogden
：著

上田勝久
Ueda Katsuhisa
：訳

生を取り戻す

生きえない生をめぐる精神分析体験

Reclaiming Unlived Life:
Experiences in Psychoanalysis

金剛出版

Reclaiming Unlived Life:
Experiences in Psychoanalysis
by
Thomas H. Ogden

©2016 Thomas H. Ogden
Japanese translation rights arranged with The Marsh Agency Ltd., London
through Tuttle-Mori Agency, Inc., Tokyo

生を取り戻す
——生きえない生をめぐる精神分析体験——

　本書『生を取り戻す』は，著名な精神分析家であるトーマス・H・オグデンが豊富な臨床例をもとに，分析的な営みをときに促進し，ときに阻害する，さまざまなタイプの思考のありようについて描き出したものである。本書ではウィニコットとビオンの研究を下敷きに「クリエイティブ・リーディング creative reading」という独自のスタイルで，生きえない生の普遍性と生きえない生が分析体験のなかで取り戻されていく道筋について検討されている。また，本書では分析実践における直観の役割と自分独自の分析スタイルを確立していくプロセスについても考察されている。

　オグデンは真実と心的変化の相互作用の多様な形態について，体験の真実と向き合おうとする意識的・無意識的な試みがもたらす変形作用について，そして，精神分析家が患者のこころの進展のみならず，自分自身の進展をも理解していくそのありかたについて取り扱っている。本書には分析家が臨床的な営為に取り組む際に，また，ボルヘスやカフカの作品を読む際に，真実という概念を捉え，活用していく，その新たな方法が提示されている。

　『生を取り戻す——生きえない生をめぐる精神分析体験』は精神分析家や精神分析的心理療法家のみならず，研修生や精神分析の著書に関心を寄せるすべての人々を魅了してやまない著書である。

　トーマス・H・オグデン博士は精神分析の理論と実践に関する 11 冊の著書を出版しており，近年では『クリエイティブ・リーディング——独創的な精神分析論文に関するエッセー *Creative Readings : Essays on Seminal Analytic Works*』，『精神分析の再発見 *Rediscovering Psychoanalysis*』，『精神分析というアート *This Art of Psychoanalysis*』などの著書を出版してい

iii

る。彼の作品は 20 ヵ国以上で翻訳されており，この分野への貢献が認められたことで，2012 年にシガニー賞を受賞した。さらに彼は『*The Parts Left Out*』と『*The Hands of Gravity and Chance*』という二冊の小説も出版している。

アレスサンドラ・レンマ Alessandra Lemma

目次

本書の概要　　アレスサンドラ・レンマ ……………………………… iii

謝　辞 ………………………………………………………………… vii

第 1 章　真実と心的変化——序に代えて …………………………… 1

第 2 章　思考の三形態——魔術的思考，夢思考，変形性思考 ……… 21

第 3 章　破綻恐怖と生きえない生 …………………………………… 57

第 4 章　起きていることの真実を直観すること
　　　　——ビオンの『記憶と欲望についての覚書』をめぐって …… 87

第 5 章　精神分析家になること …………………………………… 115

第 6 章　意識性という「贈り物」，その暗きアイロニー
　　　　——カフカの『断食芸人』 ………………………………… 141

第 7 章　全と無を包みこむ文字の生
　　　　——ボルヘスの『バベルの図書館』 …………………… 173

第 8 章　トーマス・H・オグデンとの会話 …………………… 207

解　題 ……………………………………………………………… 231

索　引 ……………………………………………………………… 246

v

謝　辞

　本編で以下の論文について使用許可を与えてくれた『The Psychoanalytic Quarterly』に感謝申し上げます。

カフカ，ボルヘス，意識性の創造
第一部　意識性という「贈り物」，その暗きアイロニー
Psychoanalytic Quarterly 78. 343-367, 2009.

カフカ，ボルヘス，意識性の創造
第二部　全と無を包みこむ文字の生
Psychoanalytic Quarterly 78. 369-396, 2009.

思考の三形態——魔術的思考，夢思考，変形性思考
Psychoanalytic Quarterly 79. 314-347, 2010.

起きていることの真実を直観すること
——ビオンの「記憶と欲望に関する覚書」をめぐって
Psychoanalytic Quarterly 84: 285-306, 2015.

　『*International Journal of Psychoanalysis*』のご厚意により，本編に掲載されている以下の論文の使用許可を与えてもらいました。

破綻恐怖と生きえない生
International Journal of Psychoanalysis 91. 205-224, 2014.

精神分析家になること（ギャバード G. O. Gabbard との共著）

International Journal of Psychoanalysis 90: 311-327, 2009.

『*Rivista di Psicoanalisi*（*The Journal of the Italian Psychoanalytic Society*)』の掲載許可に感謝いたします。

ルカ氏との会話におけるオグデン
Rivista di Psicoanalisi 59. 625-641, 2013.

フランツ・カフカ全集からの引用（copyright © 1946, 1947, 1948, 1949, 1954, 1958, 1971 by Schocken Books, an imprint of the Knopf Doubleday Group, a division of Random House LLC）は Penguin Random House LLC の一部門である Knopf Doubleday Publishing Group 内の出版社 Schocken Books の許可のもと使用しており，無断転載を禁じます。

フランツ・カフカの『日記 1910-1923』からの引用（translation copyright © 1948, 1949, copyright renewed 1976, 1977 by Schocken Books, a division of Random House LLC）は Penguin Random House LLC の一部門である Knopf Doubleday Publishing Group 内の出版社 Schocken Books の許可のもと使用しており，無断転載を禁じます。

ホルヘ・ルイス・ボルヘスの『迷宮』からの引用（translated by James E. Irby, copyright © 1962, 1964 by New Directions Publishing Corp）は New Directions Publishing Corp の許可を得て再出しています。

ホルヘ・ルイス・ボルヘスの『迷宮——選ばれた物語とそれ以外の書』のなかの『バベルの図書館』はボルヘス財団の代表 Pollinger Limited（www.pollingerltd.com）の許可を得て転載しています。

ギャバード博士には私たちの共著論文『精神分析家になること』（本書第5章）での創造的な共同作業に対して，ルカ博士には本書の最終章にある会

話にもたらした知と想像力に対して感謝申し上げます。また，マルタ・シュナイダー・ブロディ博士からは本書のいくつかの章に対して明敏なコメントをいただきました。そして，ジーナ・アトキンソンとパトリシア・マーラは本書の出版に向けてさまざまなことを考え，配慮してくれました。感謝申し上げます。

第1章
真実と心的変化
──序に代えて──

　折にふれて，私は自分が精神分析家としてどのような存在になったのかを，なりつつあるのかを，そのプロセスについて可能な限り書くことで明らかにしようとする（Ogden, 1994, 1997a, 1997b, 2004, 2009 を参照）。このような試みをどこから始めればよいのかを知ることは難しいが，いまの私にとって適切だと思える出発点は，一人ひとりの患者と共に新鮮な精神分析を考案していくところにあると感じられる。これから私は自身が精神分析家として機能する方法についてさまざまな側面から考えるつもりだが，この一つひとつが私の経験を正確に反映する形で統合され，全体性をもってまとめられるわけではないことをあらかじめことわっておきたい。それでも，私自身のために，あるいは読者のために，それらをここに列挙することが，読者が精神分析をどう実践するのかを知ることに寄与し，自分自身の何かを創り出すうえでの考えの糸口になることを願ってやまない。

　私は自分がそれぞれの患者とそれぞれに異なるやりかたで，異なる声のトーンで，異なる声の高さで，大きさで，口調で，異なる文法で，異なる言葉を選択しながら話していることに気づくようになった。そうすることで，私は他のどのようなやりかたでも，他のどのような人にも語りえないことを伝達しているのだろう。このことは別段驚くことでもなく，私は成人したふたりの息子のうちのひとりと話す際に，もうひとりの息子と同じようには話さないし，人生のいついかなるときも母と話すように父と話したことはなかったし，他の誰かと話すように妻と話すこともない。私との親密な会話

1

conversation に入っていく一人ひとりの人が私を引きこみ，私もまた彼らを引きこみ，そうすることで私はいくらか違う人間となり，それぞれの人に応じた，それぞれに違ったやりかたで話していく。会話が親密になるほど，このことはさらに真実となっていく。患者との会話は私の人生のなかでもっとも親密な事柄のひとつである。

　私のそれぞれの患者は，私が他の患者と話している様子を見たならば，きっと驚くに違いない。ある患者に対する私の話しぶりは，他の患者にとっては異質なものに感じられるはずである——私がある患者に語ることやその語り方は，別の患者にとってはあまりにも友好的で，あまりにも母性的で，あまりにも格式ばったものとして響くかもしれない。換言すると，その患者は私の別の患者との話し方を自分には合わないと感じるはずである。それは妥当な感覚である。なぜなら，その話し方はその人用のものではないし，その人と**共に**，その人の**ために**創り出されたものではないからである。

　私の分析的な営みにおける言葉のやりとりのリズムもまた，各々の患者固有のものとなる。ここでいうリズムとは，患者が話しているあいだ沈黙が広がり，私がコメントすることでその静寂が打ち破られる，そうしたリズムのことではない。それは面接室外の普段の会話のリズムとも異なっている。分析的な会話のリズムは他のどの会話のリズムとも異なっている。これには相互に関連し合ういくつかの理由がある。

　第一に，分析的な会話が取りもたれる設定は，患者と分析家に「起きていながら夢見ること waking dreaming（もの想い reverie）」や「夢見としての語らい talking-as-dreaming」(Ogden, 2007)，「夢思考 dream thinking」や「変形性思考 transformative thinking」（夢思考と変形性思考に関する検討は第2章を参照）といった形で夢見る機会を供給するようデザインされているからである。夢見るための空間を創り出そうとする試みのなかで，（初回面接などは別として）患者がカウチに横たわっているあいだ，私はその背後に座っている。分析開始時に，私は自分が対面での会話とは異なるやりかたで考えるためにプライバシーの感覚を要しており，それゆえにカウチを用いることをそれぞれの患者に説明する。そして，このことは患者にも当てはまるかもしれないと付け加えている。私はセッションの頻度に関係なく，カウチを用

いて患者との営みに取り組んでいる。

　第二に，私自身はフロイト（1912）の「基本原則 fundamental rule」に従っていないという理由があげられる。私は自身の経験のなかで，あるいは私のコンサルテーションを受けに来た分析家たちの仕事ぶりを窺うなかで，「思いついたことはすべて話すように」という教示は，セッションで夢見る自由を得るために不可欠な患者のプライバシーの権利を損ないかねないことに気づくようになった。ゆえに，私は患者に対して（ときに明確に，ときに暗黙裡に）思いついたことをすべて話すのではなく，言いたいことはすべて言ってもよいし，彼らがそうするなら自分のなかにしまっておいてもよいことを，そして，私自身もそうすることを伝えている（Ogden, 1996）。

　セッションにおけるこうしたさまざまなコンテインメント（分析的な枠組みのマネジメント）の結果，他のどの会話とも異なる会話のリズムが生起する。それはたえず私が存在し続けるなかで（たえず耳を傾け，時折話すなかで），私と患者がさまざまな形の夢見を出入りすることにともなわれるリズムである。分析セッションにて夢から覚めることは，夢そのものが本来的にもつ治療的意義と同じくらい重要である。夢見について語ることは——私たちの夢見の意味について何らかの理解を得ることは——治療プロセスにおける不可欠な要素である。

　こうした事柄と分析が企図する——この営みが主に患者の心的成長を手助けする機能を発揮するようデザインされているという事実もふくめた——その他の特性との組み合わせが，分析的な会話それ独自のリズムに貢献している。このリズムは各々の患者ごとに，その時々によって異なるが，概してここには患者のほうが私よりも多くを語り，そうでありながら双方が会話を「支配」してしまうことのない，生き生きとした交流がある。さらにいえば，私は自身の発言も端的なものに留めようとはしない。ときには相当長く話している自分に気づくこともあるし，ある物語を患者に話すこともある（ときに患者はその物語をすでに知っているにもかかわらず，私の話を聞くために知らないふりをすることさえある）。分析関係におけるその他のあらゆる事柄と同様に，そのような会話の流れは，**この患者**と**この分析家**（私がその分析のなかでなりつつある分析家）だけが，**この特別なやりかた**でのみ，命を吹

第1章　真実と心的変化——序に代えて——　　3

きこむことのできる創造物である。

　私がその患者と共に，その患者のための精神分析を創造できていないとき，その分析は患者にとっても私にとっても，いかにも当たり障りのない非個人的なものに感じられる。その種のセッションでは，しばしば私は退屈し，眠りこけてしまうこともある。このような状況で眠りこけるのは，私が患者と**共**にそのセッションを夢見ることができていないことのシグナルであり，無意識のうちに自分ひとりで「セッションを夢見ようとする」ことで，その作業を回避しているのだと考えられる。

　私は精神分析家としての自身の仕事を，患者が自分だけで夢見るにはあまりにも辛すぎる体験の一部を患者と**共**に夢見ることだと捉えている（Ogden, 2004）。ここではこの**夢見ること**という用語を無意識的な思考を表すものとして使っているが，それは情緒的な問題に対してさまざまなタイプの思考——一次過程思考と二次過程思考，時間の共時的感覚 synchronic と通時的感覚 diachronic，原因思考と結果思考，そして，こうしたふたつのものを順次的な関係から脱却させる思考——を同時的にもたらすゆえに，人間が可能なもっとも豊かな思考形態であると私は考えている（「夢思考」についての詳細は第2章を参照）。「考えというものがどこから去来するのか」については語りえない。私の主たる精神分析の教師は，フロイト，クライン，フェアベァン，ウィニコット，ビオン，ローワルド，サールズといった人たちだが，詩人や小説家，劇作家などからも精神分析に関する多くのことを学んできた。私が検討してきたアイデアの発展に寄与した人たちの功績を称えるうえでも，「私の」分析実践について記したすべての文章に彼らの業績を参考文献として付加すべきだろうと感じることがある。だが，別の見方をすると，彼らの作品と共に私が作り出すものは私独自のものであるゆえ，参考文献として並べる必要性はまったくないのかもしれないと感じたりもする。

　私はその人生過程において，両親との体験を通じて，そして，共に作業してきた三人の精神分析家たちとの体験を通じて，根本的な変容を遂げてきた。幸いにも，これらの体験による変化はどれも相当に豊かで成長促進的なものだった。そして，私は彼らが私にしてくれた以上に，さらに良い分析家になる責任があると感じるようになった。ここでいう責任については親と子の世

代間継承についても同様のことがいえるだろう。彼ら（分析家や両親）以上により良きことをする責任を果たそうとすることは，何も反抗や抵抗などではない。むしろ，それこそが彼らを最大限に活用しようとする試みとなる。私の両親が私に対してもっと良い親でありたいと願っていたことを私は知っているし，私の分析家たちもそうであったと私は思う。両親のなかにあると私が感じたこの種の願いは，私が子どもたちに対してより良き親となる道を，患者たちに対してより良き分析家になる道を想像していく（「夢見て創り上げる dream up」）ニードを発展させるうえで，とても大切なものとなった。孫たちと一緒にいると，息子が私よりも良い父親であることがはっきりと窺える。このことにより，私は息子に対して駄目な父親であったとか，打ち負かされたなどと感じることはない。それどころか，子どもが親に与えるこれ以上の贈り物があるだろうか？

　いま子どもや患者が「より良き親」や「より良き分析家」になっていく話をしているときに私の頭に浮かんでいるのは，子どもたちが（あるいは被分析者たちが）十分に成長し，自分の痛みを自分でもちこたえうるキャパシティを高め，発達させていく姿である。世代間継承において，親や分析家が子どもや患者の苦痛を支えていく力と同じくらい大切なことは，発達の各段階に応じて，子どもや患者に**彼ら自身の苦痛を返していく能力**である。なぜなら，その痛みは**彼ら（子どもや患者）のもの**であり，彼らの自己感覚においてなくてはならないものだからである。このことはその人のトラウマ体験にさえも，いや，より正確にいえば，トラウマ体験**にこそ**当てはまる。トラウマ体験が「生きえない unlived」ままになっているその程度に応じて，その個人は殺されていく。親や分析家が子どもや患者自身の苦痛に対する責任を彼らに返していく行為は，その痛みを支えることと同じくらい難事である。というのも，この責任を返していくことは，親や分析家のなかの自分が必要とされている感覚の源——比類なき満足感や自己肯定感を味わわせ，それを手放すことなど到底信じられないような感覚——を放棄することを意味するからである。

　精神分析の理論は面接室での患者との体験と切り離せない。患者と事に取り組むあいだ，分析的なアイデアは常に舞台袖に置かれている。たとえ分析

理論が私の意識的思考の範疇外にあったとしても，依然としてそれは「マトリックス（心的な文脈，メタファーとしての子宮）」を構成し，患者と作業するときの私の体験の持ち方に刻みこまれている。無意識（分析家以外の人には真に理解しえない分析的な意味での無意識）や夢見ること（同じく分析家のみが理解しうる意味での夢見ること），もの想い，転移，乳児的・幼児的性愛，破綻恐怖といった基本アイデアが，私の人生のこの時点での私の心的構造や思考構造に組みこまれていないはずがない。理論が私の足枷となるのは，私がそれを疑問に対する準拠枠としてや問いを喚起するものとしてではなく，問いへの答えとして用いている自分に気づいたときのみである。

　分析理論の役割は患者ごとに大きく異なってくる。その患者と共にいるその時々によっても，その瞬間によっても異なってくる。私自身の分析的な営為のなかで，理論が重要な役割を果たした状況は枚挙にいとまがない。なぜかはわからないが，いま私の頭に浮かんでいるのは，患者と共にいるときに分析理論について考えることが，セッション中に起こっていることから私自身距離を取るための方策になっていた事例である。Ａとの長年にわたる分析的な営為のなかで，私は自分が**彼**の精神病的な恐怖を，すなわち何もない空間に消えゆく恐怖を生きている感覚を味わった。その恐怖には絶対的な孤独の感覚があり，いつまでも耐えうるものではない感じがあった。このとき私はそのセッションのなかで分析理論が提示する課題を通じて頭を悩ませている自分がいることに気づいた。さらに後に気づいたことは，そのときの私は原初の精神状態に関する分析理論に関心を寄せ，その知識を有する（正気の）人たちと会話でもするかのようにそうしていたということだった。このように理論と（そして，想像上の理論家たちと）関わることが，患者が私のなかに喚起していたものをワークスルーするまで私がこの体験を十分な期間もちこたえていくことに寄与したのである。

　Ａとの営みが終わって何年も経ったいま，私はこの原初的恐怖に関する理論（そして，それを発展させてきた理論家たち）との関わりを「**自分独り**でこの原初的恐怖をいつまでも生きる必要はない」ことを発見していく「もの想い」の体験として捉えるようになった。Ａと話し合ったわけではないが，このことはＡに対しても「自分独りでいつまでもその恐怖を生きる必

要はない」ことを伝える本質的なコミュニケーションになっていたのではなかろうか。このとき，分析理論は単なる思考の寄せ集めではなく，セッションの最中に，セッションとセッションの合間に，そして，セッションが終わって何年経った後も，そこで起きたことと自分自身とを対話させることのできる（意味生成と象徴生成のための）正気の言葉となっていたのである（無論，これは臨床実践における理論の役割のパラダイムというわけではない。あくまでこれはひとつの体験例にすぎない）。

　人のこころは食物や水を必要としているのと同じくらい真実を要しており（Bion, 1962, p32），私たちのこころは——特にこころの無意識的な側面は——たえず真実を探し求めている。これが分析過程に対する現在の私の考え方の中心に据えられている考えである。分析セッションにてその瞬間ごとに起きていることの真実にふれる（直観する intuiting）ことが，セッション内の生きた現象と密接に結びついている。セッションに生きた感じがないとすれば，私と患者の双方が体験の真実に関与していないのだろう。それは私たちが「偽っている」とか「抵抗している」といった話ではなく（このような言葉はいかにも道徳的で，結果的に考えようとする試みを破壊する），その瞬間に生じていることの真実に対する私たち双方の恐れを反映している（Ogden, 1995）。

　無意識には意味生成の機能だけでなく，真実を探求する機能 truth-seeking function もある（Grotstein, 2007；本書の第 4 章参照）というアイデアは，私の臨床実践の至るところに響き渡っている。これを書きながら，いま私のなかには脳性麻痺の患者である C との関わりのなかで起こったことが浮かんでいる。彼の脳性麻痺を「治したい」という私の万能的な願いは，ある真実に直面することから私を守っていた。息子が深刻な障害をもって生まれてきたという事実を彼の母親が取り扱えなかったように，私もまたありのままの彼を受け入れることができずにいた。母親は彼を怪物と呼び捨て，憤りを隠さなかった。私は憤りこそしなかったが，ありのままの彼を受け入れられないでいた。私は自分が無意識的空想のなかで彼を人間の欠陥版として体験していることに，彼が脳性麻痺によって障害されていなければよかったのにと思っていることに（さらにまずいことに，そうであるべきだったとさえ思っ

第 1 章　真実と心的変化——序に代えて——　　7

ていることに）長らく気づけなかった。彼の脳性麻痺という真実を受け入れて生きようとする私のキャパシティの発展は，この心理療法が進むにつれて，この患者のありのままの姿に対する私の愛（他の言葉では言い表せない）という形で現れた。

　共に歩み始めてからしばらくして，Cはひとつの夢を私に語ってくれた。「夢のなかで特に大したことがあったわけではないのです。私は脳性麻痺である自分のままで洗車をしていて，大音量でカーラジオの音楽を聴いて楽しんでいたんです」。夢を語るなかで，Cが自身の脳性麻痺について具体的に言及したのはこれが初めてだった。「脳性麻痺である自分のままでI was myself with my cerebral palsy」という言葉遣いが印象的だった。自分を認め，受け入れることの深みを，これ以上にうまく表現することができようか？夢のなかで彼は赤ん坊（彼の車）をお風呂に入れながら，その赤ん坊の内側から流れくる音楽に聞き入り，楽しみ，喜びを感じることのできる母親になっていたのだろう。これは何か大きなことを成し遂げた夢ではない。ごく普通の愛情に関する，ごく普通の夢である——「特に大したことがあったわけではないのです」

　私は彼が夢を語ってくれたことに深く感動した。私は彼に「なんて素晴らしい夢なのだろう」と伝えた。このように言うことで，私はCと共に夢の体験を生きると同時に，このプロセスのなかで（夢のなかで，私との関係のなかで，そして，面接室の外側の世界で）彼がなりつつある真実に目を凝らす他者として話していた。私がありのままの彼を受け入れるという心的作業を成したからこそ，彼は人生で初めて愛され，ありのままの彼が受け入れられ，そのリアルな感覚を（真実であるという感覚を，生きているという感覚を）味わえたのだろう。たとえ彼がその痛みに咆哮し，涙と涎と鼻水がその麻痺で硬直した顔を伝っていたとしても。私が彼に向けた想いは，後に自身のふたりの息子に対して抱いた想いと——言葉にも形にもできない恐怖と痛みから逃れえない乳児に対して抱いた想いと——同じものだった。この患者との体験は，私が分析家として，あるいは（将来なることになる）父親として，あるいは祖父として成長していくうえで，私を支えるものとなった。この共同作業が終わってから40年近く経ったいまでも，Cは私のなかにとても生

き生きと息づいている（Cとの分析の詳細はOgden, 2010を参照のこと）。

　人は真実に対する強いニードをもっているという考えは，私にとってさらなる意味を有している。真実へのニードは決して自分を取り締まる（自分を正直にしておく）ための機能などではない。それは自身の体験のリアリティを「考える自由」（Symington, 1983）へのニードの表明であり，治療プロセスとしての精神分析において必須のものである。分析家としての私の役割は，患者が自身の生のリアルをより包みこんでおけるよう成長するのを手助けすることである。患者が自身の体験の真実と向き合うのを手助けすることは，必ずしも対決的な直面化である必要はない。私が患者に真実を告げるのではなく，患者自らそれを体験し，言語的，非言語的なやりかたでそれを表現できるようになるまで，私は患者と共に真実を生きようとする。真実と向き合うのに不可欠なのは，私に対する患者の信頼であり，私が信頼に足る人物でいることである。「完全に開かれた態度で聞き，読み，話し合う神聖な空間には，最大限の信頼を寄せることのできる弱さ vulnerability，相手の本質的な善意 benevolence への信頼，そして，自己の本質的な感覚を失うことなく，自分がバラバラになり，決定的に変化させられることさえ厭わない自分のなかのレジリエンスに対する信頼を要するのである」（Warren Poland, personal communication, 2014）。

＊

　私がもっとも価値を感じる精神分析理論は，人の情緒体験の真実に対して新鮮なメタファーをもたらそうとする理論である。この種の理論は分析的な専門用語の使用を放棄する傾向があり，その代わりに，私にとって独創的で真実だと感じられる視点から起きていることを描写しようとする。言い換えると，言葉はアイデアを運ぶための単なる器ではないということである――あるアイデアの内容は，そのアイデアを述べるための言葉の使い方と不可分である。このスタイルと内容の不可分性という考えを説明するうえで，やはり私はウィニコットの『原初の情緒的発達』の一節（1945, p152）を引用せずにはおれない。この論考は文章と思考の双方が華麗であり，私がとても大

第1章　真実と心的変化――序に代えて――　　9

切にしている論考のひとつである。

　　　……赤ん坊には本能衝動と捕食的な考えがある。母親には乳房があり，乳を創り出す力があり，おなかを空かせた赤ん坊に襲いかかられたいという考えがある。このふたつの現象は母親と子どもが**ひとつの体験を共に生きる**まで互いに関与し合うことはない。母親は成熟し，身体的にもゆとりがあるゆえに寛容さと理解力をそなえており，うまくいけば，乳児が初めて外的対象と，すなわち乳児から見て自己の外側にあるものと結びつく状況をこしらえることができるのである。

　ここでウィニコットが語っているのは，母親を「襲い」「捕食する赤ん坊」（オムツをはいた悪漢）と，その悪漢に「襲われたい」（何度も襲われることは負担だが，それでもその活力と勢いを愛おしく思う）母乳に満ちた乳房をもつ母親との物語である。この情熱（**願望**という言葉では弱すぎる）の収束によって，ふたりは「**ひとつの体験を共に生きる**」ことが可能となる（このようなシンプルなアイデアの表明が，分析的思考の発展プロセスを大きく変えたのである）。この分離していること（乳児が母親に襲いかかることと，母親がその攻撃を歓迎すること）と一体であること（乳児と母親が**ひとつの体験を共に生きること**）が同時に起こるという逆説こそが「乳児が初めて外的対象と，すなわち乳児から見て自己の外側にあるものと結びつく状況をこしらえる」体験を媒介する。

　いかにも控えめなやりかたではあるが，ウィニコットはここで，乳児が母親を自身の外部にあるものとして認識し，そうすることで自分を母親から分離した存在として認識するという，乳児の認識の誕生に関する根本的に新しい概念を導入している。これは推論にすぎないが，さらにウィニコットは乳児の「視点」（母親からだけでなく，自分自身からも分離したひとりの人間としての視点）をもつ能力の獲得が，人間的な意識性 consciousness（自己への気づき self-awareness）の誕生を意味するという考えをも導入しているようである。この一握りの文章内でウィニコットが語る「物語」は，その他のどのような言葉で語ってもその意味を大きく損なわせることになるだろう。

分析理論におけるスタイルと内容の不可分性を示す例は他にもたくさんある。ただ説得力があるだけでなく、美しさも兼ねそなえた論がいくつかあるが、そのなかでいま私の頭に浮かんでいるものをあげておこう。

フロイト
「喪に服しているとき、世界は貧しく空虚なものと化す。メランコリーでは、それこそが自我そのものとなる」（1917, p246)

ローワルド
「露骨な言い方を避けずに言えば、両親の子どもとしての役割のなかで、私たちは真の解放を通じて両親のなかの生きた重要な部分を殺す——一撃ですべてを殺すわけでも、あらゆる側面を殺すわけでもないが、私たちは彼らの死に貢献するのである」（1979, p395)

ビオン
「夢見ることのできない患者は、眠りにつくことも、目覚めることもできずにいる。ゆえに、精神病者がまさにこのような状態にあるかのようにふるまうとき、そこには臨床的にきわめて特異な状態が示されるのだ」（1962a, p7)。

常々から「説明する」という行為と「理解する」という行為は、まったく異なるカテゴリーの体験であると感じてきたが、最近ますますこのふたつの違いが私のなかの実践での重要な原則を浮き彫りにする役割を果たすようになってきた。患者に何らかのことを「説明する」ときの典型例としては次のようなものがあげられよう。「あなたが今朝寝坊してセッションの大半を欠席したのは、昨日のセッションを終えたときに私に感謝の気持ちを示したことで恐ろしくなったからですね」。思うに、この手の解釈の主たる欠点は、それがある意味では正しかったとしても、患者をあまりにも客観視しすぎているところにある。分析家は患者**について**話しているのであって、患者と**共**に話してはいない。この種の説明は患者の無意識の働きを扱おうとしている

第1章　真実と心的変化——序に代えて——　　11

にもかかわらず，あまりに意識的で，二次過程思考に大きく依拠しすぎている。体験に対する人の反応は，必ずしも因果論や継時的な時間の論理に従うものではない。私たちの人生上の体験すべてが，いま生きているこの瞬間にある。過去は私たちの「後ろ」にではなく，「なか」にある。無意識は「時間性を欠いている」のではなく，「時間に満ち溢れて」いる（そこには私たちの人生のすべてがある）。

　こうした「説明」とは対照的に，分析状況における「**理解すること**」は，先のウィニコットの引用に示されているように，患者と分析家が「**ひとつの体験を共に生きる**」ことから始まる。ここでいう「**理解すること**」の発達的段階には，患者と分析家のあいだにある，もしくは母親と乳児のあいだにある，比較的原始的で，幾分未分化な情緒交流がともなわれる。この早期の交流形態を活用することで，「理解する」という体験はある種の逆説をはらむことになる——理解することは説明することよりもはるかに親密な交流形態であると同時に，理解が進むにつれ，患者と分析家双方に分離の感覚が兆すという逆説である。私の経験と見解によれば，分析状況における「理解すること」には，患者と分析家双方の「自分たちは各々に分離したこころをもつ，分離した人間である」——私はあなたにとって他者であり，あなたは私にとって他者である——という認識がふくまれている。このように分析家による患者理解の体験には，**ひとつであること at-one-ment** と**分離していること separateness** とが同時的に存在するという逆説がある。仮に私の患者理解の根底にこの種の分割——私は「他者である」——がなかったならば，患者は単に自分と話しているにすぎなくなるだろう。

　このような意味での「理解」は存在論的な現象であり，自身の本質的な存在の一側面が他者によって認識される体験である。これは患者と分析家の双方に深い信頼関係が成立している場合にのみ達成される。信頼を欠いているとき，理解されることは恐ろしいものと化す——このとき，理解する人はただひたすらに他者であり，自身の範疇外に生きる完全に切り離された人であり，そうでありながら，自身の核心となる部分を掌握しており，その気になれば自分を一刀両断してしまえる人物と化す。解離や躁的防衛，身体化や倒錯などによってこころの精緻化を閉ざし，自己を死なせようとする試みは，

自身の存在の核が危機に瀕しているなかで，あらゆる手段で自分を保護しようとする「理に適った方策」である。

　説明と理解の違いに注目するようになってから，私は「なぜ？」という問いがいかに患者のパーソナリティの意識的な側面にもとづく反応を引き出しやすくなるか，ということにも気づくようになった。これとは対照的に，「どのような感じがしたのか？」という問いかけにはメタフォリカルな描写が求められ，多くの場合，パーソナリティの無意識的な側面に由来する，より豊かで，より情緒的な応答を促しやすくなる。

　しばしば私は精神分析に取り組みながら，自分は患者と共に何をしているのだろうと自問する。この問いへの回答として，近年私のなかでますます説得力を増してきたのが，それぞれの患者は——多くの場合，それを言い表す言葉や考えを欠いているのだが——乳児期や幼児期に，あるいはもしかするともっと人生の後期の段階に，重要な意味で「自分が死んだ」という感覚を抱き，それを分析内に持ちこむことで，分析家との営為が彼らの「生きえない生」（Ogden, 2014）を取り戻すための支えになることを望んでいるという考えである。第３章で述べるように，大抵の場合，この種の心的な死の源泉は，患者が耐えうる範囲を超えた「原初的苦悩 primitive agonies」（Winnicott, [1971] 1974）の経験と関わる乳幼児期に起きた一連の出来事にある。恐ろしい出来事に直面すると，患者は自分自身の生から離脱することで，深刻な精神病的破綻や慢性的な精神病状態に陥ることからその身を守ろうとする。このとき患者は耐え難い出来事を体験することなく，その代わりに「生きえない生」を存続させる心的状態を醸成することで自身を反射的に防衛する。そして，彼らは自分が生きえなかった耐え難い体験をコンテイニングできるパーソナリティ組織の発達を延々と試みる。分析状況においては，この種のパーソナリティ組織は患者と分析家の無意識的なこころの結合によって生み出される。私の理解では，そのようなパーソナリティ組織の創造が精神分析の基本目標を考える際のひとつの道筋となっている。

　誰もがみな，体験するにはあまりにも辛すぎた人生早期の出来事に由来する「生きえない生」をその内に抱えている。この生きえなかった出来事は，パーソナリティに制限をかける形で私たちのなかに残存し続ける。私たちはこの

第１章　真実と心的変化——序に代えて——　　13

種の制限をさまざまな形で感じることになる。自身の配偶者や子どもたち，両親や友人，患者や研修生，見知らぬ人々もふくめ，私たちが自分のなかに援助しうる力を見出すことさえできたなら支えられたであろう人々に対して，寛容さや，思いやりや，愛情を差し出すことができないときにそれは感じられる。私たちはいつでも——目覚めているときも眠っているときも，ひとりでいるときも誰かといるときも——夢見る行為のなかで無意識的な心的作業に携わっている。それこそが私たちがかつては生きえなかった生をよりよく包みこめるようになることを手助けしてくれるのだと私は考えている。

　ただ，考えを提示するのみでは分析的な理解の伝達には不十分であるため，ここからは本章で論じてきたいくつかの考えを臨床的に裏づけてみたいと思う。分析家である私たちが自身のアイデアを他の人たちに理解してもらううえでもっとも強力な手段となるのが，臨床的な営為の描写である。

＊

　Ｖとの週５回の分析のある時期，私は悩ましさを感じていた。セッションが始まるたびに私は不安に駆られるようになった。開始から１年が経過したころ，私はある鮮明な夢を見た。理由が定かでないが，夢のなかの私は何かが恐くて逃げ惑う人々と一緒にいた。私たちは何かひどいことを，おそらくは殺人を犯したことで逃亡を図っているようだった。警察が私たちを追い詰め，殺すか投獄しようとしていた。そのとき年端もいかぬ少年のような警官が私に立ち向かってきた。ここで私は自分だけが装填したピストルを所持していることに気づいた。一方，彼のほうは盾も防弾チョッキもなく，拳銃はおろか警棒すら持っていなかった。あまりに無防備な彼に対して，私は驚きを隠せなかった。私は彼の胸に直接ピストルを向けたが，彼を撃ちたくはなかった。引き金を引くか否か悩み苦しんでいるうちに，心臓の高鳴りと共に目が覚めた。

　翌朝，待合室でＶと会ったときにその夢が私の脳裏をよぎったが，彼とのつながりはよくわからないままだった。そのセッションにて彼は初めて弟の名前を口にした。これまで彼は妹については事あるごとに名前をあげて話

していたが，弟のポールについてはほとんど語っていなかった。

　Ｖは昨日ポールから電話があったと述べた。「彼と話すといつも動揺します。というよりも，実際には会話になっていないのだろうと思います。彼は早口でまくし立てるように喋り，私はただそれを聞くだけです。彼の話はほとんど理解できません」。

　ポールはとても聡明で芸術的な感性をもつ男の子だったが，大学１年時に統合失調症の診断を受けていた。ポールは結婚しておらず，ひとつの職場で数ヵ月以上働けたこともなく，生活保護費と両親からの支援金で生計を立てていた。

　私はＶの弟の話を聞きながら，夢に出てきた若い警官（少年）のことを思い起こしていた。夢のなかでは，私が彼を殺すか，さもなければ私が彼に殺されるか投獄されることになっていた。

　このとき，私は最近のセッションでの自身の介入について思い出し，ひどく動揺した。ふりかえると，最近の私の介入はいかにも時期尚早で，ひどく的外れなものばかりだった（すなわち，私はセッションでのその時々の体験の真実を感じえず，そのことを言い表す言葉も持ち合わせていなかった）。私は自分がこの分析にて自分を見失っている lost という事実を（患者に対しても，自分自身に対しても）隠蔽するために，このような介入を行っていたのではないかと感じた。この「自分を見失っている lost」という言葉はとてもしっくりきた。私はＶもまた自分を見失ったとき，私と関わるうえである特定のやりかたに強く依存していたのではないかと考えた。というのも，度々彼はまるで私が文学や音楽，映画や演劇といった芸術に関する知識など何ひとつ持ち合わせてはいないかのように話しかけてくることがあったからである。

　このような思考や感情が私の頭をよぎっているあいだ，Ｖは珍しく数分にわたり沈黙していた。それから彼は「なぜ，自分がポールに対して責任を感じているのかがわからないのです。私は彼が精神的に崩れた大学とは異なる大学に通っていました。このことを知ったのは彼が入院した後でした。しかも，彼は人里離れた精神病院に移されたので，面会もままならなかったのです……いや，そうではないのかもしれない。面会はできたんです。でも，私

第 1 章　真実と心的変化──序に代えて──　　15

は精神病院にいる彼を見たくはなかったのです」と語った。

　私は「なぜですか？」と尋ねた。この言葉が口をついたとき，すぐさま私は後悔した。セッションのこの局面で，自分が質問という形で突きつけた直面化から患者を守れなかったことにひどく狼狽した。あくまで私自身の事情でそうなっているようではあったが，私もまた患者と同様にそこにある真実を恐れていた。私は患者と私のあいだで起きていることの次元に開かれ始めていたが，そこで自分が感知していることの正体についてはまだつかめていなかった。依然として私は分析のその瞬間に芽生えつつあるものを無意識裡に回避しようとしていたが，それにもかかわらず，セッション自体は新たなやりかたで生き始めているようだった。ふりかえって鑑みるに，「私の夢」（これはある意味では患者によっても夢見られた夢であった）のなかで行われた心的作業が，このセッションでのこころの動きに寄与していたのだろう。私はVに対してこれまでよりもはるかに強い共苦的な想い compassionate を抱いていた。これまでは，Vが私を見下すのは彼が自らの自尊心を高めるための努力であるとしか思えなかった。だが，いまでは彼がもっとずっと危険なものからその身を守り続けているように思えた。それは長いあいだ恐れていた真実，すなわち弟を殺してしまうことへの恐れであった——このセッションに至るまで，弟の存在はこの分析から完全に遠ざけられていた。Vが恐れていたのは弟を背負わされることではなかった。この時点でもっともリアルに感じられたことは，そして彼が私に話そうとしながらも話すことを恐れていたことは，彼もまた幼少時にすでに精神的破綻をきたしており，そこから何ひとつ回復していないということだった。私のなかに「そうなのだ」という確かな手応えがあった。彼がこの分析から排斥しようとするもうまくいかなかったものは，彼のなかの破綻した自己部分であった。この共同作業の最初の1年に起きたすべてのことをふまえると，弟とは異なり，患者の精神的破綻は見逃され，対応もされてこなかったのだと考えられた。「彼ら」は——彼の両親や，教師や，親戚や，その他のあらゆる大人たちが——この患者が何者なのかを見ようとせず，患者が切実に求めていた認識と理解を示せなかった。「彼ら」は彼に何が起こっているのかを知らなかった（おそらくは知りたくなかった）——ちょうど彼が文学や音楽について何も知らない

私を見ていたように、「私の夢」のなかで生死に関わる重大な局面を前にして、少年と私が絶対的に孤独であったように（「自分を見失う」ことは自己喪失そのものであり、それは生を失うことでもある）、「彼ら」は何も知ろうとしなかったのである。

　長い休止の後、Ｖが「なぜですか？（なぜ、弟の見舞いに行かなかったのでしょうか？）」という私の問いかけに応え始めたとき、私はまだ事を掌握しきれていなかった。彼は「お恥ずかしい話なのですが、私は弟と共に家族療法のようなものに取り組まされることを懸念していたのです。弟にとって私がいかに重要な存在であるのかを、兄としていかに失格であったのかを、そして、いまこそ弟を救わねばならないといったことを聞かされるのが怖かったのです」と語った。

　カウチ上で壁のほうに顔を向けると、彼はさらにこう続けた。「あなたに話したくないことがあります。でも、ここでは頭に浮かんだことはすべて話さねばならないこともわかってはいるんです」。

　私は尋ねた。「どうしてそう思うようになったのですか？」。

　「だって、それがルールでしょう？」

　「それはあなたのルールでしょうね」

　「だったら、ここのルールは何なのですか？」

　「あなたには自分が話したいことを話し、自分のこころに留めておきたいことは留めておく権利があるのではないでしょうか」

　Ｖはふたたび長い沈黙に浸った。自分を守る権利があるという考えをそのまま受け入れるのは彼には難しいようだった。ふりかえって考えると、彼は私の「なぜですか？」という押しつけがましい問いかけに混乱していたのだろう。彼のなかには自身の破綻の真実と向き合うことを強く望み、そのために私からの手助けを無意識に求めていた部分が確かにあった。だが同時に、その真実にたった独りで向き合えば、自分は終わってしまうだろうという感覚もあった。私の問いかけが彼を混乱させたのは、Ｖのなかでは（そして、私のなかでも）私が彼から（特に彼のなかの真実が彼の生にもたらす脅威から）距離を置こうとし、そうすることで、幼少時に精神的破綻が起きた（と私には感じられた）ときと同じように、私とのあいだでもたった独りで取り

第１章　真実と心的変化——序に代えて——　　17

残されてしまったように感じられたからだろう。また，彼は私の質問が彼や私に与えた作用によって私が変質して（変質させられて）しまったことも，無意識裡に感じ取っていたのだろう。

　本章の紙幅の都合上，この分析の展開を詳細に説明することはできないが，ここで私が記したことから，真実へのニードと真実への恐れをめぐる相互作用について，そして，Ｖと私がふたりのあいだで起きていることへの理解を深めながら共に生きていった営みの相互性について感じ取ることができるかもしれない。

*

　この章を書きながら現在の自分の生をふりかえってみると，私が人生で情熱を捧げたものとしては，たとえば精神分析の実践経験があり，分析理論と実践に対する自身の考えを示す執筆活動があり，私にとって深く重要な詩や物語を私がどのように捉えたのかを描き出す行為があり，小説の執筆があり，そして，もっとも重要というわけではないかもしれないが，セミナーやコンサルテーションにて精神分析について教えたり，創造的な書き方を伝えたりすることがあるが，そのいずれかひとつだけを選ぶ必要などなかったことが幸運だったように思う。こうしたさまざまな形の体験が一緒くたにされることで，私は私となり，だからこそ私は患者や研修生や同僚たちに何かをもたらしているのだろう。

　私は患者や研修生と共に成長し，歳を重ね，もしかすると，その過程にて少しばかりは知者になったのかもしれない。精神分析とその教えに付随する尋常でない親密さの結果として，私は自身の人生のなかで多くの愛を味わってきた。なかでも，もっとも大切なことは，患者がいまだ生きえない人生上の不穏な出来事を彼らと共に生きる機会に恵まれたことであり，そうしようとする彼らの勇気に驚嘆する体験だった。

　そして，精神分析家として私がどのような存在になり，どのような存在になりつつあるのかを語ろうとするこの試みは，次のような言葉で締めくくられることになるのだろう。それは精神分析家としての私のありかたにおいて

もっとも適しているのは，人間的な体験といういまだ知られざる真実が拓く
場所で働くことであり，それはたえず驚きと敬虔なる想いが生み出される場
所であるという言葉となる。

*

　ここで本書のそれぞれの章をまとめた目的は，これらの小論が互いに語り
合うその声を読者に聞いてもらうことだけでなく，その会話に参加し，新し
い何かを，自分独自の何かを創造してもらうことにある。

文　献

Bion, W. R.（1962a）. Learning from experience. In Seven servants. New York: Aron-
son, 1977.

Bion, W. R.（1962b）. A theory of thinking. In Second thoughts（pp. 110–119）. New
York: Aronson, 1967.

Freud, S.（1912）. Recommendations to physicians practising psychoanalysis. S. E., 12.

Freud, S.（1917）. Mourning and melancholia. S. E., 14（pp. 242-258）.

Grotstein, J. S.（2007）. A beam of intense darkness: Wilfred Bion's legacy to psycho-
analysis. London: Karnac.

Loewald, H.（1979）. The waning of the Oedipus complex. In Papers on psychoanaly-
sis（pp. 384–404）. New Haven, CT: Yale University Press, 1980.

Ogden, T. H.（1994）. The analytic third: Working with intersubjective clinical facts. In-
ternational Journal of Psychoanalysis, 75, 3–20.

Ogden, T. H.（1995）. Analysing forms of aliveness and deadness of the transference-
countertransference. International Journal of Psychoanalysis, 76, 695–710.

Ogden, T. H.（1996）. Reconsidering three aspects of psychoanalytic technique. Inter-
national Journal of Psychoanalysis, 77, 883–899.

Ogden, T. H.（1997a）. Reverie and interpretation. Psychoanalytic Quarterly, 66, 567–
595.

Ogden, T. H.（1997b）. Reverie and metaphor: Some thoughts on how I work as a psy-
choanalyst. International Journal of Psychoanalysis, 78, 719–732.

Ogden, T. H.（2004）. This art of psychoanalysis: Dreaming undreamt dreams and in-
terrupted cries. International Journal of Psychoanalysis, 85, 857–877.

第1章　真実と心的変化——序に代えて——　　19

Ogden, T. H. (2007). On talking-as-dreaming. International Journal of Psychoanalysis, 88, 575–589.

Ogden, T. H. (2009). Rediscovering psychoanalysis. In Rediscovering psychoanalysis: Thinking and dreaming, learning and forgetting (pp. 1–13). London: Routledge.

Ogden, T. H. (2010). Why read Fairbairn? International Journal of Psychoanalysis, 91, 101–118.

Ogden, T. H. (2014). Fear of breakdown and the unlived life. International Journal of Psychoanalysis, 95, 205–224.

Symington, N. (1983). The analyst's freedom to think as agent of therapeutic change. International Review of Psychoanalysis, 10, 283–291.

Winnicott, D. W. (1945). Primitive emotional development. In Through paediatrics to psycho-analysis (pp. 145–156). New York: Basic Books.

Winnicott, D. W. (1971/1974). Fear of breakdown. In C. Winnicott, R. Shepherd, and M. Davis eds, Psychoanalytic explorations (pp. 87–95). Cambridge, MA: Harvard University Press, 1989.

第2章
思考の三形態
──魔術的思考，夢思考，変形性思考──

　端的にいって，現代の精神分析は「考えることについて考える」時代に入っ
てきたといえるだろう。現在の精神分析家たちが取り組んでいるもっとも興
味深く，生産的な課題の多くは，夢や連想，遊びやその他のさまざまな行為
にふくまれる象徴的な内容に関するものではなく，私たちが生きている体験
に対して，私たち自身いかなる心的な働きかけをなしていくのかというテー
マであるように私には思える。分析的臨床家であり，分析的理論家でもある
私たちの関心は，その人が「何を考えるか」よりも「**どのように考えるか**」
ということに寄せられつつある。私が思うに，精神分析におけるこの動向の
もっとも重要な貢献者は，遊びの象徴内容よりも遊ぶことのできるキャパシ
ティに注目したウィニコットと，夢や連想の象徴的な意味の検討よりもはる
かに広範な思索となる「夢見ること／考えること」のプロセスについて展開
したビオンのふたりである。

　本章では，象徴内容から思考過程へと重点を移すことで，私の分析的作業
への取り組み方がどのように変わったのかを示してみようと思う。

　これから取り上げる三つの思考形態──魔術的思考，夢思考，変形性思考
──を，私自身はあらゆる思考体験のなかに共存し，互いが互いを創り出
し，保存し，打ち消し合うものとして捉えている。これらの思考形態はいず
れも純粋な形で現れることはなく[1]，また，それぞれの思考形態には，たと
えば魔術的思考から夢思考への「進展」というような，いわゆるリニアな関
係もない。私の理解では，これらの思考形態は意識と無意識の関係のように，

あるいは妄想 - 分裂ポジションと抑うつポジションと自閉 - 接触ポジション（Klein, 1946；Ogden, 1989）の関係のように，あるいはパーソナリティの精神病的部分と非精神病的部分（Bion, 1957），基底想定グループと作業グループ（Bion, 1959），コンテイナーとコンテインド（Bion, 1970），一次過程思考と二次過程思考の関係のように（Freud, 1911），相互に弁証法的な緊張関係を打ち立てている。**さらにいえば，これらの思考形態はいずれも単一的に一元化される思考方法ではなく，それぞれの「思考形態」は思考のありようの広範なスペクトラムのなかに位置づけられるものである。ある個人が採用する思考形態のヴァリエーションは常に流動的であり，その人の心的な成熟度や，その時々の心理的 - 対人的な情緒的文脈や，文化的要因などによって左右される。**

　ただし，本章で私が注目している思考形態は決して思考のすべてを網羅しているわけではない。ほんの一例にすぎないが，たとえば「操作的思考 operational thinking」（de M'Uzan, 1984, 2003），「自閉的思考 autistic thinking」（Tustin, 1981），「心的排除 psychic foreclosure」（McDougall, 1984），「身体内幻想 phantasy in the body」（Gaddini, 1969）といった概念についてはここでは取り上げていない。

　本章の流れをつかんでもらうためにも，まずはこの三つの思考形態を簡単に紹介し，その後に各々の形態を臨床的・理論的に掘り下げることにしたい（ビオンの伝統に則り，私が思考というときには，常に考えること thinking と感じること feeling を指していることをあらかじめことわっておきたい）。まず，**魔術的思考**という用語だが，これは万能空想に依拠する形で心的現実を創り出し，それを外的現実よりも「リアル」なものとして体験する思考のことを指している——たとえば躁的防衛の活用時に見られるような思考である。この種の思考は自ら創り出した現実を実際の外的現実と置き換え，そうすることで既存の内的世界構造を維持しようとする。また，魔術的思考は実際の外的対象との生きた体験から学ぶ機会を損なわせる。魔術的思考に依拠することでその個人が支払う心的な代償は現実的な思考であり，さらにいえば，この思考は魔術的な構造を重ねる以外には何も築くことができないという意味で何の機能も持ちえない。

次に**夢思考**だが，これは夢見のプロセスのなかで行う思考のことを指している。夢思考は睡眠時にも覚醒時にも働き続けるもっとも深い形態の思考であり，主に無意識的な心的活動であるが，前意識的思考や意識的思考とも連動しながら作動している。夢思考においては，人は複数の視点から——たとえば一次過程思考と二次過程思考，コンテイナーとコンテインド，子どもの自己と大人の自己などの観点から（Bion, 1962a；Grotstein, 2009）——体験を同時的に眺めたり，意味づけたりする。夢思考は真の心的成長を生み出すものである。人はこれをひとりで行うこともできるが，ある地点を超えると，自身のもっとも深く悩ましい情緒体験について共に考え，共に夢見てくれる他者を必要とする。

　三つめの思考形態である**変形性思考**とは，自身の体験を秩序づける条件が根本的に変わる夢思考のことであり，自身の体験を組織化するうえでこれまで唯一の体系だと感じられていた意味生成の体系を超越する思考を指す。変形性思考においては，人は単に新しい意味づけをなすだけでなく，新しいタイプの情緒体験や新しい対象関係の形式，そして，情緒的にも身体的にも生き生きとしたものが生成される新しい体験の組織化様式を創造する。このような思考方法や体験様式の根本的な変化は，重篤な精神障害患者との作業においてより顕著となるが，それ以外のあらゆる患者との取り組みにおいても生起する。

　以下の論考において，ここまで述べてきたやりかたで思考形態を概念化することが，私たちが分析関係で起きていることに向き合う際に，あるいは患者の内的生活やその世界での患者のありように対する私たち自身の考えと対峙する際に——私たちが私たち自身と語り合う際に，そして，ときに患者と共に語り合う際に——どのような意義を有しているのかを示すいくつかの事例を提示してみたい。

魔術的思考

　フロイト（1909, 1913）以来，万能的思考の概念は分析理論において確たる地位を築いてきた。フロイト（1913, p85）が**思考の万能性**という用語を

第2章　思考の三形態　　23

作成したのはラットマン症例を機としている。これから私は魔術的思考と残りの二種の思考形態との違いについて，私がつかんだ感覚をもとにいくつかの所見を提示してみるつもりである。

魔術的思考にはひとつの目的がある。というよりも，その目的はたったひとつであり，それは自身の内的および外的体験の真実に直面することへの回避である。この結末に至るために採用される方法は，自分や他者が生きている現実を自分こそが創り出していると信じこむ心的状態をこしらえることである。そのような状況下では，心的現実が外的現実を凌駕し，「体験したことではなく，考えたことこそが現実」（Freud, 1913, p83）となる。その結果，情緒的な驚きの感覚や予期せぬものとの出会いは可能な限り排斥される。さらに極端になると，その個人は自己の全体性が脅かされていると感じたとき，事実上すべてを包みこむ万能空想によって自身を守ろうとする。すると，その人は外的現実から切り離され，思考は妄想や幻覚と化す。このような心的状態では経験から学べず，目覚めているときと眠っているときの区別がつかなくなる（Bion, 1962a）——つまりは精神病的な状態となる。

心的現実が外的現実を凌駕する程度に応じて，その個人の夢見ることと知覚すること，象徴と象徴されるものとを区分するキャパシティが徐々に低下していく。その結果，意識性それ自体（自分への気づき）が損なわれ，ときに失われる。このことは分析状況において患者が自身の思考や感情を主観的体験としてではなく，事実として扱う事態へと至らせる。

魔術的思考はさまざまな心的防衛，感情状態，対象関係の根底にあるが，ここでは三つの事柄に絞って簡潔に示しておきたい。躁状態や軽躁状態は一連の万能空想に完全に支配された事態である。躁的防衛に頼る人は失われた対象を絶対的にコントロールできると感じており，それゆえに自分は対象を失ったのではなく，対象を拒絶したのだと考えている。そして，彼らは対象喪失を悲しむことなく，むしろ歓迎する。対象がないほうが都合が良いからである。彼らにとって対象は無価値で軽視すべきものであるため，喪失は喪失になりえない。このような万能空想に付随する情緒状態を，クライン（1935）は支配感，軽蔑，勝利感といった形で簡潔にまとめている。

投影同一化もまた万能空想にもとづいている。そこでは自身の危険な部分

や危機に瀕している部分を分割し split off，その自己の一側面を相手のなかに投げ入れ，それが相手を内側からコントロールするという無意識的な思いこみが生起している（投影同一化を「コンテイニング」（Bion, 1970；Ogden, 2004a）する行為には，「投影の受け手」が「投影の発信者」の魔術的思考を夢思考に変形し，その発信者が自身の体験を夢見て思考する際にそれを活用できるようにしていくことが含意されている）。

　同様に（絶望的な空虚感や寂寥感といった不穏な情緒体験からその人を保護している）羨望は自分に欠けているものを相手から盗み取り，相手のなかにある羨望の矛先となったものを根絶やしにしてしまうという万能空想をともなっている。

　ここまで述べてきた魔術的思考の特性はすべて，自然の摂理，避けえない時の流れ，偶発的な事態，死の不可逆性といった，他の人には適用される摂理を自分だけは被ることがないという錯覚（ときには妄想となる）をこしらえるために万能空想を利用する姿を反映している。ある人は相手に残酷な発言をした後，その言葉を文字通り「取り消す」（たとえば，冗談だと言い変えることで現実を創り変える）ことができると信じきっているかもしれない。何かを言えば，そのとおりになり，自分の言葉には不都合な現実を新しく創り直した現実へと置き換える力があると感じられる。より端的にいえば，歴史を自分の思い通りに書き換えることができるのである。

　魔術的思考はとても便利である――単に何かを言うだけで起こったことの真実に直面する必要がなくなり，それについて何かをする必要さえなくなるからである。ただし，便利な反面，決定的な欠陥がひとつある。それは「機能する」ことができないという点である――魔術的な構造をさらに重ねる以外には，それを用いて構築できるものは何もない。この「思考」は自身のこころの外側にある現実世界に対しては何の牽引力も持ちえない。純粋な意味での思考にはなりえず，むしろそれは現実を認識することや思考そのものへの攻撃である（つまりは反 - 思考の一形態である）。それは捏造された現実を実際の現実へと置き換え，内的現実と外的現実の差異を崩壊させる。たとえば，どんなときでも対人的体験を「水に流せる forgive-and-forget」と思いこんでいる人は，自分と相手とのあいだにある情緒的なつながりの現実的

第 2 章　思考の三形態　　25

な性質が見えなくなり，さらには自分が何者かということさえをも見失ってしまう。そして，その人はますます架空の存在 fiction に——自身のこころが魔術的に作り出したものに，外的現実から切り離された構造体に——なっていく。

　万能的に創造された「現実」は，実際の外的現実がもつ絶対的に動かしようのない他者性を欠いている。ゆえに，魔術的思考にもとづいて，あるいは魔術的思考を用いて構築できるものは何もない（そして，そこには誰もいない）。真の自己-体験を創造するには，外的現実の他者性を体験する必要がある。「私でない not-I」ものが存在しなければ，私もまた存在しえず，自分と異なる他者がいなければ，人はあらゆる人になれてしまうと同時に何者にもなりえない。

　このような“自己発達において他者性の認識が中心的な役割を果たす”という理解が含意するのは，分析家が患者を理解することの重要性と共に，分析家が患者とは異なる人間であることも等しく重要であるという考えである。このタイプの患者に対してもっとも不要なものは，患者の二番煎じになることである。患者の思考の唯我論的な側面は——患者の無意識的な信念と結びついた自己-強化的な性状は——患者の思考する力や心的に成長する力を制限する。患者が（無意識のうちに）分析家に求めていることは——患者が分析家など不要であると明に暗に主張しているときでさえも——自分ではない他の誰かとの，つまりは患者が創り出したわけではない現実に基盤を置いた人間との会話である（Fairbairn, 1944；Ogden, 2010 を参照）。

万能感に蝕まれた患者 [2]

　初回面接にて Q は「私には結婚生活も，子どもへの接し方も，仕事のやりかたも，自分の人生のあらゆる事柄を駄目にしてしまう並外れた才能があるの」と述べて，私との分析に入った。この発言は一種の皮肉とはいえ，確かに彼女は失敗を認め，助けを請うているというよりも，このことをどこか自慢している気配があった。Q は自分が凡人とは異なる（「私には並外れた才能がある」）ことを私に気づかせようとしているように私には思えた。

Qとの週5回の分析が始まった最初の週に，とても印象的な出来事が起こった。彼女は仕事の都合で翌日のセッションに来れなくなったが，定刻の1時間後ならば参加できるという伝言を私の留守電に残したのである。伝言は「連絡がなければ，あなたも大丈夫ということだと思っておりますので」と締めくくられていた。選択の余地がなかったので，私は彼女に折り返し電話をかけ，私自身は最初に決めた時間に会うことを望んでいるというメッセージを残しておいた。折り返しの電話を入れなければ，彼女が次の患者と同じ時刻に来談し，待合室で三人が鉢合わせすることになり，次の患者と私にとってすこぶる厄介な状況になっていただろう。

　患者は変更依頼したこのセッションに20分遅れでやってきた。彼女は軽く謝り，事の経緯を説明していった。私は「あなたは私がこの場を本当の意味であなたの居場所にしようとしているようには思えないので，この場を盗んでしまわねばならないと感じたのでしょう。でも，それは盗めるような代物ではないですね」と伝えた。私は自分の居場所がないという不安こそがこの患者の生涯にわたる不安ではないかと強く感じたが，それは伝えなかった。

　Qはそんなに複雑な話ではないと思うと応え，さらに職場での出来事について話していった。私は「私が争おうとしない限り，ここは私とあなたの居場所にはなりえないのでしょうね」と伝えた。だが，患者は私が何も話してはいないかのようにふるまった。

　Qは自身の人生についていかにも軽妙な調子で語っていった。「自己形成の時期 formative years」について語るなかで，彼女は自分が「完璧に普通の子ども時代」を送り，高い学歴をもつ「完璧に合理的な両親」がいたことを話し，「すべてを親のせいにすることなんてできないわ」と言った。彼女の語りは彼女自身まったく無自覚な形で真実を表しているのだろうと私は想像した。つまり，彼女は「完璧に perfectly」模範的な子どもで（従順で，自身の感情を恐れる子どもで），両親は感情を受け入れたり，表出したりすることがほとんどないという意味で「完璧に合理的」だったのだろう。この推測は経過のなかで，転移-逆転移関係においても，彼女の子ども時代の語りにおいても，裏づけられていった。

　私をコントロールし，私や他の患者のものを盗もうとするQの試みと密

第2章　思考の三形態　　27

接に関わっていたのは，Qが抱えている問題——自分が母親にも，妻にも，友人にも，生産的な専門家集団の一員にもなれないという問題——の答えを私こそが有しているという彼女の信念だった。彼女の問題への解決策をなかなか与えようとしない私の「頑固」さは，彼女を困惑させ，ときに激怒させた。

　私は分析開始時からあった患者の私との関わり方に徐々に気づき始めた。時が経つにつれ，それはほとんど隠されなくなり，患者はますます挑発的になっていった。しばしば患者は分析内外で生じた感情や，ふるまいや，出来事の真実を捻じ曲げて私に伝えてきた。このことは現在のセッションや最近のセッションで彼女や私が言ったことを彼女が歪曲するときにいっそう顕著となった。このようにコントロールされている感覚を味わいながらおよそ2年の月日が経ったころ，私は次のように伝えた。「あなたは本当の話ではなく，誤解を招きかねないこともわかっていながら，そのような話を次々に私や自分自身に提示することで，私が伝えたり考えたりすることはすべてあなたにとっては何の興味も価値もないということを確かなものにしているのでしょう。現実はあなたが好きなように創り出したり，創り変えたりできる物語にすぎず，あなたのコントロールの及ばぬところには現実の私も，現実のあなたも存在しないのでしょう。そして，自分に見合った現実をいくらでも創り出すことができるので，あなたがそうしたいと語っている形に人生を変えるうえで，実際に何かをする必要などないのでしょうね」。

　Qにそう伝えたとき，私はこの分析的な営為や私自身を貶めている彼女のやり口に自分が憤っていることを自覚していた。また，私が認めるような行動を取っていないことを指摘したならば，ますます彼女を強固な防衛状態へと追いみかねないことにも気づいていた（実際そうなった）。だが，このとき私がもっとも気懸りだったのは自身の怒りではなかった。それよりも私は自分がまったく自分らしくないやりかたで，叱りつけるかのように話していることに不安を覚えた。

　それから数セッション後のことだった。このとき私はカウチの背後の椅子に腰かけながら，数分にわたり目を閉じていた（これは分析で患者と共にいるときによくすることだった）。すると，突然私は強烈な不安に襲われた。目を開けても，しばらくのあいだ自分がどこにいて，何をしており，誰かと

一緒にいるのか，いるとすればそれは誰なのかがわからなくなった。カウチに横たわっている人物を見ても，私の失見当識は治らなかった。自分がどこにいて，カウチ上の人物が誰で，そこで何をしているのかを（つまりは自分が何者なのかを）推定するのにさらに数秒を要した。この演繹的な思考が，人としての自分，そしてQの分析家としての自分という，より確かな自己感覚に引き継がれるまでにはさらに数秒かかった。この不穏な体験を通じて，私は自分のなかにある恐れについて理解し始めた。それはQがたえず現実を捏造し続け，彼女自身や私を何度も作り変えていく心理的-対人的事態のなかで，いつか私は自分自身を見失ってしまうのではないかという恐れであった。それはQが私に（あるいは彼女自身にも）言葉では伝えられないことを，つまりは自分自身を何度も捏造し，他者によって何度も捏造されていくことがどのような感覚であるのかを私に示したものであると感じられた。このことはQが「完璧な子ども」になることを，両親に対して情緒的な要求をせず，子どもらしくない子どもになることを両親から求められ，彼女自身もそうなろうとしていたことを私に思い起こさせた。

　私はQに伝えた。「あなたが現実を歪ませるのは，特にあなた自身と私をあなたなりに創り出していくことは，あなたが言葉では伝えきれない感覚を私に示そうとする試みとなっているのでしょう。子どものころ，あなたは自分を他の誰かのこころの創作物だと感じ，いまもそう感じ続けているようです。あなたは私に，あるいはあなた自身に，真実を語るのを恐れているのではないでしょうか。そうすることは，あなたがほんのわずかながらも自分のなかでリアルだと感じているものを危険に晒すことになるからです。真実を話してしまうと，私があなたについてのもっともリアルな感覚をあなたから取り上げてしまい，私が思うあなたに置き換えてしまうことになるのでしょうね」。Qはいつものように私の語りを冷笑的にはぐらかしたり，馬鹿にしたように即座に否定したりはしなかった。その代わりに残りの数分間を沈黙に費やした。

　翌日のセッションでQは夢を語った。「私はテニスをしていました——でも，実際には私はテニスのやりかたを知らないのだけど。やっているとボールがコートの奥まったところに転がっていきました。その奥まったコートの

第2章　思考の三形態　　29

端が溝のようになっていて，その溝は真新しいボールでいっぱいでした。でも，私は一つか二つしか持っていくことができなくて，それ以上のボールをどうやって運べばよいのかわからなかった。その後のことはよく覚えてないわ。朝目覚めたとき，気分はまあまあといった感じで，すごく良いわけでも悪いわけでもなかった」。

　私は伝えた。「夢を話す際，まずあなたは私と自分自身に対して，夢のなかではテニスをしていたけれど，実際にはテニスはできないことを話しましたね。何が現実で，何がそうではないかを私たちふたりが知っていることが大切なのだと感じられたのかもしれません。ボールが奥まった隅のほうまで転がっていき，そこには溝があり，溝にはたくさんの真新しいボールがあり，それはまるでワクワクさせる宝物のようですが，あなたは一つか二つしか持っていけなかった。裏を返せば，ボールはすでに持っている分で十分だったのかもしれません。目覚めたとき，これまでに何度も感じてきたような，その宝物に騙された感じも，それをかすめ盗るような感じも湧かなかった。まあまあといった感じだったのですね」。

　Ｑは応えた。「そうね。テニスボールを全部持っていけなくても全然平気だった。それを欲しいとも必要だとも思わなかった。溝にボールを見つけたときも，宝物を発見したという感じではなくて，むしろ奇妙に思ったんです。子どものころ……実際は高校生のときのことだけど……私は特に欲しくもない物を万引きして，店の外に出るとすぐさまそれを捨てたの。思い出すと吐き気がするわ。特に欲しくもなかったのに，自分を止められなかった」。

　その後の１年にわたる経過のなかで，Ｑの自分自身の現実を創作していくありようは著しく減退していった。時折，現実を歪曲することもあったが，そのときにも彼女は自ら話の腰を折って，「このまま話し続けても無駄ね。あなたに話すにはあまりに恥ずかしすぎて，この出来事の重要な部分を端折ってしまいそうだから」と語った。

　ここまで述べてきた分析プロセスにおいて，患者は現実を，そして彼女自身と私を創作しようと（破壊しようと）するうえで，魔術的思考に大きく依拠していた。彼女にとって現実を作り変えることは単に無力な体験というだけでなく，自分を失い，他の誰かに自分を盗まれる感覚をともなっていた。

また，彼女は自分にとってリアルで真実だと感じられる体験を抱えておけないことを恥じていた。

　患者の現実の歪曲（彼女による，彼女自身の現実の魔術的な創作）が私に怒りを喚起させたのは，それが分析的な対話から意味をかすめ盗り，私の自己感覚を盗み取るものになっていたと感じられたからだった。彼女の魔術的思考について私が最初に伝えたことはあまりに非難めいており，それゆえに彼女はそれを活用しえなかった。ただ，私が自分でも見覚えのない話し方をしていることに私の注意を促したという意味ではそれなりの意義はあったのかもしれない。いずれにせよ，この理解はひとつの心的空間を，すなわち自分が誰で，どこにいて，誰と一緒にいるのかがわからなくなる恐怖をともなう（患者と私によって生成された）もの想いを私のなかに創り出した。

　延々と現実を作り変えていくなかで自分を見失っているという彼女の感覚について私が話したことで，魔術的なものを要しない世界で自分が自分であるという体験を（私と共に）夢見ることのできる情緒的な文脈（コンテイニングという思考方法）が彼女に供給された。その結果，テニスボールの夢においても，夢について私と話していくなかでも，患者はありのままの自分を受け入れることができた。もはや現実は脅威ではなく，他者性を基礎づける役割を果たしていた。私がテニスボールの夢を彼女自身の語りとは異なる形で「語り直す」ことで，私の他者性や外的現実の他者性がより直接的に存在しうるものとなった。夢に関する私の語りを聞くなかで，Ｑは「私の夢」のなかに自分のようなもの（観察可能な距離にいる自分）を見出したのだろう。患者は自分なりのやりかたで夢のオグデンバージョンを，すなわち彼女の外側にある現実を使用しており，このことは私バージョンの夢に対して，彼女にはそうは思えなかった箇所を彼女がやんわりと訂正したことに示されている。彼女はたくさんのテニスボールを見つけたことを，「宝物を発見したという感じではなく」，むしろそれを「奇妙」な（自分がなりつつある人とは異なる）ものと感じたと述べた。

　本章のこの項では魔術的思考に焦点を当ててきたが，分析関係にて起きていることを理解していく作業においては，患者側にも私側にも多くの夢思考がふくまれていた。分析のこの側面については次項でさらに詳しく述べてい

第2章　思考の三形態　　31

きたい（先述したように，人の思考は常にあらゆる形態の思考をふくみこんでいる。それが異なるのは，ある瞬間においてどれかひとつの形態が際立ったり，それぞれの形態の組み合わせ方が変わったりすることによる）。

夢思考

夢思考とは私たちが夢見るあいだに行っている，主に無意識的な心的作業のことである。私たちは起きているとも眠っているときも，たえず夢見ている（Bion, 1962a）。ちょうど空の星の輝きが日中は太陽の眩さによって覆い隠されているように，覚醒生活の眩さによって見えにくくなってはいるが，夢見ることは目覚めているあいだも持続している。夢思考は私たちにとってもっとも包括的で，浸透的で，創造的な思考形態である。私たちは（視覚的イメージ，言語的象徴，運動感覚的にまとめられた印象などの形で組織化され，表象されている）パーソナルで心的な意味を創り出すために，自分が生きた体験を夢見ることへの飽くなきニードを有している（Barros and Barros, 2008）。

夢思考においては，私たちは自身の生きる体験を同時に複数の視点から眺めている。その視点は，一次過程思考と二次過程思考，コンテイナーとコンテインド，妄想 - 分裂ポジションと抑うつポジションと自閉 - 接触ポジション（Ogden, 1989），大人の自己と子どもの自己，魔術的な視点と現実的な視点，パーソナリティの「精神病的部分」と「非精神病的部分」（Bion, 1957），体験を知ること（Bion ［1970］のいう「K」）と体験の真実になること（Bion ［1970］のいう「O」），投影同一化の「発信者」と「受け手」など，さまざまである。そして，夢思考を構成する重層的で非線形的な「会話」は，グロトスタイン（Grotstein, 2000）が「夢を夢見る夢見者」と「夢を理解する夢見者」と呼び，サンドラー（Sandler, 1976）が「夢 - 作業 the dream-work」と「理解する作業 the understanding work」と呼んだパーソナリティの無意識的な部分のあいだで取りもたれていく。もし，このような思考が覚醒時の仕事の最中に意識上にて生じたならば，人は多大なる混乱に見舞われることだろう。

夢見の体験と夢思考の豊かさについては，ポンタリス（Pontalis, 2003, pp15, 18, 19）が睡眠から目覚めに至るプロセスに関する記述のなかで次のように捉えている。

　　私は夜の世界から——他のどの場所よりも多くのことを感じ，生きたこの世界から，そして，異常なまでに活発で，ある意味では「覚醒状態」のとき以上に目覚めているこの世界から——自分自身を残酷なまでに切り離さねばならない。

　　……（夢は）考える。私のために考える……目を覚ますと，私たちは夜に訪れた，美しくも悲惨で不穏なイメージを取り戻そうとするが，そのイメージはすでに消えつつある。ただ，そのとき失いつつあるものは，そのイメージ以上のものであるとも私たちは感じている——それは持続的に進みゆく思考領域なのだ。
　　……（夢見ることの）……行き先はわからない……ただ，その移りゆく力によって運ばれるのみである。

　先に述べたように，魔術的思考の問題点はそれが機能しないという事実にある——魔術的思考は自分が誰なのかという現実やその人が生きている情緒的な事態を捏造された現実へと置き換えてしまう。結果，その人自身は本質的には何も変わらない。一方，夢思考の強みはそれが機能しているという事実にある——それは他者との関係性やその人とは異なる現実の外的世界との関わり方を意識的，無意識的に変えていく姿に反映され，心的な成長をもたらす。このように，私はこれらの思考形態をプラグマティックに捉えており，（身体的な機能と同様に）こころの機能のさまざまな側面の意義を測る手立てにしている。どの思考形態に対しても常に向けられる基本的な問いは次のようなものである——それは機能しているだろうか？　その思考はその人自身のリアリティと外的現実のリアリティに根差し，情緒的に生きた形の，創造的で，自己-覚知的な人間としての感覚の発達に寄与しているだろうか？
　乳児期に始まり，生涯を通じて，あらゆる人が自身の生活体験を夢思考の

第2章　思考の三形態　　33

対象にしていくキャパシティに――夢見る過程のなかで無意識のうちに働く
キャパシティに――大なり小なり制限をかけられる。そして，自身のこころ
かき乱す体験を夢見る能力が限界に達したとき，人は夢見ることのできな
い夢を夢見られるよう手助けしてくれる誰かを必要とする（Ogden, 2004b,
2005）。自身のもっとも不穏な体験を夢見るためには（少なくとも）ふたり
の人間を要する。

　私が述べる心理的 - 対人的事態は，人生の早期においては母親と乳児が一
緒になって乳児の不安な体験を夢見ていくという形を取る（乳児の苦しみに
対する母親の情緒的な応答も同様である）。母親はもの想いのなかで，乳児
の考えられない考えや耐え難い情緒体験（それは乳児の苦しみに対する母親
の反応と切り離せないものである）を受け取っていく（Bion, 1962a, 1962b；
Ogden, 1997a, 1997b）。このようにして母親は乳児と共に創り上げた主観性
へと入りこむことで（ウィニコット［1956］の「原初の母性的没頭」，ビオ
ン［1962a］やローゼンフェルド［1987］のいう「投影同一化の心理的 - 対
人的バージョン」，フェッロ［1999］の「バイパーソナルフィールド bi-per-
sonal field」，あるいは私が「間主体的な第三主体」［Ogden, 1994a, 1994b］
と呼ぶ事態），母親自身のより大きなパーソナリティと，より強力な夢見る
キャパシティをもってして，乳児の想像を絶する体験をもちこたえうるもの
にする。こうして乳児のこころをかき乱していた何かは，母親と乳児のふた
りで夢見られる。母親は以前ならば乳児が夢見ることも考えることもできな
かった体験を，いまや乳児が自分自身でより十全に夢見ることができる形に
して返していく。このような間主体的プロセスは，分析関係やその他の親密
な対人関係――たとえば親子関係や婚姻関係，身近な友人との関係や同胞関
係――においても起こっている。

　もっとも不穏な情緒体験を考えるには（少なくとも）ふたりの人間が必要
であるという考えは，人はひとりでは自分のことを考えられないということ
を意味するわけではない。そうではなく，私が言いたいことは，人は考える
こと / 夢見ることにおいて，必ずその先に進めない地点に至るということで
ある。その地点に達したとき，人は自身の心的な困難をコントロール（これ
は解決とはいえない）しようとした末に（多くの場合無益な）症状を呈する

34

か，自身の体験を夢見る手助けをしてくれる誰かを求めることになる。ビオン（1987, p222）が述べるように，「人の単位はカップルであり，人がひとりの人間となるにはふたりの人間が必要」なのである。

夢見ているように見える精神活動——たとえば，睡眠中に体験する視覚イメージや物語——のすべてが，必ずしも「夢見る」という名称に相応しいものになっているわけではないことにも留意しておきたい。トラウマ体験の後の毎晩繰り返される悪夢は，実際には無意識の心的作業にはなりえていないゆえに，本当の意味での夢とは言い難いものである（Bion, 1987）。その種の「夢」は夢見る人を心的に変化させないという点で，夢ではない夢である。繰り返しになるが，夢が夢であるか否かは，それが「機能」しているかどうか——真の心的変化と心的成長を促進するかどうか——によって測られる。

魔術的なものから救い出された日常

Qとの営みを通じて述べてきたように，この分析においてもいくつかの重要な局面で夢思考がなされていた。ここではそのうちのひとつである，私が目を閉じたまま患者の話に耳を傾けていたセッションに注目してみたい。このとき生じたもの想いのなかで，私はQが自分ひとりでは夢見ることのできなかった（自分自身や私に対して言葉にすることなど到底できなかった）体験をQと共に夢見ていた。このようなもの想いこそ，起きていながら夢見ることの一形態であり，そのなかで私はその体験をただ生きただけでなく——その体験に絡め取られながらも——その情緒状態の本質に迫る問いを発することができた。それは私がどこにいて，何者で，誰と一緒にいるのかという問いである。

もの想いから「目覚めた」とき，私はこの夢思考のなかのより意識的な側面に取り組むことができた。私は瞬間的に自分を見失ったこの体験が，Q自身と私とを何度も捏造する万能空想を使用し続けたことで，いつしか自分自身をも見失っていったQの体験との無意識的な共同構築物になっていたという理解へとつなげていった。

いま述べた思考は情緒体験のなかに息づく複数のレベルの意味を感知し，

第2章 思考の三形態　　35

言葉にすることでもあり，私は自身のもの想いを，Qと共に夢を創造した体験として扱うと同時に，私たちそれぞれにとって個別的な意味をもつ体験としても扱っていた。私自身のもの想いは自分が誰なのかという感覚を束の間見失うものだったが，Qにとってはこの自己喪失体験は生涯にわたって持続しているものであり，ときに妄想様に作用するものとなっていた。

　ここまで述べてきたように，私は夢思考を，前意識的思考や意識的思考と連動してはいるが，その大部分は無意識である思考の一形態として捉えている。もの想いの共同創造自体は無意識的な現象であり，それこそが（眠りから覚めた後に思い出す夢と同様に）前意識的および意識的なイメージを生み出していく。私は自身のもの想いとQの自分に対する体験を結びつける際には，主に意識的な部分で——すなわち二次過程思考で——取り組んだわけだが，しかしながら，もし，私がこのことをもの想いに参加した体験**から**話していなかったとしたら，その語りはいかにも陳腐で空虚なものとなっていただろう。

　Qと私が行った思考が真の夢思考になっていたのかどうかは，患者がより生き生きと現実世界の体験に応じるようになり，よりありのままの自分を受け入れられるようになり，自身の体験について私や自分自身と共により深く考え，より語り合えるようになることを手助けする作業がどれだけ促進されたかによって測られる。自分を見失う体験についてQと話し合ううえで私がもの想いを活用したことには，私自身の心的な変化が——考えることも夢見ることもできない患者の体験をコンテインする私のキャパシティの高まりが——反映されていたように思われる。そして，自分を失う体験についてQと話し合ったことが，彼女によって夢見られたテニスボールの夢——魔術的思考には何の関心もなく，それを使おうとも思わない彼女がいる夢——につながったのだろう。彼女の心的な成長は，そのような夢を夢見た彼女のキャパシティと，その夢について私と（そして自分自身と）話し合い，考えていく能力の高まりに示されている。

　ここで述べた夢思考には，患者の体験についての私の理解と私自身の体験とを相互に関連づけて描写していくある種の自己-内省がともなわれている——私は自分を見失うという私自身の体験を利用して，患者の自分を見失う

体験について推察している。ただし，ここでは意味のカテゴリー（自分を見失う体験）自体は特に変化なく，そのまま持続している。しかし，次項で述べるように，夢思考はときに患者と分析家の思考構造そのものの根本的な転換を引き起こすことがある。私が変形性思考 transformative thinking と呼ぶこの形態の夢思考は，ビオン（1970, p106）が「破局的変化 catastrophic change」と呼んだ変化を，すなわち何事にも代え難い決定的な変化を引き起こす可能性をそなえている。

変形性思考

　私は変形性思考というアイデアを，シェイマス・ヒーニー（Seamus Heaney, 1986）のエッセーにある欽定英訳聖書『ヨハネによる福音書』の一節を機に思いついた。ただ，私自身はそこに記された話を宗教学的テクストとしてではなく，文学的なテクストとして扱うつもりである。ゆえにその物語内で描かれる人物や出来事を神学的な意味としてではなく，ある特殊な思考形態によって到達した情緒的な真実を表すものとして扱っている。その思考はこの書き物のなかに息づいているゆえに，ここではその箇所をそのまま引用してみたい。

　　律法学者やファリサイ派の人たちが姦淫の罪で捕らえたひとりの女性を連れてきた。彼女を群衆の中央に立たせ，イエスにこう言った。
　　「師よ。この女は姦淫の罪で捕らえられてきました。モーセは律法のなかで，このような女は石で打ち殺せと命じています。あなたはどうなさいますか？」。
　　彼らはイエスを告発する理由を得ようとして，彼を試してこう言ったのだった。
　　ところがイエスは身をかがめ，何も聞こえてはいないかのように，地面に指で何かを書き始めた。
　　それでも彼らが問い続けるので，イエスは身を起こしてこう言った。
　　「あなたがたのなかで，罪を犯していない者が，まず，その女に石を

投げなさい」。

　それだけ言うと，ふたたび身をかがめて地面に何かを書き出した。

　それを聞いた人々は，自身の良心の呵責により，年長の者からひとり，またひとりと去っていき，遂にはイエスと群衆の真ん中にいた女性だけが残された。

　イエスは身を起こし，女性以外に誰もいない様子を見て，彼女にこう言った。

　「ご婦人よ。あの告発人たちはどこにいるのか？ 誰もあなたに裁きを下さなかったのですか？」。

　女は答えた。「ええ，誰も。主よ」。イエスは彼女に言った。「私もあなたを裁きはしません。おゆきなさい。もう罪を犯してはならないよ」

　And the scribes and Pharisees brought unto him a woman taken in adultery; and when they had set her in the midst,

　They say unto him, Master, this woman was taken in adultery, in the very act.

　Now Moses in the law commanded us, that such should be stoned: but what sayest thou?

　This they said, tempting him, that they might have to accuse him. But Jesus stooped down, and with his finger wrote on the ground, as though he heard them not.

　So when they continued asking him, he lifted up himself, and said unto them, He that is without sin among you, let him first cast a stone at her.

　And again he stooped down, and wrote on the ground.

　And they which heard it, being convicted by their own conscience, went out one by one, beginning at the eldest, even unto the last：and Jesus was left alone, and the woman standing in the midst.

　When Jesus had lifted up himself, and saw none but the woman, he said unto her, Woman, where are those thine accusers? hath no man condemned thee?

She said, No man, Lord. And Jesus said unto her, neither do I con-
demn thee : go, and sin no more.

(Gospel of John [8 : 3-11])

　この物語のなかで，イエスはひとりの女性が姦淫の「現行犯」で連れてこ
られた局面に立ち合うことになる。ここでイエスは法に従うのか（女性を石
打ちの刑に処すのか），法を破るのか（刑の執行を止めようとするのか）を
問われる。

　イエスはその問いに答える代わりに「身をかがめ，何も聞こえてはいない
かのように，地面に指で何かを書き始めた」。イエスは提示された条件（法
に従うのか，それとも破るのか）をそのまま受け入れるのではなく，書くと
いう行為のなかで考えるための心的空間を開いていく。彼が何を書いている
のかは読者に語られない。地面に何かを書くイエスの姿は行動へと強く駆り
立てる動きを断ち，そうすることで物語の登場人物たちに，そして，物語の
読み手や聞き手たちに，考えるための空間を創り出している。

　イエスは身を起こしたが，そのまま投げかけられた質問には答えず，まっ
たく予期せぬことをもっとも端的な言葉で話した——その語りは 15 の単語
のうちのふたつを除いてすべて単音節である。「あなたがたのなかで，罪を
犯していない者が，まず，その女に石を投げなさい」。イエスは法に従うか，
法を破るのかという問題にはふれず，まったく別の，とても謎めいた問いを
投げかけている——人は自身の罪深き行為をもふくめた人間としての体験
を，他者のふるまいに対応する際にどのように反映させるのか，という問い
である。また，この一節には，人に他者を裁く権利などあるのだろうか，と
いう問いも投げかけられている。この節の最後のところで，イエス自身もこ
の女性を裁く立場を自ら放棄している——「私もあなたを裁きはしません」。

　この節の最後の言葉である「おゆきなさい。もう罪を犯してはならないよ」
は優しい言葉がけであると同時に，素直な自己 - 内省を要請する言葉でもあ
る——この物語のなかで罪という言葉の意味は根本的に変形されたが，それ
はどのようなものになったのだろうか？ 罪とはいかなる道徳的秩序との関
連で定義づけられるものなのか？ その女性自身の道徳観がそれを罪と見做

第 2 章　思考の三形態　　39

さないならば，彼女は自由に不義を働いてもよいのだろうか？ すべての道徳体系は人が自分自身や他者との関係のなかでどのようにふるまうのかを規定し，戒め，見定めていく能力において平等だといえるのだろうか？

　この文学作品について検討する目的は，ここでいう変形性思考とは何かを伝えることにある。変形性思考とは，そのときにはそれこそが唯一のものと考えられていた意味カテゴリー（たとえば，法に従うか，法を破るかといったカテゴリー）の限界を認識し，その代わりに，これまでには想像もできなかった——これまでとは根本的に異なるやりかたで体験を規定する——根本的に新しいカテゴリーを創造する夢思考の一種である。

　いま取り上げた聖書の物語は，過去2000年のなかでももっとも重要な物語のひとつである——そして，変形性思考の実例となっている。この物語がさほど謎めいてもおらず，他の条件（新しい世俗的な教義や，それに従うべきか破るべきかといった宗教的な掟）や「誰もが他者を裁く権限などない」といった抽象的な原理にある程度還元しうるものであったなら，この物語はとうの昔に忘れ去られていただろう。また，この物語が単に二者択一的な事柄を別の二者択一に置き換えるものであったり，新たな規律を紹介するものにすぎなかったなら，この作品が達成している思考は変形的な性質を帯びなかっただろうし，西洋文化の代表作として生き残ることもなかったように思われる。詩と同様に，この物語は他の何かに置き換えることも，何らかの静止的な意味を取り出すこともできないものである。

　私たちは精神分析家として，たとえその達成がいかに難事であろうとも，自分たちに対して，あるいは患者に対して，変形性思考に劣らぬ何かを求めている。変形性思考に取り組まないならば，私たちの理論的・臨床的な営為は完全に行き詰ってしまうだろう。このような変形性思考を追求することへの苦闘こそが，精神分析を革命的 subversive な活動にしており，その患者と分析家が生きる心的世界や，対人的事態や，社会的文化のゲシュタルトを（暗に自分を規定するものを）その根底から覆す活動にしている。

　20世紀の主要な精神分析の理論家たちは，心的な成長の中軸となる変化について——私たちの生にまつわる考え方や体験の仕方の変容について——それぞれの概念を導入してきた。フロイト（1900, 1909）にとって，それは

無意識の意識化であり，後に（1923, 1926, 1933）イドから自我に向かう心的構造内での動きとなった（「イドあるところにエゴをあらしめよ」[1933, p80]）。クライン（1948, 1952）にとっては妄想 - 分裂ポジションから抑うつポジションへの移行こそが肝要な変化であり，ビオン（1962a）にとってはこころかき乱しながらも心理化しえない情緒体験の排出にもとづく心的な構えから，自身の体験を夢見て考えようとする構えへの移行を指し，後に（1965, 1970）自身の体験の現実を知ること（K）から，自身の体験の真実になること（O）への移行となった。フェアベアン（1944）にとっては，内的対象との関係性のなかで生きる生活から，現実の外的対象との関係性を生きる生活への動きが治療的変化であり，ウィニコット（1971）が心的な健康において重視したのは，無意識的に空想すること fantasying から，現実と空想の中間領域にて想像的に生きるキャパシティへと移行する心的な変容であった。

　この項で私が注目しているのは，こうしたそれぞれの心的変化にまつわる概念の妥当性や臨床的有用性ではなく，これらの変形を媒介する内的および間主体的な考えること／夢見ることの性状である。次に紹介する事例が示すように，変形性思考の達成は何も唐突なブレークスルー体験やユリイカ現象［訳者註：「ピンときた」を意味するギリシャ語］のみに限らない。私の経験では，むしろほとんどの事例において，その達成は長年にわたる丹念な分析作業の結果としてあり，そこには患者のなかの以前は夢見られなかった体験部分を夢見ることのできる分析的ペアのキャパシティの拡大がともなわれている。

　変形性思考——自身の体験を規定する条件を根本的に変える思考——は，変化を生み出す思考（夢思考）のスペクトラムの極北に位置している。以下に紹介する事例は，分析に入る以前にも，その最中にも，華々しい精神病的思考を経験した患者との取り組みからもってきたものである。この患者との取り組みを議論の俎上に乗せたのは，患者と私に求められた変形性思考が健康的な患者との取り組みよりもより明白で印象的だったからである。とはいえ，変形性思考はあらゆる思考の一要素であり，あらゆる患者との作業にふくまれているものであることをことわっておきたい。

第 2 章　思考の三形態　　41

自分ではなかった女

　初回面接にて，Ｒは硬直した様子で椅子に腰かけ，私と目を合わせることができなかった。身なりは整えられていたが，その完璧さはいかにも人工的なものだった。彼女は「時間の無駄でしょうね。私のまずいところは変えられないと思います。私は分析家のオフィスにいてよい人間ではありません」と話し始めた。私は「あなたがまず私に知っておいてもらいたいことは，あなたはここにいるべき人間ではないということなのですね。あなたは私たち双方が互いに関わったことをいずれ後悔することになるだろうと警告しているのでしょうね」と伝えた。

　Ｒは「そのとおりです」と応え，さらに１分ほどしてから「私のことをあなたに話さなくてはなりませんね」と言った。私は「そうしたいならば，そうしていただいたらと思います。ただ，あなたはすでにあなたなりのやりかたで自分がどのような人間であるのかを，何をもっとも恐れているのかを，かなりの程度私に教えてくれているように思います」と伝えた。

　紙幅の都合上，この分析の最初の数年間についてはここに取り上げることはできない。簡潔にまとめると，Ｒは自分がどれほどの嫌悪感を抱いているかについて強い恥の感覚と当惑をもってして語っていった——彼女は私からいつか追い出される可能性にそなえ続けていた。ただ，このような想いについて話し合ううちに，患者は少しずつ私を信頼するようになった。とてもささやかなやりかたではあったが，Ｒは彼女がとても聡明で，理路整然としており，好感のもてる人物であることを示していった。

　週５回の分析を開始して３年目の終わりごろ，Ｒは次のように語った。「私があまりに病んでいるとあなたに言われるのが怖くて，ここで話せていないことがあります。でも，私のその部分について知ってもらわなければ助けてはいただけないでしょうから，お伝えしたいと思います」。Ｒは30代のころのヨーロッパ旅行中に，「破綻 breakdown」した体験についておずおずと語り始めた。このとき彼女は１ヵ月ほど入院し，数日間にわたる幻覚に悩まされた。「口から糸が出てきたのです。いまだにこの糸が絡まるのが怖くて，

このことを話し辛いくらいです。恐ろしさのあまり糸を抜いてしまおうと引っ張り続けてみたのですが，糸はどこまでも続いていて，そのうちに自分の内臓と結ばれていることが判明したんです。糸を引き抜かないと死んでしまうことがわかっていましたが，糸をさらに引っ張ると私は終わってしまいます。だって，中身がなくなれば生きてはいけないでしょうから」と述べた。入院中，彼女は耐え難いほどの孤独感に襲われ，自殺衝動に駆られたという。

　彼女と私は入院のことや幻覚の体験水準について話し合い，この幻覚が私を怖がらせ，その結果，私が彼女と距離を置き，彼女が裏切られることになるという彼女の恐れについて検討していった。あのときとは異なり，いまは独りではないことを彼女にわかってもらうために，私は彼女の語りを私なりの言葉に置き換えて返すに留めておいた。この幻覚は相当に重要な出来事であり，時期尚早な理解で排斥してしまうわけにはいかないように思えたからである。

　また，Rは自分を助けてもらうには，自身の幼少期の体験についてもさらに詳しく私に知ってもらう必要があると感じていた。彼女は「これまでは幼少期の体験や両親について，自分がかなり曖昧に話していたことをわかってはいたのです。だけど，もうお気づきだとは思うのですが，そのことを考えると体調が悪くなるので，そんな気になれなかったのです。私もそこに囚われたくはなくて」と言った。だが，それでも彼女は語っていった。子どものころ，Rは母親を「崇拝」していた。母親は眩いほどに美しく，並外れた知性をそなえており，そのような母を彼女は崇めると同時に恐れてもいた。彼女は母親の歩き方，毅然とした態度，友人や郵便配達員や家政婦に対する話し方まで，とにかく母親のありかたを学んでいった。彼女は母のようになりたいと心底願ったが，決してうまくはいかなかった。母親がRの至らなさを感じていることは明らかだった。何も言わずとも，母の冷たいまなざしと声のトーンがそのことを物語っていた。

　父親は家業にかかりきりで，家には不在がちだった。Rは父が帰宅したときに，彼の声や家のなかを動き回る音が聞こえてくるように，ベッドで横になっても眠らないようにしていたことを想起した。ベッドから出る勇気はなかった。自分が「一日中働いた父親をうんざりさせる」（母親がそのように言っていた）ことで母親を不機嫌にしてしまうことが怖かったからである。成長

第2章　思考の三形態　　43

するにつれ，次第に彼女は母親が父親の関心事を共有することに耐え難い想いを抱いていることがわかってきた。両親は父親が好きなだけ仕事に打ちこみ，その代わりに母親が思い通りに家と家族を切り盛りできるという暗黙の合意のもとに成立していることを子どもながらに理解していった。

　この期間，患者のなかで，これまでもずっとあった人としての自分や自身の身体（特に「生理時の排泄物 female excretion」）に対するいわく言い難い嫌悪感が高まり，自分の匂いが相手を不快にさせることを恐れ，彼女は他の人とできるだけ距離を取るようになった。ゆえに，私と共に分析室にいることは，彼女には相当に耐え難いことだった。このころのあるセッションで彼女が「不快にさせる身体」について話しているとき，ちょうどそのころ読んでいたある本の内容が私の頭に浮かんできた。その本には語り手が1年以上にわたって過ごした強制収容所での体験が記されており，私はその語り手の身体や他の囚われ人の身体に付着した匂いに関する記述を思い起こしていた。セッションのその局面で，私は匂いに染まらないことは匂いに染まることよりもはるかにまずいことなのかもしれないと感じた。なぜなら，匂わないということは，その人が考え尽くせぬほどの残虐行為の加害者であることを意味するからである。囚われた人たちのひどい臭気は確かにその人の個としてのアイデンティティを消し去るものではあったが，少なくともその人が「加害者」の一員ではないことの証でもあった。

　自分自身と自分の身体に対する憎しみについて話し合っていくうちに，徐々にRは母親のRに対する「嫌悪感」の根深さと深刻さを認識していった。彼女は「まるで子どもであることは病気でもあるかのように，母は私を治そうとしていたのです。ようやく私を"若き女性文化人"にさせようとする母の教えが，いかに常軌を逸したものであったのかがわかってきました。私は母親とはこういうものなのだと自分で自分を納得させていました。私自身も，他の子どもたちのような訛り（方言）をなくすにはどうすればよいかを学んだりしていました」と語った。

　12歳になって患者に生理が始まったときも，母親はコーテックス［訳者註：女性の生理用品を販売する会社名］の箱と「自分を清潔に保つ方法」に関する詳細な手紙を渡してきたのみだった。この件についてふたりは何も話し合

わなかった。患者が思春期に至ると，母親はよりいっそう冷たくなり，不満を顕わにするようになった。

　さらに数年が経ち，この間に患者は私がここまで記してきた理解をもとにかなり機能できるようになったが，そのころから彼女は左腹部に痛みを感じ始め，自分は癌に違いないと確信するようになった。広範な医学的検査によってもその痛みの生理学的要因が特定できなかったとき，患者はひどく苦しみ，「あの人たちのことも，あの人たちの検査も，何もかも信じられない。あの人たちは本当の医者ではないのよ。彼らは研究者であって，医者ではない」と言い，この分析で初めて深く涙した。

　しばらくして，私は次のように伝えた。「医者が本物の医者ではないと感じるのは恐ろしいことです。自身の生を彼らに委ねているのですから。ただ，これはいまに始まったことではないのでしょうね。あなたには本当の母親ではない母親がいて，自身の生は完全に母親の手中にあると感じてきたように思えるからです。あなたは自分が医者らしき人たちの研究用モルモットになったと感じたのと同様に，母親との関係においても，彼女の常軌を逸した内的生活のなかの登場人物のひとりにすぎないと感じてきたように思います」[3]。

　Rは私の話にじっと耳を傾けていたが，これに対する応答は口にしなかった。ただ，すすり泣きは収まり，カウチに横たわる彼女の身体の緊張は目に見えて減じていた。

　引き続く数ヵ月のあいだ，Rは分析の内外で相当に苦しい日々を送った。この間，彼女はふたたび糸の幻覚に苛むことになった。患者は自分のなかに母親（いまや糸と見分けがつかなくなった）がいる感覚が身体感覚としてある——ただ，その感覚はもはや幻覚のような無媒介な現実感をともなってはいなかったが——と述べた。Rは自分の内側で癌が進行していることへの恐怖（と確信）を，糸の幻覚の新バージョンであると考えていた。

　また，このころからRは私の発言の文法的な誤りを——たとえば，私が「people who」の代わりに「people that」と言ってしまったときや接続詞の使用法を間違ったときなどに——訂正するようになった。それはとてもさりげないやりかたで行われ，彼女が私の語る文章の要点を繰り返し，その繰り返しのなかで誤りを訂正するといった形でなされた。このことに彼女が自覚

第2章　思考の三形態　　45

的であったかどうかはわからなかった。ただ，R はテレビのニュース番組やニューヨークタイムズ紙が「英語を台無しにしている」と高らかに訴えていた。次第に私は自分の話し方が文法的に正しいかどうかを強く意識するようになり，舌がもつれ，自然なやりかたで話すことが制限されている感覚を抱くようになった。だが，時が経つにつれ，私は何が起きているのかを理解し始めた。患者は自分のなかに横暴な母親がいることがどのような体験であるのかを無意識裡に私に体験させているようだった。

R が身体的にも情緒的にも強い実在感を放つ母親から解放されることなど到底叶わないという絶望感に浸されたセッションで，私は次のように伝えた。「今日のあなたは糸の幻覚を体験していたときと同じくらいの強さで，自分にはたったふたつの選択肢しかないと感じているように私には思えます。糸を引き抜こうと思えば，やれるかもしれない。しかし，そのためには母親と共に自分の中身も引き抜かねばならず，そうなればふたりともが死んでしまうことになるのでしょう。あるいは糸を引き抜かないという選択もあるかもしれない。でも，それはあなたから母親を引き離す最後の機会を諦めることでもあります。その場合，あなたは彼女とは異なる人間になることへの希望をすべて放棄することになります」。

このようなことを伝えているあいだ，私は自分のなかにずっと居座っていた "R によって喉を圧し潰されているような精神状態" から抜け出していく感覚を強く感じていた。言葉やイメージで表現することはできないが，ここにきて私たちふたりのあいだに何かとても新鮮で，歓迎すべきことが起こっていた。

R は言った。「あなたが話しているとき，私が中学，高校のころに苛んでいたことを思い出していました。私は災厄が迫りくる世界を生きていたのです。たとえばですが，私はガソリンスタンドで車にどれくらいのガソリンが必要なのかを正確に，10 分の 1 ガロン単位で予測しなければなりませんでした。もし間違ったならば，母か父のどちらかが死ぬことになると確信していたからです。でも，それにも増して最悪の問いが頭のなかにずっとありました。もう何年ものあいだこのことを考えてはいなかったのだけど。その問いとは次のようなものです。家族と私が沈みゆくボートに乗っていて，誰か

46

ひとりを海に放り出さねば全員が溺れてしまう状況になったとき，その誰か
を決めるのが私であったとすれば，私はいったい誰を選ぶだろうかという問
いです。私はすぐに自分が身投げするだろうとわかってはいるのですが，そ
の答えは"間違い"なんです。ルールに反するからです。だから私はふたた
び同じ問いに向き合うことになり，それが何度も何度も繰り返され，ときに
は数ヵ月にわたって続きました」。

　私は伝えた。「ひとりの女の子であるあなたが導き出した答えが間違いで
あるとか，ルールに反していたということよりも，そもそもそのような問い
を問わねばならなかったこと自体が"間違っていた"のかもしれませんね。
自身の人生や家族生活において何かひどくまずいことが起こっていたという
意味で"間違っていた"ことを知るには，あなたはあまりにも幼なすぎたの
でしょう。あなたは幼いころから人生のあらゆる局面で，自分か母親のどち
らを殺すかを決めねばならないと感じてきたのでしょうね」。

　Rは応えた。「子どものころはあまりにも恐ろしくて，そんなことを知る
わけにはいかなった。不可能だった。感覚としてはあったと思う。でも，言
葉にはならなかった。私には母がすべてでした。私から母を引き出せば，彼
女を殺してしまうことはわかっていたわ。そんなことはしたくはなかった。
だけど，彼女を外へ出さなければならなかった。私は死にたくなかったから。
とても混乱しています。まるで迷路のなかにいるようで，出口がない。ここ
から出ないと，私はここにいられない」。

　私は言った。「初回のセッションであなたが私にまず知っておいてもらい
たかったことは，あなたと私は一緒にここにいるべきではないということで
したね。いまではその意味がわかります。言葉にはできなかったけれど，あ
なたはあなた自身から私たちふたりを守ろうとしていたのですね。もし，あ
なたが私の助けを受け入れたなら，私はあなたのなかに入りこむことになり，
あなたは私たちのどちらかを，あるいは両方を殺さなければならなくなるの
でしょう。子どものころ，あなたはこのような問題をたった独りで抱えてい
たのですね」。「でも，いまはそうではありません」と私は伝えた。

　Rは「ここにいると，自分が生きてきた世界とはまったく異なる世界があ
ることを知るときがあります。こんなこと言うのは恥ずかしくて，真っ赤に

なってしまうけれど，あなたと私がこんなふうにお喋りしている世界がまさにそうです。ごめんなさい。これをなくしたくはなかったから言ってしまったわ。いま，小さな女の子のような気持ちです。私が言ったことはどうかお忘れください」と言った。私は「あなたの秘密は私が守ります」と伝えた。分析のこの局面で，私はRのことをとても愛おしく思っていた。彼女もそのことをわかっていた。

　彼女の手助けにより——彼女が私に「小さな女の子のような気持ちです」と語ってくれたことで——ここで初めて私はセッションの最初のころから感じており，いまやそのときよりもはるかに強く感じられている想いを自分自身に対して言葉にすることができた。私はRを自分にはいなかった娘として——父と娘の絆に特有の柔らかな優しさと（娘の成長と共に感じることになる）喪失感とを味わわせる娘として——体験していたのだった。これは単に新しい思考というだけではなかった。これはRと自分自身を体験する新しいやりかたであり，愛情深く，けれど物悲しい，私にとってまったく新たな生を感じさせるありかたにもなっていた。

　次のセッションでRは次のように語った。「昨夜は本当に久しぶりに深い眠りにつきました。眠っているあいだ，まるで空間があらゆる方向に広がっていくような，底のほうまで広がっていく感覚がありました」。

　分析が進むにつれ，Rは彼女にとってまったく新しいタイプの人間関係にまつわる情感や関係性を体験することができるようになっていった。彼女は「これまでずっと**思いやり**という言葉が人々のあいだで使われているのを耳にしてきましたが，私にはその言葉の意味するところがわからなかったんです。彼らが話しているような感情を私は感じたことがなかったから。でも，いまは思いやりがどのようなものかわかります。私に対するあなたの思いやりを感じているから。母親が赤ん坊を腕のなかで優しく抱っこしているのを見たり，子どもの手を握って歩いている姿を見たりすると，涙が出ます」と語り，泣いてしまうのは，子どものころに自分がいかに思いやりを示してもらえなかったのかをいまになって感じているからだと思うと語った。だが，それにも増して彼女にとって重要だったのは，自分こそが我が子に思いやりを示してこなかったことに対する悲痛な想いであった。彼女の子どもたち全

員が情緒的な問題を抱えていたにもかかわらず，分析のこの時点まで子ども
のことはほとんど話されてこなかった。

　時が経つにつれ，ここに記したような心理的 - 対人的変化は，R のありか
たや物事の認識の仕方として定着していった。こうした変化の確立は以下の
夢にも反映されていた。「どこかに出かけて帰宅すると，私の家に引っ越し
てきた人たちがいたんです。彼らは集団であらゆる部屋にいて，キッチンで
料理をしたり，リビングでテレビを見たりしていて，私は本当に腹が立った
ので“ここから出ていけっ，ちくしょうめがっ！（R が罵る言葉を使うのは
初めてのことだった），ここは私の家よっ，あなたたちがいる権利なんてな
いのっ”と怒鳴ったんです。目覚めたとき，気分は晴れやかでした。夢のな
かの私は家を乗っ取ってきた人たちをまったく恐れていませんでした。とに
かく怒っていたんです」。

　私は伝えた。「家はあなたが生きる場所であり，あなたのための場所であり，
あなただけのものです」。R と私は，その夢に紛うことなき彼女の生のため
の場所を——自分を殺すのか，自分を占拠している他の誰かを殺すのか，そ
のどちらかを選ぶ必要などない場所を——屹然と主張できるほどに成長した
彼女のキャパシティがいかに表されているのかを話し合った。彼女は「夢の
なかで私の家に引っ越してきた人たちは，私が追い払ったとしても死にはし
ないなと思いました。彼らは別の住処を探せばよいだけです」と言った。

　R は母親によって生み出された精神病的世界を，母親と共に（父親もそれ
を助長させていた）生きていた。その世界にて，無意識のうちに常に自分を
殺すか（母親自身の醜悪な部分が投影されたものに我が身を委ねるか），自
分である権利をもつ人 person in her own right になるために（本当の母親
もおらず，自分にとって意味ある世界など何もない人になってしまったとし
ても）母親を殺すか，そのどちらかを選ばねばならないと感じてきた。

　この営みにおいて私が変形性思考と考える思考は，患者と私が何年にもわ
たる分析プロセスのなかで一緒に取り組んできた思考であり，それは最終的
に患者と私の体験規定の方法を根本的に変形し，これまで彼女と私が生きて
きた情緒的世界の諸条件を超えたゲシュタルトを創り出した思考である。R
はこの新たに創造された体験生成と体験規定の様式のなかで，それまではた

だただ周りの人が自分の気持ちに言及する際に用いている言葉にすぎず，彼女には決して味わうことのできなかった，思いやり，愛，優しさ，悲しみ，後悔といった情緒体験を感じ取ることができるようになった。ここでRと私が味わっている親密さと愛情の感覚は，彼女が「あなたと私がこんなふうに話す」世界について話したとき，私たち双方にとって生きたものとなった。Rが「私たち」ではなく，「あなたと私」という言葉を用いたことにさえ，呑みこみ，消滅させてしまうような一体感とは対照的に，愛情に満ちた分離の感覚がこめられている感じがあった。こうした単純な言い回しの違いにこそ，患者の思考と存在様式に決定的な変化が起きたことが示されている。

　根本的に新しい情緒的な諸条件が創り出されたのは，自己嫌悪や病的な共依存からではなく，Rが自分であることの権利をもつひとりの人間になることを望み，これまではその存在さえ知る由もなかった形の愛情を行き交わすことのできる人になりたいと願い，そうなる必要性があったからである。その愛には相手との分離を喜びとし，だからこそ力を得られるという逆説がある。この一連の新しい情緒的な諸条件——新たな生き方——における分離の感覚は，相手を取りこんだり，相手に取りこまれたりするような専制的な試みを引き起こすことはなく，むしろ，自分と他者が独立していることの確かな認識から生まれる驚きや喜び，悲しみ，あるいは（対処可能な範囲の）恐怖さえをもそのまま純粋に味わう態度へとつながっていく。

　この事例における変形性思考は，この営み全体から産出されたものではあるが，ただし，Rと私が「通常の夢思考」とは異なる何かに取り組んでいると感じさせる決定的な転機があったのも確かである。たとえば「自分と母親のどちらかを殺さねばならない」という不可能な選択を課される事態から自由になることをめぐる彼女の絶望について話し合われたセッションがそのような瞬間のひとつだった。ここで何か重要な（そして，待ち望んでいた）変化が起きているとは思ったが，私は自分が感じていることを言葉にするのはおろか，明確にすることさえできないでいた。セッションが進むにつれ——とても多くの心的作業が行われたセッションであった——私が彼女を，いまも，そして今後も自分には決して得られることのない娘として体験していることを，その優しさと悲しみを味わっていることを，患者が（無意識のうちに）

気づかせてくれた。逆説的だが，私自身のなかの情緒体験の空白部分に気づくという行為そのもののなかで，私は父 - 娘の愛情と喪失（分離）の感覚をRと共に味わっていたのである。それは私にとって（そして，おそらくはRにとってもそうだったように思う）自分自身と共に，そして相手と共に，新しいありかたを創り出していく体験でもあった。

　このような変形性思考は，このセッションで患者と私が取り組んでいたさらに別水準の変形性思考と切り離せないものでもあった——Rは母親と分離した人間になるには，母親を殺すか，自分が死ぬしかないというジレンマに支配された世界に自分を閉じこめていることを深く感じ取り，理解していった。こうして彼女は根本的に異なる条件によってもたらされた存在様式を体験し始めた。分離を（自分であることの権利をもつ人になることを）殺害行為としてではなく，自分の（そして，彼女と私のあいだの）場所を創造する行為として体験し，そのなかで彼女は自分が誰であり，どのような人になっていくのかという，これまでならばまったく考えられなかった感覚を体験することができたのである。

結びのコメント

　現代の精神分析は患者が**何を**考えているかということよりも，**患者の思考の仕方**に重点を置くようになった。その結果，私たち分析家の臨床的な作業への取り組み方も大きく変わってきたと思われる。本章で私は二つの分析事例に顕著に表れた三つの思考形態について検討した。ひとつめの思考形態は魔術的思考である。ただし，思考とは名ばかりで，魔術的思考は本当の意味での心的変化を生み出すことはなく，こころかき乱す外的現実を自分が捏造した現実に置き換えてしまうことで，考えることと心的な成長を阻害する。魔術的思考の基底にある万能空想は唯我論的な性質を帯び，その時点での無意識の内的対象世界の構造を維持するだけでなく，現実的な外的対象との体験から学ぶ可能性を制限する。

　それとは対照的に，夢思考は私たちのもっとも深遠なる思考形態であり，一次過程思考と二次過程思考，コンテイナーとコンテインド，妄想 - 分裂ポ

第 2 章　思考の三形態　　51

ジションと抑うつポジションと自閉 - 接触ポジション，魔術的な視点と現実的な視点，子どもの自己と大人の自己といったさまざまな観点から同時的に体験を眺め，処理していく。魔術的思考とは異なり，夢思考は真の心的成長を促すという意味で「機能」する。夢思考はその個人が自分ひとりで生み出すこともできるが，その人にとってもっとも不穏な情緒体験を考えたり，夢見たりするには，必ずふたりの（もしくはそれ以上の）人間を要する。

　変形性思考は夢思考の一種であり，根本的にこころを変容させる思考である――現在の概念的・経験的ゲシュタルトから，これまでは想像もしなかった新たな体験規定の様式へと移っていく思考である。このような動きにより，その個人がこれまでには体験したことのないタイプの情緒体験，対象関係の形式，生きた感覚を生成する可能性が創造される。この種の思考には常に少なくともふたりの人間のこころが必要となる。なぜなら，他者から孤立した個人は，自身の体験規定の基盤にある意味カテゴリーを根本的に変化させることができないからである。

註1　思考形態の不可分性について，フロイト（1900）は次のように記している。「我々の知る限り，一次過程のみの（つまり二次過程を欠いている）心的装置などはありえず，そのような装置はあくまで理論上のフィクションにすぎない」。

註2　あるときにビオンは被分析者であったグロトスタインに「あなたが万能感に陥っているのは何と残念な shame ことだろう」と述べたという（Grotstein, 2001）。ビオンがこのコメントのなかで微妙な形で仄めかしている恥と万能的思考とのあいだにある関係はとても重要である――無意識的で不合理な恥の感覚は，その人に現実的な世界を放棄させ，代わりに完全に自身の支配下にある世界を創造するよう駆り立てる強力な力となるのだろう。

註3　ここで私は R が無意識のうちに私のことも自身の目的のために，おそらくは講義や論文の素材として彼女を利用しようとする医者として体験しているのではないかと考えていた。ただ，転移 - 逆転移関係において生起している

と思われるこの側面について彼女に伝えることはせず，その一連の思考と感
情が彼女の私に対する意識的な体験に近づくまで保留することにした。まだ
この時点では，患者はそのような転移解釈を，彼女の話を私の話に置き換え
るものとして体験することになりそうだったからである。

文　献

Barros, E. M. and Barros, E. L. (2008). Reflections on the clinical implications of sym-
　bolism in dream life. Presented to the Brazilian Psychoanalytic Society of Saõ Paulo,
　August.

Bion, W. R. (1957). Differentiation of the psychotic and non-psychotic personalities. In
　Second thoughts (pp. 43–64). New York: Aronson, 1967.

Bion, W. R. (1959). Experiences in groups and other papers. New York: Basic Books.

Bion, W. R. (1962a). Learning from experience. In Seven servants. New York: Aron-
　son, 1977.

Bion, W. R. (1962b). A theory of thinking. In Second thoughts (pp. 110–119). New
　York: Aronson, 1967.

Bion, W. R. (1965). Transformations. In Seven servants. New York: Aronson, 1977.

Bion, W. R. (1970). Attention and interpretation. In Seven servants. New York:　Aron-
　son, 1977.

Bion, W. R. (1987). Clinical seminars. In F. Bion ed., Clinical seminars and other works
　(pp. 1–240). London: Karnac.

de M'Uzan, M. (1984). Les enclaves de la quantité. Nouvelle Revue de Psychanalyse,
　30, 129–138.

de M'Uzan, M. (2003). Slaves of quantity. Psychoanalytic Quarterly, 72, 711–725.

Fairbairn, W. R. D. (1944). Endopsychic structure considered in terms of object-rela-
　tionships. In Psychoanalytic studies of the personality (pp. 82–136). London: Rout-
　ledge/Kegan Paul, 1952. On three forms of thinking 43

Ferro, A. (1999). The bi-personal field: Experiences in child analysis. London: Rout-
　ledge.

Freud, S. (1900). The interpretation of dreams. S. E., 4/5.

Freud, S. (1909). Notes upon a case of obsessional neurosis. S. E., 10.

Freud, S. (1911). Formulations on the two principles of mental functioning. S. E., 12.

Freud, S. (1913). Totem and taboo. S. E., 13.

Freud, S. (1923). The ego and the id. S. E., 19.

Freud, S. (1926). Inhibitions, symptoms and anxiety. S. E., 20.

Freud, S. (1933). New introductory lectures on psycho-analysis. S. E., 22.

Gaddini, E. (1969). On imitation. International Journal of Psychoanalysis, 50, 475–484.

Grotstein, J. S. (2000). Who is the dreamer who dreams the dream? A study of psychic presences. Hillsdale, NJ: Analytic Press.

Grotstein, J. S. (2009). Dreaming as a "curtain of illusion" : Revisiting the "royal road" with Bion as our guide. International Journal of Psychoanalysis, 90, 733–752.

Heaney, S. (1986). The government of the tongue. In The government of the tongue: Selected prose, 1978–1987 (pp. 91–108). New York: Farrar, Straus and Giroux, 1988.

Klein, M. (1935). A contribution to the psychogenesis of manic-depressive states. In Contributions to psycho-analysis, 1921–1945 (pp. 282–310). London: Hogarth, 1968.

Klein, M. (1946). Notes on some schizoid mechanisms. In Envy and gratitude and other works, 1946–1963 (pp. 1–24). New York: Delacorte Press/ Seymour Lawrence, 1975.

Klein, M. (1948). On the theory of anxiety and guilt. In Envy and gratitude and other works, 1946–1963 (pp. 25–32). New York: Delacorte Press/ Seymour Lawrence, 1975.

Klein, M. (1952). The mutual influences in the development of ego and id. In Envy and gratitude and other works, 1946–1963 (pp. 57–60). New York: Delacorte Press/ Seymour Lawrence, 1975.

McDougall, J. (1984). The "dis-affected" patient: Reflections on affect pathology. Psychoanalytic Quarterly, 53, 386–409.

Ogden, T. H. (1989). On the concept of an autistic-contiguous position. International Journal of Psychoanalysis, 70, 127–140.

Ogden, T. H. (1994a). The analytic third: Working with intersubjective clinical facts. International Journal of Psychoanalysis, 75, 3–20.

Ogden, T. H. (1994b). Subjects of analysis. Northvale, NJ: Aronson; London: Karnac.

Ogden, T. H. (1997a). Reverie and interpretation. Psychoanalytic Quarterly, 66, 567–595.

Ogden, T. H. (1997b). Reverie and interpretation: Sensing something human. Northvale, NJ: Aronson; London: Karnac. Reclaiming Unlived Life 44

Ogden, T. H. (2004a). On holding and containing, being and dreaming. International Journal of Psychoanalysis, 85, 1349–1364.

Ogden, T. H. (2004b). This art of psychoanalysis: Dreaming undreamt dreams and interrupted cries. International Journal of Psychoanalysis, 85, 857–877.

Ogden, T. H. (2005). This art of psychoanalysis: Dreaming undreamt dreams and interrupted cries. London: Routledge.

Ogden, T. H. (2010). Why read Fairbairn? International Journal of Psychoanalysis, 91, 101–118.

Pontalis, J.-B. (2003). Windows (A. Quinney, Trans.). Lincoln, NB/London: University of Nebraska Press.

Rosenfeld, H. (1987). Impasse and interpretation. London: Tavistock.

Sandler, J. (1976). Dreams, unconscious fantasies and "identity of percep - tion." International Journal of Psychoanalysis, 3, 33–42.

Tustin, F. (1981). Autistic states in children. Boston, MA: Routledge/Kegan Paul.

Winnicott, D. W. (1956). Primary maternal preoccupation. In Through paediatrics to psycho-analysis (pp. 300–305). New York: Basic Books, 1975.

Winnicott, D. W. (1971). Playing and reality. New York: Basic Books

第3章
破綻恐怖と生きえない生

　単に精神分析に関してだけでなく，人間的に生きるとはいかなることなのかということに関しても私の考え方に多大なる影響をもたらした著書や論文はほんの一握りである。フロイト（1917）の『喪とメランコリー』，フェアベャン（1944）の『対象関係的視点から考察された個人の精神構造』，クライン（1946）の『分裂機制についての覚書』，ビオン（1962）の『経験から学ぶ』，ローワルド（1979）の『エディプスコンプレックスの衰退』，そして，本章で取り上げるウィニコット（1974）の『破綻恐怖』などがそのような論文である。

破綻恐怖についてのウィニコットの独白

　ウィニコットの晩年に書かれ，その死の3年後に発表された『破綻恐怖』（1974）は，私が思うに，彼の最後の主要作品である[1]。彼の最重要論文の多くがそうであるように，この論考もまた，一見シンプルに見える表層の奥に潜む複雑さにじっくりと目を凝らさなければ，わずか一，二文で要約されてしまいそうなものとなっている。本論の冒頭の数行を読めば，ウィニコットが彼自身にとって真新しく，死ぬ前に伝えておくべき重要なことを理解しえたと感じていたのは間違いない。この論考は次のように始まる。

　　最近の私の臨床体験が，破綻恐怖の意味合いに関する新しい理解をも

たらしてくれたように思う。

　My clinical experiences have brought me recently to a new under-standing, as I believe, of the meaning of fear of breakdown.（p87）

　本論の冒頭のフレーズには，実にさりげない形で「体験 experiences」という単語が登場する——このようなありふれた単語がこのエッセーの中核に横たわっている。この文の「最近 recently」と「新しい new」という単語に続いて，次の文でも「新しい new」という単語が二度使われる。

　　私にとって新しいことを，そして，おそらくは心理療法に携わる他の人々にとっても新しいことを，できるだけ簡潔に述べることがここでの私の目的である（p87）。

　　It is my purpose here to state as simply as possible this which is new for me and which perhaps is new for others who work in psycho-therapy.（p87）

そして，彼はこのエッセーの三番目と四番目の文で次のように記している。

　　もちろん，もし，私の言うことに真実がふくまれているとすれば，それはすでに世界中の詩人たちによって扱われてきたことなのだろう。だが，詩からもたらされる洞察の閃きは，無知であることから離れ，一歩一歩目標に至ろうとする苦しみに満ちた作業から私たちを解放してはくれない。この限られた領域の研究によって，臨床的には私たちが望んでいるようにはうまくはいかず，私たちを悩ませてきた他のいくつかの問題を再検討していけるのではないかというのが私の見解である……。

Naturally, if what I say has truth in it, this will already have been dealt with by the world's poets, but the flashes of insight that come in poetry cannot absolve us from our painful task of getting step by step away from ignorance toward our goal. It is my opinion that a study of this limited area leads to a restatement of several other problems that

puzzle us as we fail to do as well clinically as we would wish to do……
（p87）

　ウィニコット以外にいったい誰がこのように書けようか。私が記憶する限り，ウィニコット自身さえ，以前はこのような書き方はしていなかった。彼は自分が発見し，伝えたいと思ったことに真実があるとすれば，それは間違いなく詩人たちが知っており，詩のなかでつかんできた真実であると語る。だが，治療者としての私たちには，洞察の閃きに甘んじている暇などない。詩人たちの端的な理解は「無知であることから離れ，一歩一歩目標に至ろうとする苦しみに満ちた作業から私たちを解放してはくれない」。この言葉はほとんど宗教的ともいえるトーンで語られている。患者に対する私たちの責任は，患者を助けるうえで不可欠な“私たちが私たち自身を使う”という「苦しみに満ちた作業から私たちを解放」させはしない。そうするためには，私たちは「無知であることから離れ，一歩一歩」進まねばならない。ここでいう無知とはいったいどのような無知なのだろうか？　確かなことは分析理論に対する無知ではないということである（ウィニコットはこの論考の後半で，読者が有しているだろう知について二度ほど言及している）。この言葉を私なりに理解するならば，私たちが克服せねばならない無知とは，自分のことを情緒的に知らずにいる姿である。私たちは自身の人生におけるもっとも苦痛なことを体験し，その体験に関与する自分について理解できるようにならねばならない。ただ，ウィニコットの口調は決して説教じみてはいない。彼の口調には自身の失敗を前にした謙虚さと悔恨が滲み出ている（本論の後半で，私たちはウィニコットの患者のひとりが自殺したことを知る）。
　ウィニコットは「この限られた領域」（破綻恐怖の意味合い）からの学びが，患者に対する私たちの失敗の要因となる他のいくつかの問題を理解することに役立つだろうと語る。この行を読むと，彼がまだ何とか書けるうちに自分が学んだことを是非とも伝えたいと切に願っていることがよくわかる。
　ウィニコットがその分析的人生を通じて書いたものはどれも感動的だが，それは単に彼が自身の率直な考えを書いたからではない。実際，彼は自身の内面については（直接的には）ほとんど語っていないし，面接室の外での彼

第3章　破綻恐怖と生きえない生　　59

の生活実態についてはほぼ何も語っていない。彼の文章が感動的なのは，彼が描き出していく体験や彼が発展させてきたアイデアに（この論考の冒頭で語られているように，それは彼の体験から切り離せないものである）生きているとはどのようなことなのかを——その言葉の使用法を通じて——伝える力があるからである。

　この論考の本題に進むために，いま私が『破綻恐怖』の冒頭から引用した「前置き」を駆け足ですませてしまう人もおられるかもしれない。だが，そうすると，この論考の本質を見逃すことになるだろう。ウィニコットはこの冒頭の文章によって，自分の体験を生きる（生きている）とはどのようなことなのかを——彼自身の書くという行為のなかで，そして，（潜在的には）読者の読むという行為のなかで——私たちに示している。

　ウィニコットはこれから取り上げることを「普遍的な現象」（p88）としつつも，それが顕著に表れるかどうかは患者によりけりだと述べている。いずれにせよ，もっとも重要なことは次のような普遍的現象である。

　　これらのことにより，ある患者がこの［破綻］恐怖を大々的に示したときに，それがどのように感じられるのかを誰もが共感的に知ることになるだろう（実際，同じことが精神障害を患った人の狂気の一切合切についてもいえるだろう。たとえ，その特定の部分［狂気の部分］が［その時点では］私たちを困惑させなかったとしても，私たちの誰もがそれについて知っている）。（［　］はオグデンによる補填）
　　indeed make it possible for everyone to know empathetically what it feels like when one of our patients shows this fear [of breakdown] in a big way. (The same can be said, indeed, of every detail of the insane person's insanity. We all know about it, although this particular detail [this aspect of insanity] may not be bothering us [at the moment].) (p87)

　なぜ，ウィニコットは自らの主張をこれほど明確に，これほど力強く示せるのだろうか。適切な治療者であるためには，たとえある瞬間にその狂気の

「細部 detail」を完全にはつかめていないとしても，「それがどのように感じられるのか（その「狂気」がどのように感じられるのか）」について，私たち自身のパーソナルな知を活用せねばならない。

『対象の使用』[2] 論文のときもそうだったが，彼はこの『破綻恐怖』においても，自分が伝えようとすることのために，あえて方向感覚を失わせるような新しい言葉を考案している。この論考にて，彼は読者を攪乱させるようなやりかたで，その新たな言葉を一般的な用法から引き剥がしていく。その新たに作られた言葉とは「**破綻**」である。

　　私があえて「破綻」という用語を使ったのは，この言葉がどちらかというと曖昧で，多義的な意味を持ちうるからである。ここでは，この言葉は概して防衛の組織化の失敗を意味していると捉えられるだろう。だが，ここで直ちに「では，何に対する防衛なのか？」と問うことになる。そこから私たちはこの用語のより深い意味合いに達するのである。なぜなら，「破綻」という言葉は，防衛組織の根底にある，考えられない事態を示すために使われるべき言葉だからである。

　　I have purposely used the term "breakdown" because it is rather vague and because it could mean various things. On the whole the word can be taken in this context to mean a failure of defence organization. But immediately we ask : a defence against what? And this leads us to the deeper meaning of the term, since we need to use the word "breakdown" to describe the unthinkable state of affairs that underlies the defence organisation. (1974, p88)

この一節を読むたびに，いつも私の頭はぐらつき始める。相互に関連し合う用語が次々と持ちこまれ，その意味が滑り落ちたり移り変わったりする。ゆえに，ここでは一文ずつ読み取ることにしよう。まず，ウィニコットはこう述べる。

　　ここでは，この［破綻という］言葉は概して防衛の組織化の失敗を意

第 3 章　破綻恐怖と生きえない生　　61

味していると捉えられるだろう（p88）。

ここまではよい。破綻は防衛の組織化の失敗である。続く文章はこうである。

　　だが，ここで直ちに「では，何に対する防衛なのか？」と問うことになる（p88）。

ウィニコットはこの問いに対して，次のように答える。

　　「破綻」という言葉は，防衛組織の根底にある，考えられない事態を示すために使われるべき言葉だからである（p88）。

ここで混乱が生じる。ウィニコットいわく（その一文前で防衛の組織化の失敗と述べていた）「破綻」は同時に防衛組織の「根底」にある考えられない事態でもある。私のなかに「破綻とは防衛の組織化の失敗であり，その組織の下方にある考えられない事態でもあるということだろうか？ それらはどのように両立するのだろうか？」という疑問が浮かぶ。

　このこんがらがった疑問にはおかまいなしに，ウィニコットは続く段落で，「防衛の背後にあるもの」は「精神病的な事態」であり，それは「ひとまとまりの自己 the unit self を成立させることの破綻」をともなっていると述べる（ひとまとまりの自己とは，「乳児が一個人であり，内と外をもつ全体的な人間であり，大なり小なり皮膚によって境界づけられた身体のなかで生きている人間である」[Winnicott, 1963, p91] ことを示す用語であり，「このひとまとまりの状態に達することで……乳児はひとりの人間となり，自分自身である権利をもつ個人となる」[Winnicott, 1960, p44] のである）。

　ここまでのところでわかったことは何だろうか。「破綻」とは，「ひとまとまりの自己を成立させることの破綻」をともなう考えることのできない精神病的な状態から，その個人を守るために構築された防衛組織の失敗である。だが，ここには問題がある。そのひとつは「破綻」という言葉がいくつかの異なるやりかたで用いられている点であり，もうひとつは，「破綻」という

用語を定義づけようとするなかで，まさにその「破綻」という言葉が何度も繰り返し使われている点である。

　私が思うに，破綻という言葉の定義づけが混沌としているのは，ウィニコットが書きながら考えており，裏を返せば，考えるための媒体として書くことを利用しているからである。冒頭にあるように，ここで述べられているすべてのことが彼にとってまったく真新しいものであり，さらにいえば，彼自身それをどう言葉にすればよいのかまったく定かでないのだろう。だが，彼の言葉が意味を欠いているわけではない。むしろ，その意味はいままさに考えられている最中にあり，よりじっくりと丁寧に定義づけられつつある。

　他にもたくさんの疑問が湧いてくる。

・ここでいう破綻とは精神病的な破綻，つまりはこころ（あるいは，ひとまとまりの状態）の破綻のことなのか？
・防衛組織（それ自体が精神病的な性質を帯びている）は，さらに深刻な精神病性の破局を防ぐ役割を果たしているのだろうか？
・精神病とは「防衛組織の根底にある」，「考えられない事態」のことなのか？
・破綻はいかにして「破綻恐怖」という形で，その先の未来に定着することになるのだろうか？

　読者はウィニコットが本論の主題である「破綻」の定義づけという課題に取り組んでいくのを辛抱強く見守り，その混乱に耐えねばならない。ウィニコットを読む際によくあることだが，彼の文章が生み出す作用は，彼が検討している分析体験の質を反映している。これから述べていくように，ウィニコットが「破綻」をめぐる議論のなかで創り出している混乱作用は，過去がいまだ現在を持ちえず，現在がまだ過去を持ちえない心的状態に内在する混乱について伝えているように思われる。

第3章　破綻恐怖と生きえない生　　63

生きられた体験と生きえない体験

　ここからウィニコットはこのトピックにアプローチする新たな試みに入っていくが，まずは情緒的成長の初期段階に属する基本プロセスに関する自前の考えを述べるところから議論を開始する。彼はウィニコットを読むうえで私たち全員が始めなければならないところから始めていく。

　　個人は成熟へのプロセスを受け継いでいく。発達促進的な環境が存在する限り，この成熟へのプロセスが人を運んでいく……その本質的な特徴は，成長していくその人の変わりゆくニーズに適応していくことで，それ自体がある種の成長を遂げることである。

　　The individual inherits a maturational process. This carries an individual along in so far as there exists a facilitating environment……the essential feature [of which] is that it has a kind of growth of its own, being adapted to the changing needs of the growing individual.（1974, p102）（[　　] はオグデンによる補填）

　こうした発達初期の母子関係に関する記述を念頭に置きながら，ウィニコットは「原初的苦悩 primitive agonies」（p90）——「不安という言葉ではその強烈さを十分に示せない」（p90）ような苦痛——に関するリストを提示し，根底にある「考えられない」（p90）原初的苦悩を体験することからその身を守るための防衛組織について列挙していく。これらの苦悩は，その個人が絶対的依存段階にある時期に——母親が「補助的な自我機能を供給し……乳児が “私でない not-me” と “私 me” とを区分していない時期」（p89）に——生じるものである。原初的苦悩とそれに対する防衛には以下のものがある。

　1　未統合状態への回帰（防衛：解体）
　2　永遠に落ち続けること（防衛：自分で自分を抱えること）

3　心身共動の喪失，身体に宿ることの失敗（防衛：離人化）

4　現実感の喪失（防衛：一次ナルシシズムの搾取的利用など）

5　対象と関係する能力の喪失（防衛：自己の現象にのみ関与する自閉的
　状態）など

1　A return to an unintegrated state. (Defence：disintegration.)

2　Falling forever. (Defence：self-holding.)

3　Loss of psychosomatic collusion, failure of indwelling.
　(Defence：depersonalization.)

4　Loss of sense of real. (Defence：exploitation of primary narcissism,
　etc.)

5　Loss of capacity to relate to objects.
　(Defence：autistic states, relating only to self-phenomena.) And so on.

(pp89–90)

　ここで読者は相当な作業に取り組まねばならない——この論考はただ読まれるだけでは事足りず，読者もまた書きこまねばならない。私は『破綻恐怖』をある意味では未完の論考であると捉えている（私見では，これはウィニコットの臨終際に書かれたものである）。この論考を読むにあたり，私自身はウィニコットが「本当に言いたかったこと」を明らかにしようとは思わない。その代わりに，ウィニコットが明に暗に言わんとしているアイデアを，私自身の思考を発展させるための出発点にしようと思っている[3]。私自身は上述した原初的苦悩に対して，たとえば「未統合状態への回帰」については，**ほどよい母 - 乳児の絆が欠落している（ウィニコットが発達促進的環境の失敗と呼ぶ事態[4]）からこそ苦悩になる**という観点から取り組んでいく。ウィニコット（1971）が『身体における自己の基盤 Basis for self in body』で明らかにしているように，乳児は「存在し，その存在を感じたいというほとんど根源的ともいえる衝動を瞬間的に放棄してでも，解体し，離人化することがある」（p261）。このような状態のあいだを揺れ動くことは，**健全な母 - 乳児の結びつきのなかで体験されるならば**，健全なものとなる。

　未統合状態にある乳児は，自分独りしかいないとき——母 - 乳児の結びつ

第 3 章　破綻恐怖と生きえない生　　65

きの外側で——恐ろしい状態を呈する。ウィニコットによれば，このとき乳児は自分で自分を守るために解体という精神病的防衛を駆使する。すなわち乳児は先手を打って自らを消滅させる（「防衛：解体」）。私が思うに——私が読みこんだ限りにおいてだが——ここでの中心的なポイントは，母 - 乳児の絆があればもちこたえうる情緒的事態でも，乳児が自分独りで体験せねばならないときには原初的苦悩と化す，ということである。この殺伐とした苦悩とその防衛に関するリストに私が「書きこむ」ことは次のことである——母親から切り離されたとき，乳児は苦悩を体験する代わりにその体験を簡略化し short-circuits，（解体などの）精神病的な防衛を組織化することで置き換えていく。

　同様に，ウィニコットが「永遠に落ち続けること」と呼ぶ原初的苦悩も，乳児が自分独りだけで体験するにはあまりにも耐え難いゆえに簡略化される（体験されなくなる）。私自身はこの"落ち続ける"という苦悩を，キューブリックの映画『2001 年宇宙の旅』（1968）に描かれたような体験ではないかと想像している——そこには宇宙船とつながっていた命綱 umbilical cord［訳者註：へその緒の意もある］を断たれた宇宙飛行士が，ただひたすらに静かで何もない空間に独り漂い続けるシーンが描かれている。

　永遠に落ち続けるという耐え難い苦悩を体験しないように，乳児は「自分で自分を抱える self-holding」ことで——母親の不在のもとで，自分の存在そのものをつなぎとめようとする絶望的な努力によって——自分自身を防衛する。繰り返しになるが，ここでも重要なことは，**永遠に落ち続けるという感覚は乳児的な自己が母親から切り離されたときにのみ苦悩になる**という点である（この点は読者が書きこまねばならない）。

　さらに彼が「主題の提示」と呼ぶ地点に進むための準備が続けられる。

　　精神病を破綻と考えるのは誤りである。それは原初的苦悩と関連する
　　防衛の組織化なのである。

　　It is wrong to think of psychotic illness as a breakdown, it is a de-
　　fence organisation relative to primitive agony. (1974, p90)

ここで論文の前半部で未解決のままにされていた疑問のひとつが取り上げられている。ウィニコットが使用している「破綻」という用語は，精神病的な崩壊と同義ではなく，むしろ精神病はその個人が「原初的苦悩」の体験から我が身を守るために用いる防衛組織として存在しているのである。だが，問題はまだ解決していない。破綻が精神病的な崩壊でないとすれば，それはいったい何なのだろうか？

　ここにきて，ようやくウィニコットは自身が「主題の提示」と呼ぶものに取り組むための準備を整えた。そのなかで彼は次の疑問に取り組んでいく。すなわち「破綻とはいったい何なのか？」という問いである。彼の説明はこうである。「臨床的な破綻恐怖とは，**すでに体験された破綻恐怖である**と私は考えている」（p90）。ウィニコットは何らかの理由で自らの主題を誤って述べてしまったのではないかと私には思える。私が思うに，彼が言いたいことは——そして，その後も何度かふれているように——破綻恐怖とはすでに起こっているが，いまだ体験されてはいない破綻に対する恐怖である，ということである。換言すると，私たちには人生上の出来事を体験するありようと体験しないありようとがあるということである。

　すでに起こっているが体験されてはいない破綻における過去と現在の関係についてのウィニコットの見解は，フロイト（1918）の「**事後性 deferred action**」（**Nachträglichkeit**）の概念とは異なっている。後者は「経験，印象，記憶の痕跡が，新鮮な体験や新しい発達段階への到達と相俟って，後に修正されていく」（Laplanche and Pontalis, 1973, p111）ことを指している。事後性においては，出来事は体験されているが，その意味合いがその人の心的発達に応じて移り変わる。一方，破綻恐怖では出来事は体験されず，そうでありながら，それこそが現在との関係を規定する[5]。

　この"体験されていない出来事"というウィニコットの考えに近いものとして，フランス心身症学派の研究がある。そこでは，その個人にとって耐え難いほどに不穏な情緒体験は心的に精緻化されずに排除されて身体領域のほうに追いやられ，その結果として身体症状や倒錯性を発展させると考えられている（de M'Uzan, 1984；McDougall, 1984）。

　「主題」に取りかかるにあたり，ウィニコットは過去に起きた破綻を体験

しえず，その代わりに将来破綻する恐怖に苦しんでいる患者と対していくことの難しさに着目する。

　　患者を急かすことはできない。そうはいっても，私たちは彼らの歩みを止めてしまうことがある。本当の意味でわかってはいないからである。私たちにほんの一欠片の理解でもあれば，患者のニードについていくうえで私たちを支えることになるはずである。
　　We cannot hurry up our patients. Nevertheless, we can hold up their progress because of genuinely not knowing；any little piece of our understanding may help us to keep up with a patient's needs.（1974, p90）

　ウィニコットが「私たちにほんの一欠片の理解でもあれば，患者のニードについていくうえで私たちを支えることになるはずである」と述べるとき，彼がいわんとしていることは，私たちが破綻と原初的苦悩を体験しうる患者のキャパシティの発達を手助けしようとするならば，私たちは破綻と原初的機能について（私たち自身の**体験**として）知ることができねばならない，ということなのだと私は考えている。
　ウィニコットは続ける。

　　私の経験では，患者の人生を破壊するほどの恐怖をともなう破綻はすでに起きたことである，ということが患者に伝えられねばならない局面がある。それは無意識のなかにしまいこまれたまま運ばれてきた事実である。
　　There are moments, according to my experience, when a patient needs to be told that the breakdown, a fear of which destroys his or her life, has already been. It is a fact that is carried round hidden in the unconscious.（p90）

　破綻は患者の人生のかなり早い時期に起こっているが，そのときにはまだそれは体験されなかった。発達早期の破綻の事実は「無意識のなかにしまい

こまれたまま運ばれてきた」のである。だが，ここでいう無意識とはフロイトがいうような抑圧された無意識でもなく，本能 - 欲動としてのイドのことでもなく，ユングのいう元型としての無意識でもないとウィニコットは説明する。彼は語る。

> ここでの特殊な文脈［すでに起こっているが，体験されてはいない破綻］における**無意識とは，自我統合が何らかの事柄を包みこめていないということを意味している**（強調は筆者による）。（［　］はオグデンによる補塡）
> In this special context [of a breakdown that has already occurred, but has not been experienced] *the unconscious means that the ego integration is not able to encompass something.*"（pp90-91, emphasis added）

　私が思うに，この件にてウィニコットは精神分析における無意識概念の拡張を図っている。これまでに起こり，体験されてはきたが，意識的に気づくことを禁止されるほどに不穏な抑圧された生の側面を体験するための心的領域としての無意識に加えて，それが起こりながらも体験されてはいない出来事が登録され，存在しているその個人の側面（多くの場合，それは心理的なものよりも身体的なものとなる）もまた無意識なのである。後者はトラウマティックな体験の未消化な部分，つまりはその患者の「夢見ることのできない夢」（Ogden, 2004）を携えている部分である。

　ここにきて本稿の前半部で提起しながらも棚上げにしてきた疑問に応じることができる――すなわち，ウィニコットのいう「破綻」とは何か？　破綻とは精神病におけるこころの崩壊のことなのだろうか？「防衛の組織化」とは精神病に対する防衛なのか？　あるいは破綻に対する防衛なのか？　それとも原初的苦悩に対する防衛なのか？　といった問いである。繰り返しになるが，以下に述べることはウィニコットの論考を私が私なりに読みこみ，書きこんだものである。私の理解では，「破綻」とは母 - 乳児の結びつきの破綻のことであり，それにより乳児がたった独りで，剝き出しのまま，存在しないも同然の状態に置かれる事態を指している。このような状態――母から切

り離された状態——にある乳児は，原初的苦悩になりうる体験へと押しやられていくが，そうでありながら原初的苦悩の体験が生じないのは（あるいは簡略化されるのは），存在そのものを脅かされている乳児が原初的苦悩の体験を遮断せんとする防衛の組織化を徹底させるからである。したがって，私の考えでは，**破綻**という用語は精神病的な崩壊のことではなく，母 - 乳児の結びつきの崩壊を指すことになる。精神病は母 - 乳児の結びつきの崩壊体験に対する防衛である。

　続く文章で，ウィニコットはさらに詳しく説明していく。

　　　［破綻を体験した乳児もしくは子どもの］自我があまりに未熟なために，
　　　すべての現象をそのパーソナルな万能感の領域に集めることができない
　　　のである。

　　　　　　　　　　　　　　　　　　　　（［　］はオグデンによる補填）
　　　The ego [of an infant or child who has experienced breakdown] is too
　　　immature to gather all the phenomena into the area of personal om-
　　　nipotence. (1974, p91)

　この論考を読むたびに，いつもここで立ち止まってしまう。「すべての現象をそのパーソナルな万能感の領域に集めることができない」とはいったいどういう意味なのか？　パーソナルな万能感の領域とは何なのか？　このような形の万能感は，その個人が十分に成熟しており，自分自身でこうした考え方に取り組むことができるゆえに「パーソナル」なのだろうか？　ウィニコット自身は（「パーソナルな万能感の領域」における）この種の思考を健全な発達の一部と見做していることを明示している。

　以下に述べるのは，未熟な自我には現象をパーソナルな万能感の領域に集めることができない，というウィニコットの言説に対する私なりの解釈である。私自身は「パーソナルな万能感」という用語は "ひとまとまりの状態 unit status" に達し，自分が自分であるひとりの人間 a person in his own right となった人の内的世界の背景的な情緒状態のことを指すと考えている。この推測が正しければ，ここでいう万能感とは，世界がまさに思いのままに，

そのニードに沿ってあるという錯覚を乳児に創造しえた母親との早期体験の内在化を意味することになる。(発達促進的な環境としての)母親は徐々に「世話を控え，生き生きと無視する」(Winnicott, 1949, p245) ことで乳児のニードの成長に応じていき，そうした母親側の成熟こそが乳児を"ひとまとまりとしての状態"へと発達させることになるが，しかしながら，万能感という早期体験は——世界がそうあるべき姿のままにある，という体験は——健全な要素として，その個人の無意識の内的世界に残存し続ける。

　こうした無意識に関する見解を念頭に置いて，ウィニコットは本論の最初に提起したもうひとつの疑問に取り組んでいく——すなわち，破綻はいかにして「破綻恐怖」という形でその先の未来に定着することになるのだろうか，という疑問である。この疑問に対するウィニコットの応答は，彼のこの論考のなかで私がもっとも美しく書かれていると感じる一節のひとつである。

　　ここで問われねばならない。なぜ，患者は過去に属するものによって悩まされ続けるのだろうか［未来に起きるかもしれないことを恐れ続けるのだろうか］。その答えは，原初的苦悩の起源となる体験は，まず自我がそれを自身の現在的な時間体験へと寄せ集め，いまある万能的コントロールのもとに置くことができない限り（ここでは母親（分析家）の補助的な自我支持機能を想定している），過去に入れこむことができないからに違いない。

　　言い換えれば，患者はまだ体験していない過去の細部を**探し続けねばならない**。そして，その探索はこうした細部を未来に探し求めるという形を取るのである（強調は筆者による）。（［　］はオグデンによる補填）

　It must be asked here: why does the patient go on being worried [fearing what will happen in the future] by this that belongs to the past? The answer must be that the original experience of primitive agony cannot get into the past unless the ego can first gather it into its own present time experience and into omnipotent control now (assuming the auxiliary ego-supporting function of the mother (analyst)).

　In other words, the patient *must go on looking* for the past detail

第3章　破綻恐怖と生きえない生　　71

which is not yet experienced. The search takes the form of a looking for this detail in the future. (1974, p91, emphasis added)

それゆえに，起こりはしたが体験されずにいた過去の出来事は，（母親／分析家）と共に現在の時のなかで生きられるようになるまで患者を苦しめ続ける。だが，自ら投げかけた問いに対するウィニコットの応答の美しさにもかかわらず，彼の答えは不完全なものだと私には感じられる。**そこには主に――人生早期に起こったことの重要な部分を体験しなかったその当人にとっては主たる動機にはなりえなかったとしても――その失われた自己部分を希求し，いまだ生きえない（体験しえない）生を可能な限り自分のなかに包みこむことで，最終的には自分自身を全うしていきたいという切なるニーズがある**と私には思える。私はこのニーズを普遍的なものだと考えている――それは自己の失われた部分を取り戻し，あるいは初めて希求し，そうすることで，いまなお可能性を秘めた人間になる機会を得るという，すべての人のなかにあるニーズである。より自分を全うしていく可能性を実現しようとすれば，乳児期や幼児期には耐え難く，自己の重要な側面を失うことになった苦痛（破綻とその結果生じる原初的苦悩）を味わうことになる。だが，それでも人はそれを望むのである。

　このような出来事を乳児期に体験することと，精神分析のなかでひとりの患者として体験することには，ふたつの点で決定的な違いがある――患者はいまや乳児や子どもではなくひとりの大人であり，ゆえにそのときよりはいくらか成熟した自己組織をそなえている。さらに重要なことは，患者は独りではないということである。このとき患者は患者自身の，そして，自分自身の破綻と原初的苦悩の体験をもちこたえうる分析家と共にいる。

　程度の差こそあれ，誰もがみな，人生の早期に母子の絆が大きく崩れる出来事を経てきており，その事態に対して精神病的な防衛を組織化することで凌いできたのではなかろうか。他の人にはいかに心的に健康そうに見えても（ときには自分自身もそう感じていたとしても），私たちはそれぞれに自身の体験を生きえていない重大な部分があることを痛感している。それは喜びを体験することかもしれないし，自身の子どもを愛する能力かもしれない。自

分にとって非常に大切なものを諦める寛容力かもしれないし，自分を深く傷つけた誰かを（自分自身もふくめて）赦せる力かもしれない。あるいは，自分を取り巻く世界のなかで，自分の内なる世界のなかで，ただ生きているという感覚を味わうことかもしれない。ここにあげたものは，私たちが乳児や子どものときに起きた破綻を生きえなかったために生じる，数ある情緒的な制限のほんの一部にすぎない。こうした制限の一つひとつが私たちの生きえなかった生の一側面であり，私たちがこれまでも，いまも，体験できないものである。誰もがみな，それぞれに固有の生きえなかった体験領域を有しており，その失われた潜在的体験を，その失われた自己部分を，探し求めながら生きている。

　精神分析は，その大部分が転移 - 逆転移のなかで患者が生きえない生を生きられるよう分析家が手助けすることに費やされているといえるのかもしれない。こうした自身の人生の生きえなかった側面を体験するための患者の能力を分析家がどのように促進していくかについて，ウィニコットは次のように述べている。

　　　もし，患者のなかに，いまだ体験されてはいないが，それはすでに過去に起こったことであるという，この奇妙な真実を何らかの形で受け入れる準備が整っているならば，転移のなかで，すなわち分析家の失敗やあやまちに反応するなかで，この苦悩が体験されゆく道が開かれるだろう。ここで分析家の失敗やあやまちが過度なものでなければ，患者はこれに対処することができ，分析家の技術的な失敗を逆転移として捉えることができる。言い換えると，患者は徐々に発達促進的環境の元々の失敗を自身の万能感の領域のなかに，つまりは依存状態（転移における事実）のもとでの万能的体験のなかに集めていくのである。

　　If the patient is ready for some kind of acceptance of this queer kind of truth, that what is not yet experienced did nevertheless happen in the past, then the way is open for the agony to be experienced in the transference, in reaction to the analyst's failures and mistakes. These latter can be dealt with in doses that are not excessive, and the patient can account for each technical failure of the analyst as countertransference. In other words, gradually the patient gathers the original failure of the facilitating environment into the area of his or her omnipotence and the experience of omnipotence which belongs to the state of dependence (transference fact). (p91)

　ここでウィニコットは精神分析の機能に関する彼の見解をいくつかの言葉で示している。破綻の経験が過去形になるには，その個人は転移のなかで（いまこのときに）起きた（当時の）体験を生きねばならない。分析のなかでこのようなことが起こるには，患者と分析家が時間をかけてひとつの体験を生きねばならない。その体験とは，分析家が重大ではあるが，患者がもちこたえられる程度の失敗をすることである。ウィニコットは，分析家はその破綻の体験を面接室内でコンテインし，入院にまで至らぬよう努力すべきであると明示している。また，破綻の体験は「患者側に分析的な理解と洞察がなければ，ほどよいものにはなりえない」（p92）とも述べている。彼はカタルシスによる治癒を想定していない。心的な成長は完全なる依存状況において母親／分析家の失敗という生きた分析体験を味わい，それを理解していくことによって生起する。逆説的だが，分析家は依存が生じているあいだに患者と分析家のつながりを断ち切るような深刻なやりかたで患者を失望させながら，それと同時に，いま目前にある破綻の体験を患者と共に生き，それについて患者が理解できるよう手助けすることで患者を**失望させてはならない**のである。

臨床素材

　『破綻恐怖』において，ウィニコットは四つの短い事例を提示しているのみである。そのうちのひとつである「空虚」について検討した項（pp93-95）では，空虚への恐れや破綻の恐怖を体験せず，代わりに「ダイレクトでない体験を提示」（p94）してきた患者との分析的な営為について記している。彼がいまだ体験しえない空虚の根底に見た心的状態は，「何かがあったのか

もしれない」（p94）という感覚以上のものにはなりえなかった。

　以下に提示するふたつの臨床素材は，空虚についてのウィニコットの検討のように，破綻恐怖が過去に起こった破綻を未来へと投影することで立ち現われてくるそのありように注目しているわけではない。そうではなく，私自身は乳幼児期における母 - 乳児の結びつきの破綻がどのようにしてその人の人生の生きえない部分を生み出し，自己を全うしていない感覚を形成し，現存させていくのかということに注目してみたいと思う（いまだ体験しえない空虚が「何かがあったのかもしれない」（p94）感覚として現在のなかに立ち現われるというウィニコットの考えと類似している）。

　理論的な検討から始めてきて，これから臨床素材を提示するわけだが，本章で私が伝えたいことは，自己の失われた部分——命を吹きこむこともできず，生きえないままになっている（ゆえに自己の潜在的な側面という形でしか存在しえない）自己部分——をつかみたいという患者の根源的なニードに，私がどのようにして思い至り，どのように取り組んできたのか，ということである。これから示すように，患者が過去に生きえなかった出来事を初めて体験しようとするとき，それは本当に微妙な形で，思いがけないやりかたでなされるが，患者が自己の「失われた」（つまりは現実化されていない）側面を体験できるよう手助けするうえで基本となるのは，そうした微妙な事態を認識し，見極めていく分析的な姿勢である。

　ひとつめの臨床体験は，幼少期に重篤なネグレクトに苦しんだ女性との週4回の精神分析にて起こったことである。彼女の母親はうつ病で頻繁にベッドから起き上がれなくなり，一方，父親は患者が2歳のときに家族を捨てていた。

　この長い分析の最中，Lは自分の愛に応えてくれそうな男たちに対して繰り返し「恋に落ちた」。だが，男たちのほうはしばらくすると彼女に何の興味もないかのようにふるまうのだった。あるときLは車の購入にしばらく時間をかけていたが，その際にある販売店のセールスマンがとても愛想よく彼女に話しかけてきたことを私に話してくれた。試乗中に彼は「ビッグ・サーの道［訳者註：カリフォルニア州セントラルコーストにある美しい景観をもつ地域］をこの車で走ったら，どんなに楽しいでしょうね」と話したそうで

第3章　破綻恐怖と生きえない生　　75

ある。

　車を購入後，Ｌはそのセールスマンと会うためにふたたび販売店へと向かった。だが，彼は少し話すと，その販売店の正面玄関から入ってきたならば「誰とでも」話すといった感じで，彼女との会話を再三「打ち切り」，彼女はそのたびに「打ちのめされた」気持ちになった。その訪問中に彼から「無視」された後，患者は「彼の二枚舌にひどく落ちこんだ」のだった。それから２週間のあいだ，Ｌは毎日その販売店の向かいの通りに車を停めて，彼の様子を観察し続けた。それから数ヵ月ものあいだ患者はこの男性を待ち望み，それ以外のことはほとんど何も考えられなくなった。

　私はＬがそのセールスマンとのあいだで体験した失望や狂おしいほどの苛立ちや屈辱感と，毎回のセッションの終わりや，週末のあいだや，長期休暇によって私がいなくなるときに私から何度も抱え落とされているような彼女の感覚は何かしら結びついているのではないかと伝えてみた。この指摘にＬは激高し，自分が「付き合った」男性が本当の意味で自分に関心を向けているとはまったく思っていないと私を非難した。私は彼女の信念に疑問を投げかけたり，転移についてさらに指摘したりするようなことはしなかった。

　Ｌがセールスマンに感じていることと私に対して感じていることの共通点について伝えているときでさえ，私は自分の発言がいかにもステレオタイプで型通りのものになっていると感じていた。Ｌがそれに異議を唱えるのは当然のように思えた——この発言はいかにも非人間的で，「既製品 off the rack」のような感じで，彼女用にこしらえたものでもなく，私たちふたりのあいだに意識的・無意識的に起こり続けていることでもなかった。Ｌに助けられる形で，私は彼女に対するこのような語りかけをやめたのである。

　以降，私はＬとのセッション中に私のなかに浮かんだあらゆる考えや情感（私自身のもの想いの体験）に注意を向けるために，自身のこころを「緩める go loose」ようにした。だが，この考えなき「転移解釈」がなされて以降の数ヵ月のあいだに，私は自身の新たな方針もまた既成の「分析技法」にすぎないと感じるようになった。私は自分を自由で生き生きとした思考に向かわせることができないでいた。そのなかで徐々に私が気づいたことは，Ｌと私のあいだで起こっているもっともリアルなことは，私たち双方が不毛を

味わっているということだった。

　さらに何ヵ月ものあいだこの不毛の感覚を生きた後，私はLに伝えた。「あなたが元々私のもとに来たのは，あなたが男性から拒絶され，その後に彼を"追いかける"ことで，自分をさらにまずい状態にしてしまうことへの屈辱感からでしたね。ただ，驚かれるかもしれませんが，あなたに男をひたすら追いかけさせているものが何であれ，私はそれこそがあなたのもっとも健康的な部分であると思うようになりました」。

　Lは「私をからかっているのですか？」と応じた。

　私は伝えた。「いいえ，真剣そのものです。子どものころ，あなたは父親から捨てられ，母親からは距離を取られ，自分で自分を育てるしかなかったことを私に話してくれましたね。しかし，あなたが作り出した世界は，本当 real の両親と本当の友人たちのいる，本当の子ども時代の代わりにはなりえなかったのでしょう。幼いころの愛情の欠如ゆえに，ありのままの自分を見てもらいたいと願いながらも，大袈裟でなく，あなたは死んだのではないでしょうか。通りの向こうからセールスマンを見ている情景は，さながら行方不明者を見つけるまでやめようとしない，献身的な探偵のように私には思えます」。

　Lは言った。「これまでずっと，あなたは私のことを諦めているのではないかと思っていました。あなたはどうすればここから抜け出せるかわからないがゆえに，とにかく私と会い続けるしかないのだと思っていました」。

　Lがこれほど率直に，これほどパーソナルに何かを語ったのは，はたしていつ以来のことだろうと私は思った。私は伝えた。「だからこそ，あなたの追いかける部分こそがあなたのなかのもっとも健康的な部分なのではないかと伝えたのです。それはあなたが自分を諦めていない部分であり，あなたが本物の人物とのあいだで愛情関係を育むまで自分を諦めてしまわない部分であり，その愛はあなたが与えているのと同じくらい強く，純粋に返されるべき愛なのだと思います」。

　Lは応えた。「それこそが私のなかの一番恥ずかしい部分です。車のなかで男性を眺めながら座っているとき，私は惨めでした。でも，他にどうすればよいのか私にはわからないのです」。

第3章　破綻恐怖と生ききえない生　　77

私は「追いかけることこそがあなたを生かし続けるものであり，あなたを
生に繋ぎとめる最後の糸をぎゅっとつかんでおくための方法となっているよ
うに思うのです。そうでなければ，あなたは自分を死なせるか，文字通りゾン
ビのように生きるしかなくなるのでしょう」と伝えた。Lは「子どものこ
ろ，ゾンビが怖かった。蜘蛛も，蛇も，吸血鬼も，連続殺人鬼も怖くはなかっ
たのに，ゾンビは糞ったれ shitless なぐらい怖かったの」と言った。

　このようにLが汚い言葉を口にしたのは初めてのことだった。彼女がい
まそのようにしたことの大切さを私たちふたりともがこころに留めていた。
それは患者が自身の思考と感情を自由に考え，自由に語ることができるほ
どに真にくつろぎ loosening up 始めていることの証左であるように思えた。
自分が生ける屍のひとつになることをどれほど恐れているのを私に語る行為
において，まさに彼女はこれまで不毛だった分析の場に糞を投げこむことが
できたのだろう。
　私はLに伝えた。「もし，何らかの方法で人の腸から糞を取り除いたとし
たら，その人は死んでしまいますね。人には糞を悪臭にするバクテリアが必
要です」。
　Lはいつもより張りのある声で私にこう言った。「あなたが"糞"なんて
言葉を使うのは愉快だわ。私たちはまるでルール破りをしている小学生みた
い。あなたは私以外の人にはそんなふうにはしないように思う。でも，不思
議なのだけど，この分析から追い出される恐怖がなくなった」。
　引き続くLとの作業においても，いま述べたような生き生きとしたもの
がセッションに残り続けたが，それと同時に，私に担がれているのではない
かというLの強烈な不安が生じてきた。私が外からじっと様子を窺ってい
ると，彼女は私がふたりのあいだに起きていることを真剣に受けとめている
ふりをする「分析ゲーム」に興じているのではないかと感じ，それが怖いと
訴えた。普段はあまりないことだが，私は彼女の非難にそれなりに傷ついて
いた。私は彼女のことを好きだったし，彼女に対しても，自分自身に対して
も，（分析家としての役割において）できるだけ誠実にあろうとしていた。
　私はLに伝えた。「あなたは私に担がれているのではないかと非難するこ

とで，誰にも見てもらえずに，見えない存在と化してしまうことがどのような感じであるのかを私に示そうとしているのでしょう。あなたは自分が存在しえなくなるほどに見えないものとなるのがどのような感じなのかを，自分が思っている以上によくわかっているのでしょうね」。

　Lはこのセッションの残りの時間を沈黙し続けた。それは深い悲しみに彩られた沈黙のように感じられた。

　Lとのこの時期の作業についてふりかえると，私たちは相当に長いあいだ情緒的に不毛な期間を持続させてきたように思える。数年にわたり，少なくとも私たちのどちらか一方は，ふたりのあいだに存在する事態から目を背けてきたのだろう（たとえば，私が「出来合い prepackaged」の転移解釈やもの想いを用いて，分析体験に似せた何かを行おうとしたように）。そして，不毛である（生きて，呼吸し，糞ったれな人間的な存在である彼女を欠いていた）にもかかわらず進み続けていったのは，それとは異なる何かが起こるその前に，ここにある不毛を**共**に体験せねばならないことを私たちが何となくわかっていたからだろう。彼女が幼いころに死んだという考えにこめられた真実は，生気のない分析を私と共に体験し，それに対してどうしようもない無力感を味わった後でしかリアルに感じられなかったのではなかろうか。このようにして，ようやく私たちはいまこの瞬間に体験していることを表現するための言葉を見出すことができたのである——それが「糞」という言葉であり，同時にこの言葉こそが私たちを見出してもいる。

　この臨床体験について考えるとき，Lとの分析で生じたことに対する私の理解は，以前に（Ogden, 2010）私が自身の臨床的な営為において有用なものとして提示したフェアベァンの見解（1944）とどのように異なるのかと問う人もおられるかもしれない。以前に私はある患者との体験を，無意識の内的対象とのあいだで——たとえば，フェアベァンのいう「リビドー的自我 libidinal ego」と「興奮させる対象 exciting object」とのあいだで，あるいは「内的破壊工作員 the internal saboteur」と「拒絶する対象 rejecting object」とのあいだで——嗜癖的な愛着関係を築いているという観点から理解したことがあった。ただ，今回のLの強迫的な「追いかけ」行為に関する私の理解は，フェアベァンの嗜癖的な内的対象関係という概念とは決定的に異なっ

ている。フェアベンのいう内的対象世界は，母親との不満足な対象関係を**生き，その体験**を内在化することで構成されるものである。対照的に，Lの無意識的世界は，主に発達早期における母親との不満足な対象関係を**生きえなかった体験**によって形作られたものだった。彼女を問題行動(「追いかけ」)に駆り立てるその原動力となっていたものは，自身の生きえない生を追い求めることへの彼女の確固たる決意であった。その追いかけ行為のなかで，Lは自分のなかの，あるいは人生のなかの，そして過去においても現在においても，生きることができず，体験することもできなかった部分をぶれることなく探し求めていたのである。

　Lのようにもっとも極端な形で破綻恐怖を味わっている患者は，その人生経験の多くを生きえなかったという事実によって圧迫されているように私には思える。このような患者は生きた感覚に——たとえそれが，柔らかな日差しの温もりを肌に感じる程度のささやかな喜びであったとしても——耐え難いほどの痛みを感じる。なぜなら，自分の生がどれほど生きられてこなかったのかを認識することへの痛みをかき立てられるからである。多くの場合，彼らは自身の生から引き離され，それは二度と取り戻せないという事実に悲痛な想いを抱いている。私が見たところ，大抵その痛みは，身体的な痛み（しばしば実際の身体病を呈する）と情緒的な痛みとが組み合わさった形で表される。

　ビオン（1948-1951）が「原 - 精神状態 protomental state」（p154）と呼んだように，生きえない体験の痛みの大部分は身体に蓄積されるため，その苦痛に対する私の無意識的な理解が，多くのケースでその患者と作業しているときの私自身の身体的な体験として輪郭づけられるという事実は別段驚くことでもないだろう。そのような患者のひとりであるＺとの分析のある時期，私は彼女とのセッション中に不快な空腹感を体験することがあった——次の患者と会うと，その空腹感は和らいだ。Ｚが彼女自身の生きえない生の身代わりとして私をどのように使っていたのか（どのように私を取りこんでいたのか）を理解するにはかなりの時間を要した。

　分析が始まったころ，Ｚは近所の人に近くのレストランが好きかどうかを尋ねられた際に，実際は何度もそこで食事をしているのに，一度も行ったこ

とがないと応えたという話をした。思い返してみると，彼女がこのような話をしたことには，そのときの私たちがわかっていたことよりもはるかに多くの真実が示されていたのである――彼女は頻繁にそのレストランに通っていたが，本当の意味では，すなわちその場にある体験を生きるという意味では，そこに行ったことはなかったのである。

それから数年を経て，彼女は次のことを私に語った。最初の数年間，彼女はこの週5回のセッションが終わるたびに毎回日記をつけていたが，そこには私の発言のみを書き留めて，自身の言葉は一切残していなかったという。私は彼女がこの分析日記から自分を消したのは，彼女の非 - 存在的なありようを，つまりは生から離脱したという形の破綻を記録するためだったのだと理解した。

この分析はとても難しく，私は自分がZの体験を生き直す手助けをできているのかどうかまったく定かでない心境にあった。長年にわたる分析的な作業を経て，私はこの分析の終結をもちかけた。私は彼女の生き方を変えるうえで自分が手助けできることはなくなったように思えるし，他の誰かと取り組んだほうが彼女には有益かもしれないと告げた。

Zは「私たちのどちらか一方が死ぬ前に，この分析が終わりになるなんて思いもしませんでした」と語った。私は私たちふたりともが多くの点ですでに死んでいると思ったが，口にはしなかった。彼女は続けた。「実際，分析が変化と結びついているなんて考えたこともありませんでした」。Zにとっては変化という概念は何の意味もなかった。死は変化せず，彼女は死んでいた。私たちのどちらかが肉体的な死を迎えるまで，私たちに終わりはなかったのである（分析のなかで，私たち双方がすでに心的には死んでいた）。

私が分析を終わりにするという考えを提示したことが，患者の死，彼女と共にいる私の死，そして，この分析の死について検討していく強力な契機となったことは私にとって驚きだった。私が終結の話をもちかけた回の次のセッションで，Zは分析を終える前に人生で成し遂げたいことがいくつかあると語った――彼女は結婚し，自身の研究を完遂し，その成果を本にして出版したいと思っていた。その後の数年間の分析過程のなかで，彼女はこれらの目標をすべて達成した。彼女と私は，結婚することは結婚というものを作

第3章 破綻恐怖と生きえない生　81

り出すこととは異なることについて話し合った。また，彼女がゴールに向かおうとするならば，この分析が終わった後にも彼女の前には実に多くの取り組むべき事柄が待ち受けていることを話し合った。私がこのテーマを最初にもちかけてから5年後に分析は終結した。

　この共同作業を終えてからの数年間，Zは年に2回ほど私に手紙を送ってきた。そのなかで，彼女はこの分析の終結は決して恣意的なものではなかったと感じていることを教えてくれた——いまや彼女には私たちがいつ，どのようにしてそれを終えたのかを実感することができていた。私から借りたり盗んだりしたものではなく，彼女が彼女自身の人生を生きることが何よりも大切なことだった。いまでは彼女の人生は彼女が自分で切り開いていく彼女自身のものだと感じられており，「人生のすべてを帳消しにする」前に，そのことに気づかせてくれた私に彼女は感謝しているようだった。

　私が思うに，Zが死の恐怖を意識的に体験していなかったのは，重要な意味で彼女がすでに死んでいたからだった。Zが自分を死なせたままにし，自身の人生から自分を消していたことは，いまだ生ききえない過去を現在において体験することの痛みと自己の重要な部分が「失われている／見つからないmissing」ことに気づくことへの痛みから自分を守るための方策となっていたのである。

結びのコメント

　ウィニコットの『破綻恐怖』は，彼の最後の主要論文であるという意味で「終わり」を示していると同時に，この論考が他の人たちの手で発展させられるべき新たな思考の道筋を導入しているという意味で「始まり」でもある。これは難解なエッセーであり，そのほとんどが混沌とし，はっきりしていない。読者は単に読み手としてだけでなく，この作品の書き手でもあることが求められる。この論考は完全に練り上げられたアイデアが提示されているわけではなく，読み手自身がその意味を示していく必要があるからである。私自身はここでウィニコットが注目している破綻を“母‐乳児の絆の破綻”と考えるところから，この論考の解釈をスタートさせている。母親との絆の崩

壊によってもたらされる原初的苦悩に自分だけではもちこたえられない乳児は，それを体験しないようにするために，その出来事を簡略化したり，精神病的な防衛によって置き換えたりする。また，乳児期に起こった破綻を体験しないことで，その人はすでに起こったが体験されずにいた破綻を恐れながら生きる心的状態をこしらえていく。そして，自身の生の一部が自分から切り離され，自分のなかに何かとても重要な形で生きえていない生が残されたままにあるという感覚こそが，その個人が自身の恐れの源を探し求める原動力になっていると私は考えている。

註1　ウィニコットが『破綻恐怖』をいつ書いたかについては不確かなところがある。『International Review of Psychoanalysis』に本論が最初に掲載された際の編者による註内で，クレア・ウィニコット（1974）は次のように記している。「この特殊な論考は，ドナルド・ウィニコットが亡くなる直前（1971）に書かれたものであり，彼の最新の臨床的な営為にもとづいた新規の見解が実に濃縮された形でこめられているため，こうして遺稿として掲載するに至った。本論の中軸となる考えをもとに，このような臨床知見が定式化されたのは大切なことであり，それは臨床的な関わりの深淵から浮上し，意識化され，臨床実践の全領域に新たな方向性を生み出すものとなっている。この論文内のいくつかの特殊なトピックについてはさらに研究を進め，より詳細に記すつもりであったようだが，時間がそれを許さなかった」（p103）。ウィニコットの既出の論文と未発表論文を集めた『精神分析的探求』（1989）では，クレア・ウィニコットをふくむ編者は『破綻恐怖』が書かれた年を「1963年？」と記している。本論を読んで私が思うに，ウィニコットにとって相当に重要なテーマについて論じながらも，その草稿的な書き方を鑑みると，クレア・ウィニコット（1974）がいうように，やはりこの論考は彼の死の間際に書かれたものだと感じられる。

註2　『対象の使用』論文において，ウィニコットは，通常は成熟した対象関係のことを表す「対象と関係すること object-relating」という用語を，対象が「自身の投影の塊」として存在する原始的な関係性を示すものとして使用している（1967, p88）。そして，通常は他者を都合よく利用するといったふくみを

第3章　破綻恐怖と生きえない生　　83

もつ「対象の使用 object usage」という用語を，他者を自分と同じようなひとりの主体として認識し，他者が自身の万能心性の及ばぬところに存在しているという事実を把握している成熟した対象関係を示すものとして使用している。

註3　『破綻恐怖』についてはこれまでにも多数論じられてきたが，私自身の読み方と他の人たちの読み方とを比較するのは本稿の範疇を超えている。この研究について論じた論文や書籍のなかで私が注目している部分と関連していると思われるものとしては，アブラム（Abram, 2012），ガッディーニ（Gaddini, 1981），グリーン（Green, 2010），クレア・ウィニコット（C. Winnicott, 1980）らによる論考がある。

註4　本論でウィニコットが破綻の要因を「発達促進的な環境の失敗」に帰属させているのは，この概念をあまりに単純化しすぎているように私には思える。常に小児科医であり続けたウィニコットが，発達促進的な環境の失敗に限らず，その綻びには無数の因子があることを認めないのは奇妙なことである。いかによいマザリング（発達促進的な環境）があったとしても癒しようのないほどの過敏症や重度の慢性的な身体疾患を乳児のほうが有している場合もあるからである。

註5　ファインバーグ（Faimberg, 2007, 2013）は「破綻恐怖」（および一般的な意味での事後性）における過去と現在の関係を検討し，重要な貢献を成している。彼女の考えでは，過去の出来事を現在において初めて体験することには「二重運動 twofold movement——そこにある二要素のうちのひとつは予期 anticipation（原初的苦悩）であり，もうひとつは回顧 retrospection（分析家の言葉によってもたらされる）である」（2013, p208）がともなわれる。「予期」と「回顧」が「二重運動」のなかで折り重なるというファインバーグのアイデアは，いまだ体験されていない過去が現在においてそれを体験することを「求める」と同時に，現在がその時点で欠いているものを過去のなかに「求める」という感覚を伝えているように私には感じられる。

文　献

Abram, J. (2012). On Winnicott's clinical innovations in the analysis of adults. International Journal of Psychoanalysis, 93, 1461–1473.

Bion, W. R. (1948–1951). Experiences in groups. In Experiences in groups and other papers (pp. 29–141). New York: Basic Books, 1959.

Bion, W. R. (1962). Learning from experience. New York: Basic Books.

de M'Uzan, M. (1984). Slaves of quantity. Psychoanalytic Quarterly, 72, 711–725. Faimberg, H. (2007). A plea for a broader concept of Nachträglichkeit. Psychoanalytic

Quarterly, 76, 1221–1240.

Faimberg, H. (1998/2013). Nachträglichkeit and Winnicott's "Fear of breakdown." In J. Abram (ed.) , Donald Winnicott today (pp. 205–212). London: Routledge, 2013.

Fairbairn, W. R. D. (1944). Endopsychic structure considered in terms of object-relationships. In Psychoanalytic studies of the personality (pp. 82–136). London: Routledge/Kegan Paul, 1952.

Freud, S. (1917). Mourning and melancholia. S. E., 14 (pp. 242–258).

Freud, S. (1918). From the history of an infantile neurosis. S. E., 17 (pp. 7–121).

Gaddini, R. (1981). Bion's 'catastrophic change' and Winnicott's 'breakdown.' Rivista di Psicoanalisi, 27, 610–621.

Green, A. (2010). Sources and vicissitudes of being in D. W. Winnicott's work. Psychoanalytic Quarterly, 79, 11–36.

Klein, M. (1946). Notes on some schizoid mechanisms. In Envy and gratitude and other works, 1946–1963 (pp. 1–24). New York: Delacorte Press/ Seymour Laurence, 1975.

Kubrick, S. (dir). (1968). 2001: A space odyssey. Metro-Goldwyn-Mayer.

Laplanche, J. and Pontalis, J.-B. (1973). The language of psycho-analysis (D. Nicholson-Smith, Trans.). New York: Norton. Loewald, H. (1979). The waning of the Oedipus complex. In Papers on psychoanalysis (pp. 384–404). New Haven, CT: Yale University Press, 1980.

McDougall, J. (1984). The "dis-affected" patient: Reflections on affect pathology. Psychoanalytic Quarterly, 53, 386–409.

Ogden, T. H. (2004). This art of psychoanalysis: Dreaming undreamt dreams and interrupted cries. International Journal of Psychoanalysis, 85, 857–877.

Ogden, T. H. (2010). Why read Fairbairn? International Journal of Psychoanalysis, 91, 101–118.

Winnicott, C. (1974). Editorial note. Fear of breakdown, D. W. Winnicott. International Review of Psychoanalysis, 1, 102.

Winnicott, C. (1980). Fear of breakdown: A clinical example. International Review of Psychoanalysis, 61, 351–357.

Winnicott, D. W. (1949). Mind and its relation to the psyche-soma. In Through paediatrics to psycho-analysis (pp. 243–254). New York: Basic Books, 1958.

Winnicott, D. W. (1960). The theory of the parent-infant relationship. In The maturational processes and the facilitating environment (pp. 33–55). New York: International Universities Press, 1965.

Winnicott, D. W. (1963). From dependence towards independence in the development of the individual. In The maturational processes and the facilitating environment (pp. 83–92). New York: International Universities Press, 1965.

Winnicott, D. W. (1967). The use of an object and relating through identifications. In Playing and reality (pp. 86–94). New York: Basic Books, 1971.

Winnicott, D. W. (1971). Basis for self in body. In C. Winnicott, R. Shepherd, and M. Davis (eds) , Psychoanalytic explorations (pp. 261–271). Cambridge, MA: Harvard University Press, 1989.

Winnicott, D. W. ([1971]1974). Fear of breakdown. In C. Winnicott, R. Shepherd, and M. Davis (eds) , Psychoanalytic explorations (pp. 87–95). Cambridge, MA: Harvard University Press, 1989.

第4章
起きていることの真実を直観すること
──ビオンの『記憶と欲望についての覚書』をめぐって──

　ある人の考えは，それが別の誰かに活用されることで初めて価値あるものとなる。ビオンの『記憶と欲望についての覚書』（1967a）を研究し始めてから30年が経ち，ようやく私は自分がこの論文から作り上げたものを言葉にすることができるようになった。この論考は信じ難いほどに難解であり，自分には決して理解できないという事実を私は何年にもわたってかみしめてきた。この論考を理解しようとすることこそが的外れであることに気づいたのはつい最近のことである。この論考は理解されることを求めていない。この論考は理解すること以上に難しいことを読者に求めており，そして，理解すること以上に価値あるものを読者に約束する。

　いまになってようやくわかったことだが，本論は記憶や欲望について記したものではない。これは直観的思考と分析状況のなかでそれがどのように機能するかについて書かれたものである。そして，私たちが患者のこころの真実として感知したものをどのように解釈すればよいのかは誰にも教えられないという事実について書かれたものである。私たちが真実として直観したものを患者に伝える方法は誰にも教えられず，ましてや私たちが直観したものが何なのかを教えられる人など誰もいない。患者の無意識の心的現実について感知したものを，いま伝えたほうがよいのか，明日にしたほうがよいのかも，患者が頑ななまでに守り抜こうとしている真実はふれないほうがよいのかも，誰にも教えられはしない。

　ゆえに，本章で私は何を書こうとしているのかと自問すると，私は私なり

の『記憶と欲望』を書こうとしているといわざるをえない。これはビオンの論考を私のものに塗り替えてしまうという意味ではない。ビオンの論考から何を学んだのかを書くわけでもない。私は本章をビオンの論考によって自分がどのように変化したのかを反映する章にするつもりである[1]。

『記憶と欲望についての覚書』は，わずか2ページ半の風変わりな論考である。最初は1967年に，きわめてマイナーな雑誌である『精神分析的フォーラム The Psychoanalytic Forum』の第1巻に掲載されたが，同誌は刊行して5年で廃刊している。この論考が精神分析的な言説の主流に入ったのは，初版から14年後に『精神分析技法の古典 Classics in psychoanalytic technique』（Langs, 1981）に再版され，21年後に『メラニー・クライン・トゥデイ Melanie Klein today 巻2 実践編［訳者註：邦訳では第3巻］』（Spillius, 1988）に再版されたときである。

『記憶と欲望』はビオンの晩年の論考のひとつであり，彼が軽い脳卒中を患い始めたときに書かれたものだった。本論を発表し，1979年に亡くなるまでの10年間に彼が発表した論考は主要な分析的書物である『注意と解釈』（1970）の1本と，とても短い比較的マイナーな6本の論考のみである。

私は『記憶と欲望』を未完の論考とみなしているが，それは彼が病や死によって本論を完成させることができなかったからではない。この論考はあくまで草稿であり，完結などにはそぐわない，思考の道筋の始まりとなっているからである。この論考は私たちにさらなる練り上げと応答を求めている。

この一風変わった短い論考は画期的な寄与を果たしている。この論考の意義は「油断することなく記憶を避けるように修練する」（Bion, 1967a, p137）ことや「結果や"治癒"を求め，理解したいという欲望さえ」（p137）断念するという示唆にあるのではない。私が思うに，ここに提起されているのは精神分析の方法論についての改訂案である。ビオンは「気づき／感知 awareness」を分析プロセスの中心的な役割から引き下げ，その代わりに，セッションの心的現実（真実）とひとつになる becoming at one with it ことで，それを直観するという（大部分が無意識的である）分析家の機能をそこに置いたのである。

『記憶と欲望』を読みながら書き直していく過程において，私は一時性

temporality なる概念を提起している。これはビオンが本論で提示した関係性をめぐる概念よりも，彼が改訂した方法論のほうにより則した概念である。本章で私は自分がどのように精神分析を実践しているかを示すふたつの事例を提示するが，これらの事例はビオンの『記憶と欲望』の影響を受けてはいても，彼が発表した臨床例やスーパーヴィジョンの実践例（たとえば Bion, 1959, 1987）に示されているようなビオン流の分析実践を踏襲しているわけではないことをあらかじめことわっておきたい。

感覚印象と無意識的思考

ビオンはこの論考を次のような一連の直接的な記述から始めている。その記述とは，記憶と欲望は分析家がその批判的思考や科学的判断のために使用する精神機能としては信頼性に欠けるという指摘である。

> 記憶は事実の記録としては，まずもって誤解をもたらす。というのも，それは無意識の力の影響によって歪められるからである。
> Memory is always misleading as a record of fact since it is distorted by the influence of unconscious forces.（1967a, p136）

そして，さらにふたつの文章が続く。

> 欲望は観察が欠かせないときに，こころを上の空にすることで判断操作を妨げる。欲望は判断すべき素材の選り好みと隠蔽によって判断を歪める。
> Desires interfere, by absence of mind when observation is essential, with the operation of judgment. Desires distort judgment by selection and suppression of material to be judged.（p136）

ビオンはこの三つの簡潔な文章のなかで，分析家が用いるには信頼性が乏しいものとして精神機能の二大カテゴリーを棄却する。欲望は単に観察を「妨

げる」だけでなく，「こころを上の空にする absence of mind」，すなわち純粋なる思考停止をともなうものである。これは決して端折った論考などではない。むしろ彼はいきなり挑戦状を叩きつけている。

この論考の二段落目で，ビオンは非常に密度の濃い，謎めいた言葉へと移っていく。

> 記憶と欲望は感覚的体験から派生している心的側面に行使し，それを強化する。このようにして，記憶と欲望は感覚印象から派生し，感覚印象に奉仕するように設えられた能力を亢進する。記憶と欲望はそれぞれが起こったであろう事柄に関する感覚印象と，いまだ起こっていない事柄に関する感覚印象を取り扱っていく。

> Memory and desire exercise and intensify those aspects of the mind that derive from sensuous experience. They thus promote capacity derived from sense impressions and designed to serve impressions of sense. They deal respectively with sense impressions of what is supposed to have happened and sense impressions of what has not yet happened. (p136)

この段落は何度読んでも，その意味が判然としない。記憶と欲望はどのような「心的側面」に「行使し，強化する」（いかにも奇妙な言葉遣いである）のか，「感覚的体験から派生する」「感覚印象に奉仕する」とはどういうことなのかといった疑問が浮かぶ。この疑問に対する返答は本文からは得られない。

いつものクロース・リーディング close reading［訳者註：精読。テクストの短い一節を詳細に解釈しながら読んでいく読み方］は役立たないことがわかったので，私は（理解することとは対蹠的に）印象を形成し始めるまで——何かしらの意味を示唆してそうだが，しかしながらまだ何ともいえない印象が形作られるまで——答えの出ない問いが蓄積されていくのをそのままにしておく読み方に切り替えた。この文章と取っ組み合っているうちに，ビオンがフロイトの『心的生起の二原理に関する定式』（1911）から**感覚印象**（p220）という言葉を引いてきていることに思い至った。私がフロイトの思

90

考理論を基礎づけていると考える『二原理』論文は，ビオンがもっともよく言及しているフロイト論文であると思われる。私の理解では，ビオンが目指しているのは精神分析における思考理論の発展であり，『集団における経験』（Bion, 1947-1951）に始まり，その他の彼のあらゆる著作や講演に貫流しているものを鑑みれば，このことは特に意外でもないだろう。

　ビオンがフロイト論文のアイデアを認め，否定し，修正していくそのあらゆるやりかたを辿ろうとすることはまわりくどい感じがするかもしれない。だが，私の理解では，『二原理』論文のふたつの部分が，ビオンの『記憶と欲望』を読むうえで不可欠な文脈を提供している。そのひとつは，フロイトが精神機能における新たな原理である現実原理が次のような方向に向かい始める早期発達の進歩を「重大なもの」（1911, p219）と見做している点である。

　　　……その精神装置は……外的世界の現実的な状況に関する概念を形成し，それに現実的な変化を加えようとするのである。
　　　……the psychical apparatus……to form a conception of the real circumstances in the external world and to endeavour to make a real alteration in them.（p219）

　『記憶と欲望』の重要な背景を形作っているフロイト論文のふたつめの部分は，こころは現実原理の支配下で新たな活動様式を，すなわち「観念の提示から発展してきた**思考**」（p221）という精神活動を採用するという見解である。

　このように，フロイトはビオンと同じく「現実」を思考理論の中心に据えている。フロイトの快原理と現実原理というアイデアは，現実（真実）での足場を確立して維持していくその個人の能力を，ときに損ない，ときに促進する心的な操作 mental operation に関するビオンの考えを先駆けており，いまなお生きている考えである（ビオンの論考の精神に則り，私は現実原理と快原理を，それぞれ" **真実 - 探求原理 truth-seeking principle**"と" **真実 - 恐怖原理 truth-fearing principle**"と呼び変えてみたいと思う）。

　このフロイトの『二原理』論文を念頭において，ふたたび『記憶と欲望』

第4章　起きていることの真実を直観すること　　91

の難解な第二段落を見てみると，その意味が浮かび上がってくる。もう一度
示してみよう。この段落は次のように始まる。

　　記憶と欲望は感覚的体験から派生している心的側面に行使し，それを
　　強化する。このようにして，記憶と欲望は感覚印象から派生し，感覚印
　　象に奉仕するように設えられた能力を亢進する。

　私はこれを次のように言い変えてみようと思う——記憶と欲望は感覚刺激
に対する生体反応を起源とする心的な操作を「行使し，強化する」。記憶と
欲望は「［意識的な］感覚印象に奉仕するよう設えられた」感覚器官の力と
快原理（真実 - 恐怖原理）の力を強化し，そうすることで，記憶と欲望は真
の無意識的思考を損なわせるのである（そして，それこそが「こころを上の
空 absence of mind」にする）。
　この段落は記憶と欲望に関する次のような結論で締めくくられる。

　　記憶と欲望はそれぞれが起こったであろう事柄に関する感覚印象と，
　　いまだ起こっていない事柄に関する感覚印象を取り扱っていく。

　換言すると，記憶と欲望は感覚印象と快原理（真実 - 恐怖原理）を「扱う」（変
更不能な形で結びつけていく）心的操作であり，記憶によって過去はそうあっ
て欲しかった形に作り上げられ，欲望によって未来は予見され，あたかもコ
ントロールできるかのように扱われていく。それゆえに記憶と欲望は精神分
析が意図する目標とは相容れないものとなる。
　『記憶と欲望』を私なりに書き直していくにあたり，私がこの段落にて暗
に示されていると思うことを明示しておこう——それは**真の思考，主に無意
識にある思考は，真実（現実）を探し求める**ということである。私自身はこ
れこそがビオンの思考理論の核心であると考えている。そして，感覚的体験
は真の思考を逸らし，損なわせるものである。真実（O）[2] がなければ，あ
るいは少なくとも真実に対して開かれていなければ，考えることは不可能と
なるばかりか——北極がなければ，コンパスでの読み取りなど何の意味も持

たなくなるように——考えるという観念自体が無意味なものと化す。

　ビオンが記憶と欲望を控える必要性を明言していることに注意を向けることが大切である。彼は意図的に衝撃的であろうとしている（思うに，彼はその当時の，あるいはいまなお凝り固まっている分析の方法論に揺さぶりをかけようとしているのだろう）。すべての著作を見渡しても，彼がこの『記憶と欲望』ほどに強い言葉を使っているものは他に見当たらない。その例が次のような指示である。

　　　　次の原則に従いなさい。
　　　　1　記憶について：過去のセッションを思い出してはならない……
　　　　2　欲望について：結果や「治癒」への欲望，あるいは理解したいと
　　　　　　　　　　　　　いう欲望さえ蔓延らせてはならない。
　　　　Obey the following rules：
　　　　1　Memory：Do not remember past meetings……
　　　　2　Desires：Desires for results, "cures," or even understandings
　　　　　　　　must not be allowed to proliferate. (p137)

そして，論文の後半では次のことが述べられる。

　　　　あらゆるセッションにおいて，精神分析家は自分がこれまでその患者
　　　　に会ったことがないと感じるようなこころの状態に至ることを目指すべ
　　　　きである。もし，会ったことがあると感じるならば，その分析家は何か
　　　　不当な患者に対しているのである。
　　　　The psychoanalyst should aim at achieving a state of mind so that at
　　　　every session he feels he has not seen the patient before. If he feels he
　　　　has, he is treating the wrong patient. (p138)

　読者はこの言葉に愕然とすべきである。そうでないならば，何か不当な論考を読んでいるのである。読者は「思い出さず，理解しようとしないことなどありうるのか」と屹然と応じなければならない。「仮に記憶と欲望を控え

第4章　起きていることの真実を直観すること　　93

ることができたとして——そんなことができるのだろうかと疑わしくはあるが——それこそ分析的な作業から大きく逸脱しているのではなかろうか？ときには長期にわたって，分析家が患者の言ったことをこころに留め，折にふれて思い出すという行為は，分析家が患者のさまざまな部分をまとめ上げ，患者がこれまでにやったことのないようなやりかたでつなぎ合わせ，認識していくための重要な方策になっているのではないのか？」

　ビオンはこのような疑問に直接的には何も答えない。だが，私が考えるところでは，（常に「わかった I know」ではなく，「考える I think」である）本論の第三段落で，彼は分析家の記憶と欲望がないときに，分析的思考がどのように機能していくのかという疑問に取り組み始めている。

　　　精神分析における「観察」は，何が起こったのかということや，何が起ころうとしているのかということではなく，何が起きているのかに関心がある。

　　　Psychoanalytic "observation" is concerned neither with what has happened nor with what is going to happen but with what is happening. (p136)

　これは『記憶と欲望』のなかで私がもっとも重要だと考えるふたつの見解のうちのひとつめのものである。分析的思考はいま「何が起きているのか」のみに関心があるのであって，何が起きたのか，何が起ころうとしているのかについては関心を持たない。そうすることで，分析家は記憶と欲望に寄りかかることから解放される。精神分析はただひたすらに現在においてのみ行われる営為である。

　ビオンはさらに次のように述べる。

　　　さらにいえば，精神分析における「観察」は，感覚印象や感覚の対象となるものにもかかわっていない。精神分析家ならば誰もが抑うつや不安や恐怖，その他の心的現実の様相について，それらがうまく名づけられていようといまいと，そうしたものがあることを知っているだろう。そ

れこそが精神分析家の現実世界であり，その現実に分析家は何の疑いも抱いていない。だが，これは一例にすぎないが，不安には形も匂いも味もない。

Furthermore, it [analytic "observation"] is not concerned with sense impressions or objects of sense. Any psychoanalyst knows depression, anxiety, fear and other aspects of psychic reality whether those aspects have been or can be successfully named or not. These are the psychoanalyst's real world. Of its reality he has no doubt. Yet anxiety, to take one example, has no shape, no smell, no taste.（p136）

　この一節は問題をさらに複雑なものにしている。いまやビオンは記憶と欲望を控えるという「原則」（p137）すら超えようとしている——彼が述べているのは，分析家は記憶と欲望だけでなく，「感覚印象」や「感覚の対象となるもの」さえも控えねばならないということである。彼は抑うつ，不安，恐怖といったものを，情緒体験に付随する（身体に「付随する accompaniments」（p136））感覚印象とは区分している。

　この部分で私が重要だと感じるのは，ビオンが現実に関する問題に立ち返ったという事実である。彼は言う。「精神分析家ならば誰もが抑うつや不安や恐怖，その他の心的現実の様相について，それらがうまく名づけられていようといまいと，そうしたものがあることを知っているだろう。それこそが精神分析家の現実世界である」（p136）。ここでビオンは意識的体験と無意識的体験には質的な違いがあるという，人の体験に対する独自の分析的理解を主張している——「精神分析家ならば誰もが……知っているだろう。それこそが精神分析家の現実世界である」。

　無意識の領域は分析家の領域であることをビオンは強く主張する。分析家ほど無意識のことを知っている者はおらず，ゆえに分析家はそれを体験の意識的な領域と「混同 confounded」（p137）されぬように守らなければならない。無意識とは思考と感情の領域であり，それらが一体となって，ある瞬間におけるその人の心的現実（分析的真実）を形作っていく。そして，無意識は身体感覚の領域でもない。身体感覚は意識的な体験領域に存在するものである。

第4章　起きていることの真実を直観すること　　95

心的現実を直観すること

　ここまで述べてきたことはすべて，ビオンのこの画期的な論考において私がもっとも重要だと考えるふたつの考え方のうちの，ふたつめのものを検討していくための舞台を整えるものである。

　　情緒体験に付随する感覚的なものに対する気づきが，分析家が一体となるべき現実を直観することへの妨げとなる。
　　Awareness of the sensuous accompaniments of emotional experience are a hindrance to the psychoanalyst's intuition of the reality with which he must be at one.（p136）

　ビオンがここで提示している見解は，分析家は注意を平等に漂わせながら，セッションの感覚的・非感覚的次元の両方で生じているあらゆる事柄への「気づき」をできるだけ亢進させようとする，という考えに相対するものである。これまで広く受け入れられてきたのは，たとえば，分析家は患者がカウチに向かうときの足取りなどの視覚的な気づきや，面接室に漂う香水や汗の匂いといった嗅覚的な気づき，患者の声のリズムやメロディやハーモニー，不協和音や通奏低音などの聴覚的な気づきといった「感覚に付随するもの」に関心を寄せるという姿勢である。

　なぜ，分析家が面接室における情緒体験に付随する感覚や生きた身体感覚を体験することに抗わねばならないのかと読者は疑問に思うだろう。また，なぜ，分析状況に起きていることへの気づきが，患者の意識的・無意識的なコミュニケーションに対する分析家の感受性を高めるのではなく，「妨げ」になるのだろうか？　私の理解では，これらの疑問に対する応答は——もしかすると，答えではないのかもしれないが——この段落の最後の文章に見出すことができる。そこには情緒体験に付随する感覚的なものは「**分析家が一体となるべき現実を直観すること**」（p136, 強調は筆者による）への妨げになると述べられている。

別の言い方をすれば，ここで語られていることは，分析家が真に分析的に観察しようとするならば，意識的な知覚様式と感覚にもとづく知覚様式を放棄できねばならないということである。この種の知覚様式は，セッションに生じている無意識の心的現実（真実）への知覚を恐れ，回避するような意識的体験や思考様式（たとえば記憶と欲望）へと分析家のこころを引き寄せてしまうからである。その代わりに，分析家はまったく異なる形の知覚と思考に依拠せねばならない。ビオンが**直観**と呼ぶ，その種の思考形態は，無意識的なこころに端を発している。一方，感覚印象への感受性や「気づくこと awareness」や「理解すること understanding」は，意識的な思考過程の領域に位置づけられるものである。ビオン（1962a）にとって，無意識の思考は覚醒時の生活を営むために必要となる意識的思考（主に二次過程思考）よりもはるかに豊かなものである。無意識には複数の頂点 vertices[3] から同時に体験を眺める自由があるため，もし，覚醒生活にて仕事をしたり，対人関係を営もうとしたりするときにそのような思考を用いてしまったならば，人は大混乱に陥るだろう。

　この一節が告げるのは，分析家の仕事は分析セッションにおけるその瞬間の心的現実の性状を理解したり，解明したりすることではなく，それとひとつになる at one with it ことで，無意識の心的現実を直観することにあるということである。ビオンは直観という概念を定義づけてもいないし，臨床的に例示しているわけでもない。だが，この用語そのものが，分析的な思考においては無意識の心的プロセスこそが優位となることを強力に物語っている。

　体験とひとつになることでその体験の心的現実を直観するというアイデアは，少々神秘的に聞こえるかもしれない。だが，私たちは誰もがみな，夢生活のなかで毎日繰り返しこの種の体験を味わっているように思われる。夢見るとき——眠っているときも，目覚めているときも（Bion, 1962a）——私たちは自身の無意識的な生の一側面である現実を感知し（直観し），それとひとつになる at one with it 体験を味わう。私たちが用いる，この「夢見る」という用語は他動詞である。夢見のなかで，私たちは**何かについて**夢見るのではなく，**その何かを**夢見ている。私たちの一側面を「夢見て創り上げている dreaming up」。夢見のなかで，私たちは夢の**現実**とひとつになり，私た

第4章　起きていることの真実を直観すること　　97

ちが夢となる。夢見るあいだ，私たちは無意識の情緒的な生の一要素を直観し（夢見て創り上げ），他のどのような体験とも異なるやりかたでそれとひとつになる。そして，夢見のなかで私たちは自分に対してもっともリアルとなり，もっとも自分になる。

　私にとって，もの想い（Bion, 1962a, 1962b；Ogden, 1997），すなわち起きていながら夢見ることは，分析におけるある瞬間の心的現実を直観することと同列の臨床体験である。分析状況はたえず部分的に間主体的な事態となるゆえ（Ogden, 1994a），もの想いの状態に入るには，分析家は自分を手放さself-renunciation なければならない。自分を手放すとは，患者ひとりでは到底もちこたえられない不穏な心的現実を，分析家と患者が直観し，それとひとつになるという共有状態に入ることのできる心的空間を創り出すために，分析家が"自分が確かな自分でなくなること"を受け入れることを意味している。分析家はもの想いを希求してはいない。直観も希求しない。もの想いと直観はそれがもたらされるとすれば，そこには何の意図的な努力もなく，「不意に unbidden」（Bion, 1967b, p147）去来するのである。

　『記憶と欲望』において，ビオンが精神分析の方法論に，つまりは患者の心的現実に直観的に一体化する分析家の取り組みに着目していることをこころに留めておくことが大切である。ここで私がさらに付け加えておきたいことは――そして，おそらくはビオンも（『経験から学ぶ』（1962a）という彼の本のタイトルに示されているように）同意してくれるだろうことは――精神分析的な方法論は，不穏な無意識の心的現実を直観することと同時に，外的現実という真実に対する患者の恐れをも取り扱っているということである。外的現実という恐るべき（そして，生への活力を潜在させている）真実には，患者の生と分析家の生が分かたれているという分離の感覚が，そして，自身のコントロールの及ばぬ世界という絶対的な他者性がともなわれている。

直観，既知，未知

　『記憶と欲望』のなかで，ビオンは次に直観といまだ知られていないものとの関係に目を向けていく。

患者に関してすでに「知られていること」には，それ以上の重要性はない。それは虚偽か無関係なものかのどちらかにすぎない。分析家と患者によってすでに「知られている」ならば，それはもう用済みである……いかなるセッションにおいても唯一重要なことは，いまだ知られていないことである。それを直観することを妨げるものは何であれ許してはならない。

　What is "known" about the patient is of no further consequence : it is either false or irrelevant. If it is "known" by patient and analyst, it is obsolete……The only point of importance in any session is the unknown. Nothing must be allowed to distract from intuiting that.（1967a, p136）

　言い換えると，既知のものにはそれ以上何も提供するものはなく，それ以上の心的作業も必要としない。得るべきものは得てきたので，患者や分析家がさらにそれにこだわり続けるならば，心的空間は「詰まり clogging」（p137）果て，死滅する。すでに知られていることは「虚偽か無関係なもの」である。たとえそれが昨日のセッションや今日のセッションの序盤に起きたことと関連していたとしても，いま起きていることには当てはまらないという点で，それはもはや無関係なものである。精神分析は現在だけに関わっている。私たちが「知っている」と思いこんでいることを利用して，未知のものを既知であるかのような錯覚をこしらえ，そうすることで，いまだ知られざる（厄介な）こころの真実に向き合う必要性を排斥しているという意味で，それは虚偽となる。

　私は『記憶と欲望』におけるビオンの直観に関する考えをさらに拡張し，直観の働きは単に分析のある局面の心的現実に対する深い感覚のなかで現れるだけでなく——おそらくはこちらのほうがより重要なことだろうが——患者と分析家が共にこれまで知られていなかった（そして，とても厄介な）心的現実とひとつになることで変化するその道筋のなかにも現れる，という考えをもふくめておきたいと思う。私はビオンが『記憶と欲望』を書く直前か，その直後に行ったロサンゼルスセミナー（Bion, 1967c）での語りを，これと

第 4 章　起きていることの真実を直観すること　　99

同様の考えを示すものとして受けとめている。その最初のセミナーで彼は次のように語っている。

　　私は患者が何を言っているのか，そして（あなたが投与する）解釈がどのようなものであるのかは，ある意味ではそれほど重視していません。というのも，患者が理解する解釈を与えることができている時点で，すべての作業は完了しているからです。
　　I think that what the patient is saying and what the interpretation is (which you give), is in a sense relatively unimportant. Because by the time you are able to give a patient an interpretation which the patient understands, all the work has been done.（1967c, p11）

　ここでビオンが語っていることは，分析家が解釈を行う準備を整えたときには，すべての作業がすでに終わっているということである。つまり，**その分析家とその患者は，自分たちがひとつとなった不安な心的現実を共に直観する体験によって，すでに変化したのである**。これまでは考えられないでいた心的現実を受け入れ，それとひとつになる体験は，患者と分析家の双方を変化させる。解釈はおまけ superfluous である。分析家が解釈の準備を整えるうえで肝要となるのは未知のことである。分析家がすでに知っていることを解釈しているあいだも，未知のものは生きている。未知のものは「おそらくは相当に長いあいだ……何年かかっても解釈されえないかもしれない」(p11)。

過去という名のいま

　ここまで論じてきた概念や現象と関わる事例を提示する前に，本論の出発点である分析家が記憶と欲望という心的な操作を用いることについていま一度立ち返っておこう。
　『記憶と欲望』のなかで，ビオンは思い出すことに対する断定的な禁止令を発しているが，私には彼が過去と現在を，あるいは思い出すこととその体験を生きることとをあまりに明確に区分しすぎている気がしている。ビオン

の記憶に関する考え方は，過去と現在の関係を，そして，記憶といまを生きる体験との関係を曲解しているように私には感じられる。

T. S. エリオット（1919）は，過去は常に現在の一部であり，彼が「過去という名のいま the present moment of the past」（p11）と呼ぶ「現在」にあることを記すことで，過去と現在をめぐる私たちの理解を豊かなものにしている。作家にとって「過去という名のいま」とは，文学の歴史全体を——「死んだものとしてではなく，いまなお生き続けているものとしての」（p11）歴史を——ふくむ，いまこの瞬間の体験である。同様に，分析状況における患者と分析家が生きる現在もまた，もはや存在しない過去と相対するものではない——むしろ，すべての過去が分析体験のいまこの瞬間に息づいている。このように考えると，分析家が記憶を放棄することで犠牲になるものなど何もない。「過去は決して死んではいない。それは過去でさえないのである」（Faulkner, 1950, 第1幕 第3場）。

臨床素材——赤ん坊の居所

これから紹介するのは，私と患者の双方が，ある情緒的なテーマに直面した事例である。私たちは分析のある局面で生じたことに真に向き合い，真に応じていくことを相当問われることになった。

私はCと数年にわたる週5回の精神分析に取り組んでいたが，あるとき待合室にいるCを見て，私は彼女が来るべき場所を間違えており，彼女が会いに来た人は同じ区画の別の建物にいる人物であることを丁寧に教えてあげるべきだと感じ始めた。私はCのことを好きで，そのセッションを大抵いつも楽しみにしていたので，この感覚はとりわけ不可解なものだった。その日，患者がカウチに横たわったとき，私は「愛している」と言ってしまいたい衝動に駆られた。

その後，Cが何かをなくしたが，何をなくしたのかがわからないという夢を報告したとき，私は「私に会いに来るときに，それをどこかに置いてこなければならないほどに，私を愛することは恐ろしいことなのでしょうか？」と尋ねた。患者にこんなことを言うつもりはなかったのだが，話しているあ

第4章 起きていることの真実を直観すること 101

いだにそれは真実のように感じられてきた。

　間髪入れずにCは「これまであなたは私を愛しているなんて一言も言ったことがないわ」と応えた。

　私は「私があなたを愛したとすれば，私の愛は間違った場所にあることになるのでしょうか？」と尋ねた。患者は「ええ，そうね。もし，私がそれに応えたとしたら，私は虚しくなるでしょうね」と言った。

　私もまた間髪入れずに伝えた。「あなたが仰っていることは，私の愛をいらないもの，使い途のないものとしてただ返すことで虚しくなるということなのか，私に愛を感じると虚しくなるということなのか，私にはわかりませんでした」。

　「両方よ。あなたは私を愛すべきではないわ。私は患者だもの。私だってあなたを愛しているわ。けれど，その愛は人に向けられたものではないのよ。だって，あなたは私と付き合ったり，結婚したりできる現実の男性としてここにいるわけではないもの。あなたは単にそういう形としてここにいるだけ。それは情緒的なものではないわ。それが厳然たる undone 事実よ」。

　私は言った。「あなたが"厳然たる事実"について話しているとき，あなたが何かを，あるいは誰かを殺しているように私には感じられました。私が存在しておらず，誰でもないと言うことで，あなたは愛する人を殺しているようです。だから，あなたが感じている愛を私に与えることは人生の無駄なのでしょうね」。少し間を置いて，私はさらに続けた。「あなたは"自分と自分の愛は正しい場所にある。それこそがあるべき場所なのだ"と言いたいように私には思えます。でも一方で，私がそれを言ってしまうことは，とても恐ろしいことなのでしょう」。

　Cは語った。「昨夜，とても不穏な夢を見たわ。私は赤ん坊の男の子を抱きながら，彼にこう言ったの。"愛してるわ"って。でも，すぐに私は"本当にそう？"と自分に尋ねたの。私が本当だと感じたことは"いいえ，彼を愛してなんかいない"ということだった。そのせいで彼は死んでいくのです」。

　私は言った。「あなたがご自身や私に対して自分の子どもを殺してきたことを話すのは，自らに行う残酷な行為となっており，だからこそ私へのあなたの愛は本物にはなりえないのでしょう。自分の赤ん坊を殺した女には愛す

る力などなく，その愛を処分してしまうか，架空の人物にでも送りつけてしまうしかない，と仰っているように思います」。

　Cは言った。「今日のあなたは架空の人ではなく，実在する人 real person ……と感じさせてくれるようなやりかたで話してくれています」。

　少し間の後，私は患者が語ろうとしながらも語りきれなかったことを私なりに完成させてみた。「その実在する人とは，実在する real 相手を，実際に real 愛する人なのでしょうね」。Cと私はとても親密な体験に携わっているようだった。その体験の質は名状し難く，そこにはただひたすらに深い感動があった。分析のこの局面を解析することは理論によってその瞬間の意義を殺してしまいかねないので気乗りはしないが，それでもやってみようと思う。このセッションには音楽があった。いま私のもとに聞こえくるのは，哀歌とラブソングが交錯する音楽である。

　彼女は1年前に子宮内死産を経験していた。待合室でCと会ったとき，私は彼女がその亡くした我が子をこころから愛していることを私に伝えたくなっている気配を感知していた。そして，私もまた**彼女の子どもとして**，同じことを（「愛している」）と伝えたかったのだろう。だが，私はこの種の思考と情緒体験によってかき立てられた不安を生きることができず，もの想いのなかで，それらの想いを別の建物にいる架空の人物へと送りつけてしまった。ふりかえって考えると，Cと私が携わっているこの分析的な愛情関係の激しさと，私が彼女の**死んだ赤ん坊**として話しかけることで感じることになるだろう彼女の痛みの痛烈さに私自身が怯えていたのだろう。

　患者は結婚していたが，子どもは生きてはいなかった。彼女は（妊娠4ヵ月半で）流産を経験しており，重度のうつ状態の只中でこの分析を開始した。流産の後，彼女は子を産もうとはしなくなった。身体が自分は母親になるのに相応しくないと言っているのだと彼女は強く信じていた。彼女には子どもがおらず，生後4ヵ月半で亡くした子どもがひとりいた。

　私は患者のこころの底にある喪失感と罪悪感に深い悲しみを覚えた。ここまで述べてきたことを私がごく自然にCに語ったとき，「私は死んだ赤ん坊のために，患者のなかの死んだ赤ん坊のために，私自身のなかの死んだ赤ん坊のために，話している」ことを特に意識していたわけではないが，私は彼

第4章　起きていることの真実を直観すること　　103

女の死んだ赤ん坊として，彼女に対する私の愛を語っていた。この瞬間，私はいまあげた三人すべてになっている自分として，ただ話していた。そうすることで，私は死んだ赤ん坊という心的現実とひとつになり，こうして患者は私からも彼女の死んだ自己部分からも決して切り離せはしない"死んだ赤ん坊"という現実とひとつになることができたのである。

　いま描写した分析体験は記憶なきところで起こったことだと私は考えている。ここで読者が「あなたもＣも，実際の流産に対する患者の反応を思い出していたのではないか。そもそもあなたはこの臨床素材を提示した後にその事実に言及しており，そのような事実はこの発表の冒頭で提示されるべきであり，そうしてくれていたならば，あなたがこの患者との体験を発表する際に，このセッションの実際的な歴史的背景を読者として得ることができたはずなのに」というのは至極当然のことである。

　だが，私は次のように返したい。「私も患者も"過去を思い出すこと"に取り組んでいたわけではないのです。しかし，それでもなお，その過去は，その赤ん坊の死は，この分析のいまこの瞬間にあまりにも生き生きと息づいていたのです。私がセッションで起きたことを話したとき，読者としてのあなたは何が現実で，何が想像なのか混乱した感覚を覚えたのではないでしょうか。でも，私が起きていたことに対する"歴史的背景"を提示した場合よりも，その混乱のほうが分析のこの瞬間における真実をより伝えているように思うのです。もし，私が"実際"の歴史的背景を提示していたならば，分析のその瞬間に起きていることはその生命観を剥ぎ取られていたように思います。いま考えると，私がこの事例を"赤ん坊の居所"と名づけたことは，確かにあなたに"歴史的背景"を感じさせるものとなっていました。事例をこのように名づけることで，おそらく私はあなたに，その後に起こることの情緒的な背景を部分的に伝えながら，同時に何も伝えずにいたのでしょう。それはＣと私の双方がふたりのあいだに起きていたことを知っていながら知らずにいた，まさにそのことが，赤ん坊の死という彼女の体験について感じ，語るそのやりかたになっていたことと同じだと思うのです」。

　私が描写したＣとの分析体験には，共存しつつも不協和音を奏でる複数の現実があり，そのすべてが真実であった——赤ん坊は死んでいたが，**同時**

に生きており，患者は私を愛しながら，**同時に**彼女の赤ん坊としての私を愛し，患者は赤ん坊を愛しながら，**同時に**愛する力を感じ取れずに自身の愛は赤ん坊の愛に値しないと感じていた。こうした情緒的状況を構成するそれぞれの要素の真実は，その対極にある要素と弁証法的な緊張関係にあり，そのような関係にあるときのみ，それはリアルなものとなった。もし，私がどちらか一方の要素に肩入れしていたならば（たとえば，「あなたは夢のなかの赤ん坊を，そして実際に亡くなった赤ん坊を，本当に愛していたのですね」などと伝えていたならば），患者はその瞬間に彼女が本当は何者なのかを——すなわち，赤ん坊を愛する母親でありながら，赤ん坊を愛せない母親でもあることを——知ることに私が恐れを抱いていると感じたのではなかろうか。

　この事例を検討し終える前に，分析のこの一節に流れ，私の耳に届いてくる音楽について——交錯する哀歌とラブソングについて——簡単にふれておきたい。その哀歌の側には，患者と私，患者と亡くなった赤ん坊，そして，その赤ん坊と私のあいだにある原初的で未分化な形の関係性がふくまれている。Cと私は亡くなった赤ん坊に関する広く，深いさまざまな情緒を味わっていたが，それがどこに端を発しているのかは判然としなかった——その起源が私の想いにあったのか，患者の想いにあったのか，それとも私たちふたりが無意識裡に創造した第三者（別のところで私はそれを**分析の第三主体**the analytic third［Ogden, 1994b］と呼んでいる）にあったのかは定かでなかった。おそらくはこの三つすべてがそうであり，その割合が刻々と変わりゆくのだろう。

　同時に，哀歌と弁証法的な緊張関係にあるラブソングには，より成熟した形の関係性がふくまれており，Cのなかにも私のなかにもあった相手に対する他者性の感覚は，「分析的な愛情関係」のなかで生起している親密さや相互理解，あるいは危険の感覚さえをも強く感じていくうえで不可欠なものだった。ここで私が「分析的な愛情関係」という言葉を用いているのは，その愛が他の愛情関係と比してリアルさを欠いていることを示唆するためではない。そうではなく，このような形の愛情関係が治療者 - 患者関係（分析的な枠組み）という相当に現実的な制約のなかで思い描かれ，発展していくものであることを明確にしておきたいゆえである。

第4章　起きていることの真実を直観すること　　105

進展と解釈

　『記憶と欲望』において，ビオンは直観的思考といまこの瞬間の心的現実とひとつになることをめぐる発言に続いて，進展 evolution なる概念を導入している。だが，論文内ではその意味は曖昧なままであり，ビオンは故意にそうしたのではないかと私は考えている。

　　いかなるセッションにおいても進展は起こる。何かが暗闇や形なきところから進展してくる。この進展は表面的には記憶と似ていなくもないが，一度それを体験したならば，決して記憶と見紛うことはない。その性質は夢と共通しており，全き姿で存在しているかと思えば，どういうわけか唐突に消え失せたりする。この進展こそ，精神分析家がいつでも解釈できるよう準備しておかねばならないものである。

　　In any session, evolution takes place. Out of the darkness and form-lessness something evolves. This evolution can bear a superficial re-semblance to memory, but once it has been experienced it can never be confounded with memory. It shares with dreams the quality of being wholly present or unaccountably and suddenly absent. This evo-lution is what the psychoanalyst must be ready to interpret.（1967a, pp136-137）

　ビオンは分析体験のなかで生じていること，つまりは起こり続けている情緒体験のことを進展という言葉で言い表しているようである。ここでの進展という言葉は名詞的というよりも動詞的である。それは持続的に変わりゆく事態であり，そのような変化の過程こそが精神分析の主題である。

　先述したように，『記憶と欲望』における分析的探求は，専ら“過去という名のいま”だけに焦点づけている。ビオンの方法論は臨床の根幹にある問いを変形させている。「それは何を意味するのか？」から「いま何が起こっているのか？」への変形である。「それは何を意味するのか？」という問い

は，フロイト（1900）の夢に関する研究やクライン（1975）の子どもの遊びにおける象徴的意味の探求の中核にある問いである。そして，子どもと大人の分析の焦点を遊びの象徴内容から遊ぶためのキャパシティへと移したウィニコット（1971）は，臨床の根幹にある問いを「いま何が起こっているのか？」へと変えてきたビオンと同じくらい重要な貢献者であると私は考えている。

　先に引用した進展について紹介する一節は，患者が夢を語っているときに幾度となく味わってきた体験を私に思い起こさせる。患者が夢を語っているとき，大抵私はそこで描写された場面や情景を何の苦もなく想像できる。だが，患者が夢を語り終えるや否や（ときには患者が夢を語っている最中でさえ），自分が患者の話した内容をまったく覚えていないことに気づくことがある。この体験は患者が私たちに語る夢は記憶ではないという事実を浮き彫りにしている――それは分析のいまこの瞬間に進みゆく体験であり，夢見ることの性質を多分にそなえており，これはよくあることだが，ほんの一瞬前までは確かにそこにあって生きていた夢が「どういうわけか唐突に消え失せた」（Bion, 1967a, p137）ことに気づいたときの驚きと落胆の体験をもふくみこんでいる。どれだけ意識を集中させたところで，それはもう取り戻せない。だが，これもよくあることだが，セッションの後半になると，患者の夢が「不意に」私のもとにやって来ることがある。

　進展をめぐるこの段落のなかで，私にとってもっとも重要な言葉が締めの文章の最後に書かれている――「**解釈 interpret**」である。「この進展こそ，精神分析家がいつでも解釈できるよう準備しておかねばならないものである」（p137）。ビオン自身は分析のいまこの瞬間にて（いままさに）起きている心的現実について分析家が患者に語りかけることを指して「解釈」という用語を使用していることをそれとなく仄めかしている。ただ，彼はそれがどのようなものかは何の手がかりも与えない。ゆえに，ここではこの**解釈**という用語が私にとって何を意味するのかしか語りえない。ただし，それを説明したり，その意味を定義づけたりするのではなく，この用語に何かしらの言葉を添える前に，その営み自体が解釈というものについて物語っている事例を以下に提示してみたい。

第4章　起きていることの真実を直観すること　　107

臨床素材——留まることへの誘い

いつもの待合室のドアを開けると，そこは記憶にあるよりも殺風景な内装のように感じられた。20年もの昔から置かれている机には，何ヵ月も前の雑誌が4冊転がっていた。

Jは私と目を合わせることもなく，まるで途轍もなく重い物でも持ち上げるかのように椅子から立ち上がり，ゆるゆるとした足取りで私の面接室に入ってきた。

カウチに横たわると，彼女は淡々と語り始めた。「朝起きて，子どもたちにサンドウィッチを作りました。牛乳とシリアルを朝のテーブルに並べて，何とか彼らを学校に送り出しました。何とかやれました」。

私はJが機能する力だけでなく，こころをも失いかけているのを感じて恐くなった。だが，彼女以上に恐ろしかったのは子どもたちのほうだった。朝のテーブルで，彼女の生気のない表情に気づかぬふりをしながらじっと見つめる子どもたちの姿が私の脳裏に浮かんだ。

私は言った。「あなたの話をお聞きして，飛行機内で酸素マスクをつける際には，子どもの前に，まずは自分につけなさいというあの指示のことを思い起こしていました」。

Jは言った。「額に入れてタンスの上に飾ってある写真を見ていたんです。まだ生後数ヵ月のリサを抱いているジェーンの写真です。それを見るたびに，ジェーンの表情が私のこころを捕らえて離しません。彼女の目は"リサを落としたくない。この子を私から取り上げて。赤ん坊を抱くには私はまだ早すぎる"と懇願するようなまなざしなのです。その写真を見ると泣きたくなります。今朝その写真を見たときは，ジェーンは私を見るでもなく，私に懇願するでもなく，どこか別のところを見ているように見えました」。

私は伝えた。「それはあなたが背負わねばならない重みであり，あなたにとってあまりにも重く，そして，誰にとってもあまりに重すぎる重みなのでしょう。それは秘密という重みなのでしょうね。あなたが写真のなかにも，待合室で私と会ったときにも，こうしてカウチに横たわっているときにも，

どこにもあなたがいないという秘密がもつ重みです」。

Jは言った。「近代美術館でやっていたディーベンコーン展に行ってきたんです。暇つぶしに to kill time」。

私は伝えた。「あなたは暇つぶしに展覧会に行く必要など本当はないのでしょうね。なぜなら，あなたはすでに死んでいると思えるからです。だから，殺すような時間 time to kill などあなたにはありません——死者には時間などないということです。待合室にいるときも，あなたはセッションの始まりを待っているわけではないのでしょうね。何も起こらないことがわかりきっているのだから，待つべきことなど何もないのです」。

Jは言った。「数ヵ月前に時計をはめるのをやめました。そう決めたわけではなく，ちょうど着けていないのに気づいて，それ以来着けなくなりました。衣装タンスの上にあるので朝はめてもよいのだけど，そうしないし，そのことを忘れているわけでもないんです」。このような話を私にしているとき，珍しいことにJが自分の話に少しだけ興味を抱いているように私には感じられた。

「そろそろお時間でしょうか」と彼女は尋ねた。その声はふたたび淡々としたものになっていた。

私は自分でも何を言わんとしているのかわからないままに，「いいえ。まだ，あなたの時間です it's time for you to stay」と伝えた。Jはかすかに微笑んだ。

いま自分がJに言ったことを聞いて，私はそれこそが真実だと感じた。それは単に具体的な意味合いだけでなく——設定されたセッションの終了時刻がまだきていないということだけでなく——情緒的な意味においても真実だと感じた。私は彼女を——他の誰でもない，彼女こそを——ここに留まり，私と共に時間を過ごそうと誘っていた。時計的な時間，写真の時間，義務的な時間，死んだ時間，時間を殺すこと，それらの時間とは対照的な「生きた時間」を過ごそうと彼女に誘いかけていた。私は本当に彼女と時間を共にしたかった。私は彼女が好きで，楽しんでさえいて，ここに留まるよう彼女を誘ったのである。

私のなかでは，この「誘いかけ invitation」こそが，そのセッションで私が行った一番大切な「解釈」だった。私がJに言ったことは，この瞬間にもっ

第4章　起きていることの真実を直観すること　　109

とも生きている心的現実にもとづく私の感覚を私なりのやりかたで伝えたものだった。私との「生きた時間」を過ごそうという「誘いかけ」は，この先に私と一緒に何かをしようという要求ではなかった——私たちはすでに，この瞬間に，互いに生きた時間を過ごしていることを私なりのやりかたでJに伝えたものだった。彼女の微笑みは，私の誘いかけを受け入れたゆえではなく，彼女が存在しているところですでに何かが起きていることを認めたゆえのものだった。

　Jとのセッションで起きたことについて私が述べてきたことと，ビオンが「この進展こそ，精神分析家がいつでも解釈できるよう準備しておかねばならないものである」と語るときに言いたいこととのあいだには重要な共通点があると思われる。ただ，私自身は「解釈」という言葉に，分析家が理解した患者の言動の無意識的な意味となりそうなものを話すこともふくめており，ゆえに私が思わず「いいえ，まだ，あなたの時間です」と言ったときに私がしていたことをもっと別の用語で——そのようなふくみを持たない用語で——説明しておきたい。冗長ではあるが，より相応しく感じられる「用語」は，**無意識的なレベルで，その瞬間にもっともリアルで，もっとも生きている事柄について，直接的に，もしくは間接的に，患者と共に語り合うこととなる**。ほとんどの場合，この種の「患者との語り合い talking with a patient」は，分析家が「解釈」をしているような印象を抱かせない。私のなかでは，それはふたりの人が相手と語り合い，ただ会話をしているような印象であり，そのように感じられるものである。患者から「あなたは解釈なんてまるでせず，私とお喋りをしているようね」と言われたならば，私はそれを賛辞の言葉として受けとめるだろう。

　患者と語り合う目的は多岐にわたるが，私にとっては，そこには常に患者がいまこの瞬間の自身の体験をより十全に生きられるようになることを手助けすることがふくまれている。ビオンは『記憶と欲望』の終わりに向けて，次のように述べている。

　　　「進歩」は，どのようなセッションにおいても見られる気分や，考えや，態度の種類と数が増えていくことによって測られる。

"Progress" will be measured by the increased number and variety of moods, ideas and attitudes seen in any given session.（1967a, p137）

　それぞれの患者ごとに展開される分析的な会話は，その患者固有のものであり，世界中の他のどんなふたりのあいだにも起こりえないものである。これが私なりの患者との話し方の性状であり（ビオンが解釈と呼ぶものであり），私の患者との語り合いは，他のどんな分析家の患者との語り合いとも異なっている。もし，そうでないならば，患者は何か不当な分析家と語り合っているのである。

結びのコメント

　ビオンの『記憶と欲望についての覚書』（1967a）は，私が何十年も格闘してきた難解な論考である。もっとも重要なことは，このようなタイトルにもかかわらず，この論考は記憶と欲望に関するものではないということである。この論考の意義は，分析過程の中心的な役割から"気づくこと"を脇にやり，その代わりに，いまこの瞬間にある（無意識的な）心的現実とひとつになることでそれを直観する（その大部分が無意識的である）分析家の機能をそこに配置し直したことである。

　私自身の営みから提示した事例では，セッションのある特定の瞬間にある心的現実（真実）とひとつになる私なりのやりかたと，その現実について患者と語り合う私なりのやりかたを示した。

註1　本章はパーソナルな章であり，他の人がビオンの論考と共に行ったことをレビューするつもりはない。この論考に対する他の人たち（Grotstein, 2009；Meltzer, 1978；Symington and Symington, 1996 など）による，きわめて独創的で，洞察に富む書き換えでさえ，（この論考にもとづいて私が何をしていくのかということとは対照的に）ビオンの論考と共に私が何をしているのかを語ろうとすることに対する妨げになると感じている。

第4章　起きていることの真実を直観すること　　111

註2 「そこにある現実［分析セッションにて起こっている真実］がどのようなも
のであるのかを私は知らないので，そのことを話すうえで，私は単にそれに
「O」という記号を与え，それを「O」，または究極の現実，絶対的な真実と
呼ぶことで，この事態に対応することにした」(Bion, 1967b, p136)。（［　］
はオグデンによる補填）

註3 ビオン（Bion, 1962a）にとって，無意識的思考とは体験を複数の視点から同
時に眺めることを指し，その結果，覚醒時の意識的思考では成しえない，豊
かな内的対話が生成される。このように相互に弁証法的な緊張関係を保ちな
がら共存する思考としては，たとえば，一次過程思考と二次過程思考，コン
テイナーとコンテインド（Bion, 1962a），時間の共時的感覚と通時的感覚，
リニアな因果論的思考とパターン・ベース的思考（場の理論），体験生成様
式としての妄想 - 分裂モードと抑うつモード，前象徴的な体験表象の形態と
言語象徴的な体験表象の形態などがあげられる。

文　献

Bion, W. R.（1948–1951）. Experiences in groups. In Experiences in groups and other
papers（pp. 29–141）. New York: Basic Books, 1959.

Bion, W. R.（1959）. Attacks on linking. International Journal of Psychoanalysis, 40,
308–315.

Bion, W. R.（1962a）. Learning from experience. London: Basic Books. Bion, W. R.
（1962b）. A theory of thinking. In Second thoughts（pp. 110–119）. New York: Aron-
son, 1967.

Bion, W. R.（1967a）. Notes on memory and desire. In J. Aguayo and B. Malin（eds），
Wilfred Bion: Los Angeles seminars and supervision（pp. 136–138）. London: Karnac,
2013.

Bion, W. R.（1967b）. Author's response to discussions of "Notes on memory and de-
sire." In J. Aguayo and B. Malin（eds），Wilfred Bion: Los Angeles seminars and su-
pervision（pp. 136–138）. London: Karnac, 2013.

Bion, W. R.（1967c）. First seminar—12 April 1967. In J. Aguayo and B. Malin（eds），
Wilfred Bion: Los Angeles seminars and supervision（pp.1–31）. London: Karnac,
2013.

Bion, W. R.（1970）. Attention and interpretation. London: Tavistock. Bion, W. R.
（1987）. Clinical seminars. In F. Bion（ed.），Clinical seminars and other works（pp.

1–240). London: Karnac.

Eliot, T. S. (1919). Tradition and individual talent. In Selected essays (pp. 3–11). New York: Harcourt, Brace & World, 1960.

Faulkner, W. (1950). Requiem for a nun. New York: Vintage.

Freud, S. (1900). The interpretation of dreams. S. E., 4/5.

Freud, S. (1911). Formulations on the two principles of mental functioning. S. E., 12.

Grotstein, J. S. (2009). ". . . But at the same time and on another level . . ." : Psycho-analytic theory and technique in the Kleinian/Bionian mode, Vol. 1. London: Karnac.

Klein, M. (1975). Envy and gratitude and other works, 1946–1963. New York: Dela-corte Press/Seymour Lawrence.

Langs, R. (ed.). (1981) Classics in psychoanalytic technique (pp. 269–271). New York: Aronson.

Meltzer, D. (1978). The bondage of memory and desire. In The Kleinian development, Part III: The clinical significance of the work of Bion (pp. 269–271). Perthshire, Scot-land: Clunie Press.

Ogden, T. H. (1994a). Projective identification and the subjugating third. In Subjects of analysis (pp. 97–106). Northvale, NJ: Aronson.

Ogden, T. H. (1994b). The analytic third—working with intersubjective clinical facts. International Journal of Psychoanalysis, 75, 3–20.

Ogden, T. H. (1997). Reverie and interpretation. Psychoanalytic Quarterly, 66, 567–595. Reclaiming Unlived Life 90

Spillius, E., (ed.) (1988). Melanie Klein today, Vol. 2: Mainly practice: Developments in theory and practice (pp. 15–18). London: Routledge. Symington, J. and Syming-ton, N. (1996). Without memory and desire. In The clinical thinking of Wilfred Bion (pp. 166–174). New York: Brunner Routledge.

Winnicott, D. W. (1971). Playing and reality. New York: Basic Books.

第 4 章　起きていることの真実を直観すること　　113

第5章
精神分析家になること [1]

　正式な精神分析の訓練を終えたとしても，自分が何をしているのかを本当
の意味でわかっていると感じる人はほとんどいないだろう。私たちはやはり
もがいている。自分の「声」，自分だけの「スタイル」，自分自身の標となる
ものを携えながら精神分析の実践に臨んでいる感覚を見出そうと努めてい
る。「精神分析家になるチャンスがあるのは（精神分析家の）資格を取得し
た後だけである。あなたがなる分析家はあなたそのものであり，あなただけ
である you alone。あなたはあなた自身のパーソナリティの独自性を尊重せ
ねばならない――このようなさまざまな解釈（あなたが本当の意味での分析
家ではなく，どのような人になっていくのかもわからない感覚に対する際に
用いるさまざまな理論）ではなく，そのあなた独自のパーソナリティこそ，
あなたが使うべきものである」（Bion, 1987, p15）。

　本章では，分析的な訓練を経て分析家になっていく取り組みにおいて，私
たち自身にとって重要だったさまざまな成熟体験について検討する。無論，
何が価値ある体験となったのかは私たちのなかでも各々異なるが，大事なと
ころは重なってもいた。ここでは分析家になる（分析家として成熟する）取
り組みのなかで，私たちにとってもっとも意義深かったいくつかの体験の共
通点と差異について伝えてみようと思う。加えて，多くの分析家が――特に
私たちが――真に自分らしい分析家になっていくプロセスに潜む不安に直面
する際に用いる，種々の防衛手段ついても検討しておきたい。

115

理論的背景

　精神分析家として成長するプロセスにおけるさまざまな体験は，分析家として，あるいは個人として成熟していくための基盤を成している。分析家の成熟は一般的なこころの発達過程と多くの点で共通しているが，そのなかでも分析家になる過程で不可欠となるこころの成長の四つの側面について抽出してみたい。

　ひとつめは，その世界において自身の生きた体験を考え/夢見ることが，人が体験から学び，こころを成長させていくことの主たる手段となる――もしかすると，それこそが確たる手段なのかもしれないが――という考えである（Bion, 1962a）。人の生きた体験は，しばしばそれを心的なものとして扱うその個人のキャパシティを――すなわち，それを考え，夢見るキャパシティを――超えるほどにひどく不穏なものと化す。そのようなとき，その体験を考え，夢見るには，ふたりの人間が必要となる。それぞれの患者との分析は，必然的に私たちをこれまで決して体験したことのない状況に置くため，私たちは自分が分析に持ちこんだものよりもさらに大きなパーソナリティを要請されることになる。このことはあらゆる分析に当てはまることだと思われる――「容易」で「わかりやすい」分析などありえない。その著作のなかでビオン（1962a, 1962b）やローゼンフェルド（1987）は投影同一化を心理的‐対人的プロセスとして再概念化したが，そこにはこうした新奇の不安に満ちた分析状況において，分析家が考えられないことを考えられるようになるには他の誰かを要するという認識がこめられている。多くの場合，その他の誰かとは患者になるが，スーパーヴァイザー，同僚，指導者，事例検討会グループがそのような他者になることもあるだろう。

　こうした間主体的な思考という概念に内在しているのは，その人の生涯にわたって，「人がひとりの人間となるには，（少なくとも）ふたりの人間が必要となる」（Bion, 1987, p222）という見解である。乳児が「ひとまとまりの状態 unit status」（Winnicott, 1958a, p44）となるにはそれを手助けできる母‐乳児を要し，健全なエディプスを生きる子どもを創造するには母，父，子

の三者を要し，青年を創造するには母，父，思春期の子どもの三者を要し，カップルを形成するための心的空間を創造し，次いで（字義どおりにも，比喩的にも）赤ん坊を身籠るための心的空間を創造するにはふたりの青年を要し，年老いた両親の老いと死の体験に寄与する，あるいはそれを受け入れ，創造性を促進する条件を創り出すには若き家族と古き家族（祖母，祖父，母，父，子）の結合を要する（Loewald, 1979）。

　だが，分析家の発達に関するこの種の間主体的概念は，その分析家の内界にそれに対応するものがなければ不完全なものとなる。これが本論の理論的背景のふたつめの側面につながっていく──すなわち，自身の体験を考え／夢見るためには，他者のこころの参入を要するのと同じくらい，パーソナルな孤立の時を必要とする。ウィニコット（1963）はこの不可欠な発達的条件に気づいていた。「健全な発達には中間段階なるものがあり，そこでの患者のもっとも重要な体験は，よい対象や満足をもたらしてくれそうな対象との関係において，なおそれを拒絶できる体験である」（p182）。分析的な設定では，セッション内で分析家と共に行われる作業と同じくらい，セッションとセッションの狭間で行われる心的作業が肝要となる。実際，分析家と患者はセッションについて，一晩「寝かせ sleep on」なければならない──分析的ペアとしてさらなる作業を行っていくには，その前にそれぞれが自分ひとりで夢見る必要がある。このことはセッション内においても同様である。患者が分析家から孤立するなかで行う心的作業は（そして，分析家がカウチの背後の孤立的な空間で行う作業は）相手と共にふたりで考え／夢見ることと同じくらい重要である。このような次元──対人関係的であることと孤立的であること──は完全に相互依存的であり，互いに弁証法的な緊張関係を打ち立てている（ここで私たちが語っている「パーソナルな孤立」は，他者の存在のもとでひとりでいる状態，すなわちウィニコット（1958）のいう「ひとりでいる能力 capacity to be alone」とは異なる心的状態である。私たちが思い浮かべているのは，むしろ外的対象との関係や内在化された対象関係への依存がはるかに少ない状態のことである［この「パーソナルな孤立」という健全な状態に関する検討は Ogden, 1991 を参照のこと］）。

　分析家の成熟概念に不可欠なこころの成長の三つめの側面は，分析家にな

第5章　精神分析家になること　　117

ることには，徐々により複雑になり，より包括的になっていくようなやりか
たで，「自分自身がより十全に存在するよう夢見る」（Ogden, 2004a, p858）
プロセスがともなわれているという考えである。ビオン（1962a）に倣い，
私たちは「**夢見る**」という用語をもっとも深遠な思考形態を指すものとして
使用している。それは人が二次過程的な論理を失うことなく，その論理の
限界を超えうる思考の一種である。夢見ることは睡眠時にも覚醒時にも持続
的に生起している。星が太陽光に遮られても依然として存在しているよう
に，たとえ覚醒時の眩さによって意識の暗がりに入ったとしても，夢見るこ
とは覚醒中も持続するこころの機能である（起きていながら夢見ることは，
分析状況においては分析家のもの想いとして形づけられる［Bion, 1962a；
Ogden, 1997]）。夢が時間性を持たないことで，人は覚醒時の二次過程思考
を特徴づけるリニアな時間性や因果論的な文脈では決してなしえないやり
かたで，情緒体験に対する複数の展望を同時的に精緻化することが可能とな
る（このような複数視点の同時性はピカソやブラックのキュビスムアートに
よって捉えられたものだが，これは T. S. エリオットやエズラ・パウンドの詩，
フォークナーの小説やヘンリー・ジェームズの後期作品，ハロルド・ピンター
やイヨネスコの戯曲，キェシロフスキーやディヴィッド・リンチの映画，そ
して，アートとしての精神分析など，20 世紀のあらゆるジャンルの芸術に
影響を与えている）。

　夢見ることは私たちがパーソナルで象徴的な意味を創造し，そのなかで私
たちが私たち自身になっていく心的な営みである。私たちは分析家として，
被分析者として，スーパーヴァイザーとして，親として，友人として存在す
るために，私たち自身を夢見ていく。夢見ることができなければ，私たちは
生きた体験から学べず，結果として変化なき現在に永遠に幽閉される。

　分析家になっていくプロセスの根底にあると私たちが考えるこころの成
長の四つめの側面は，ビオン（1962a, 1970）のコンテイナー - コンテインド
概念である。「コンテイナー」とは単なる事象ではなく，私たちの不穏な思
考に対して心的に機能 work するプロセスのことを指す。「心的に機能する」
という用語は，たとえば自身の人生の認め難かった側面と「折り合いをつけ
る coming to terms with」ことや，両親の死，子どもの死，配偶者の死，自

身の死期の接近といった人生上の重大で深くこころ揺さぶる出来事と「和解する making one's peace with」ことを体験的に考え，感じていくこととほぼ同義である。一方，「コンテインド」は，人が折り合いをつけ，和解しようとしているものを心的に表象したものである。不穏な体験に由来する思考（コンテインド）と，その種の思考を考え／夢見るキャパシティ（コンテイナー）とのあいだにある相互生成的な関係性の破綻にはさまざまな形態があり，それはさまざまな形の分析家としての成熟の失敗として出現する（Ogden, 2004b）。こころかき乱す体験によって――（たとえば，その分析家が個人分析家による境界侵犯を被るといった）「コンテインド」によって――その分析家は何らかの特定の心境に陥ると，分析家として考えるキャパシティが破壊されてしまうことがある（Gabbard and Lester, 1995）。

　これらの考えを念頭に置いて，これから私たちは分析家の成長過程において共通する成熟体験について考えてみたいと思う。分析的な訓練を終えると，しばしば人は何かしてはいけないことをしているような漠然とした感覚を抱く。また，スーパーヴァイザーの助力を借りることなく「単独飛行」することが許されていながら，思わず狼狽してしまいそうな乱気流に見舞われることもある。分析家は以下に示すような分析状況を学びの糧に（そして，成長の糧に）する場合もあれば，迂闊にも自分がそうした不穏な分析状況にはまりこんでいたことに突然気づき，「自身の経験と勘に頼る flying by the seat of their pants」ことで心的な成長を遂げる場合もある。

分析家の成熟体験

　以下の項では，私たちの分析的なアイデンティティの発展に重要な役割を果たしてきた，さまざまな種類の成熟体験について検討してみたい。その体験としては，自分なりの患者との話し方を徐々に発展させていくプロセス，コンサルタントに事例を提示するなかで分析家としての自らの感性を発展させていくプロセス，自己‐分析をしながら患者との体験を活かしていくプロセス，そして，分析的な論考を書くなかで分析家としての自分を創造し／発見していくプロセスなどがあげられる。

第5章　精神分析家になること　　119

自分自身の声を育むこと

　人は（たとえば患者やヴァイジー，同僚やセミナーメンバーに対する）自分自身の話し方を聞くなかで，次のようなことを自問する。「自分がそのように話すとき，それはどんなふうに聞こえているのだろうか？」「私は本当にそのように聞かれたいのだろうか？」「私はどんな人になっているのだろうか？」「それは私がこれまでになってきた人物と，これからなろうとしている人物とどう違っているのだろうか？」「もし，私が違った話し方をしているならば，それはどんなふうに聞こえているのだろうか？」「自分以外の誰とも異なるやりかたで話すのは，どんな感じがするだろうか？」。自分らしく自然に話すことには逆説がある。それは（自分以外の誰かのふりをする必要がないという意味で）とても容易でありながら，（ある特定の瞬間における自分の全体性から現れる声を見出し／創り出すという意味で）相当に難事でもある。細心の注意を払うと，私たちは患者に話す言葉のなかに，私たち自身の分析家の声が紛れもなく残存していることに気づかされる。その種の話し方は，私のなかに「骨の髄」まで染みこんでおり，はるか昔に内在化され，その同化プロセスにすら気づかれぬうちに私たちの一部となっている。

　このような成熟体験の様式は主に他者への話し方のなかに現れるが，ここには分析家としての自分自身を見出し／創造しようとする努力のなかで，意識的・無意識的に自分と格闘する内なる側面も存在している。その人が聞く声は，主にその人の頭のなか（Smith, 2001）にあり，それは私たちの「幽霊 ghosts」や「先人／祖先 ancestors」のものである（Loewald, 1960, p. 249）。幽霊は私たちの自己意識に完全には統合されない形で私たちのなかに棲まい，先人は過去との連続性の感覚を私たちにもたらす。分析家になっていくプロセスのなかで，私たちは自身の分析家だけでなく，過去のスーパーヴァイザー，先生たち，そして，敬愛する執筆者たちから自分を解き放ち，それと同時に，彼らから学んだことを活かしつつも，真に自分らしい話し方を自ら「夢見て創り上げ dream up」ねばならない。ここには，自分自身を新しく生み出しながらも，その一方で自身のなかの情緒的な先人を創造的に活用する，という弁証法的な緊張がある。

　ある世代から次の世代への権威継承にともなわれる心的なジレンマについ

て，ローワルドほどにうまく描写した人は他にいないだろう。『エディプス
コンプレックスの衰退』のなかで，ローワルド（Loewald, 1979）は，成長（自
分らしい成熟した個人になること）には（比喩的な意味を超えて）自身の両
親を殺すと同時に，両親を不滅の存在にすることが求められると述べた。親
殺しとは，人が自分のために，自分に対して責任を負うひとりの人間として，
自分自身の場を主張する行為である。そして，両親を不滅の存在にすること
には（親殺しに対する贖罪行為 act of atonement ［親殺しと "ひとつになる
at-one-ment" こと］には），両親の変成的内在化 metamorphic internaliza-
tion がともなわれる。この内在化が「変成的」であるのは，両親が自身の一
部にただ変形されるだけではないことを物語っている。それははるかに豊潤
な類の内在化であり，両親自身のパーソナリティと彼らが置かれた状況によ
る限界の結果として，彼らがなりえたかもしれないがなりきれなかった姿を
もふくみこんだ両親像を自らのアイデンティティに取りこむことである。自
分が殺した親に対して，これ以上の償いがあるだろうか？（Ogden, 2006）。

　分析家になっていくプロセスにおいて，人は自分自身の分析的な親との関
係のなかで，親殺しに手を染めねばならない。その一方で，変形された親を
内在化していくなかで，その罪を償わねばならない。そして，人はこの変成
的内在化によって親の強さも弱さも認識し，その姿だけでなく，外的・内的
状況さえ許せばそうなっていたかもしれない彼らの姿をも自身のアイデン
ティティに取りこんでいく。

　次に紹介するオグデンの事例には，患者と分析家が互いに成熟を促進し合
う体験を共に生き，共に夢見た体験が描かれている。

　その分析家（オグデン）は，かなり長い期間，自分が患者に向けた質問や
コメントのほとんどすべてに「ええっと Well」という言葉を使っていたこ
とに気がついた。自分がこのような話し方をしていることに気づくのに時間
がかかったのは，それがあまりに自然だったからである。また，このような
話し方をするのは患者に対してだけで，スーパーヴァイジーに話すときやセ
ミナーでの会話，同僚とのお喋りなどはそんなふうにはしていないことにも
気がついた。そして，すぐにそれが自身の最初の分析家の癖を取り入れたも
のであることに思い至った。ただ，それを特に「直そう」とは思わなかった。

第 5 章　精神分析家になること　　121

なぜなら，彼はそのような話し方を自分が好きで尊敬している人との情緒的なつながりの証と捉え，自分にもそのように言い聞かせたからである。このとき彼が気づいていなかったのは，そのことを吟味する（このような同一化が，なぜ，彼の人生のその時期にそのような形で現れたのか，あるいは，なぜ，ある特定の患者たちとの営みなかのその時期にそれが現れたのかを考える）必要もないと感じている自分についてであった。

　この時期の彼が分析に取り組んでいた患者のひとりに，父親がその道で名を馳せた分野に自身のキャリアを進めていったAという男性がいた。彼は特にこの患者とのセッションにおいて——他患とのあいだでも同じような様子であったにもかかわらず——この当り障りもないと思ってきた自身の話し方の癖に違和感を覚えるようになった。こうした視点の転換は，数週間の時間をかけて，Aが父親と同じ分野に入ったことによる自分への影響を極力抑えようとしながらも，「私の分野」とか「私たちの分野」とは言わずに「彼の分野」という表現を何度も使っているのを聞くなかで生じてきたものだった。分析のこの時期に，Aは我が子のひとりが「まるで大人にでもなったかのようにふるまっていた」エピソードについて話した。分析家はその言い方がいつになくからかい口調であることに気づいたが，特に言及しなかった。ただ，そのふるまいに分析家は穏やかでない想いに駆られた。

　この時期のあるセッションの冒頭で，患者は自分が「父親の分野」に進んだことの影響を，分析家のほうがあまりに気にしすぎているように思うと不満を漏らした。分析家はこのテーマについて中立でいようと注意を払ってきたつもりでいたので，患者の非難に対して特に何も言わずに沈黙を保つことにした。このセッションの後半で，Aは次のような夢を語った。「ほんのわずかな振動から地震が始まったのですが，それは大地震の始まりであり，自分は殺されるに違いないと思っていました。家から避難する前に，持っていきたいものをいくつか集めようとしました。その家は自宅のようでしたね。私は1枚の家族写真に手を伸ばしました。実際にリビングのテーブル上に飾ってあるものです。フロリダで撮ったもので，私の両親とカレン（妻）と子どもたちが写っているものです。私はもう時間がないことに相当なプレッシャーを感じていました——息苦しい感じがあって，写真を守るために今際

122

の時を費やすなんて正気の沙汰ではない crazy とも感じていました。この窒息感は地震によるものではなかったのですが，そのような感じがあったんです。恐怖で目覚めたとき，心臓がバクバクしていました」（分析家にはまったく理由がわからなかったが，彼もまた患者が夢を語ったときに強い不安を感じていた）。

　夢について話すなかで，Aは「写真を撮ったのが自分でしたので，そのなかに私はいませんでした。私はそのなかの一員としてではなく，傍観者としてそこにいたのです」という事実に思い至った。分析家は次のことを伝えた。「最初，あなたは自分自身や自分にとって大切なものすべてが殺されてしまうに違いないほどに威力が増しつつある地震の始まりに怯えていましたね。夢の後半では，窒息死まであと一息 one breath だと感じていました。思うに，あなたは自身の人生から自分がいかに締め出されているのかというその感覚について，夢のなかであなた自身や私と語り合っていたのではないでしょうか。あなたはその家族写真を外巻きに見るしかない存在だったのに，それでもなお，たとえそこが外巻きの場であったとしても，あなたは自分のために最後の一息を使ってその場を守ろうとしたのですね。そして，夢のなかでは，そのような自分を正気の沙汰ではないと感じたのですね」。

　このようなことを伝えているうちに，分析家のなかに "夢を語るなかでAは分析家さえをも傍観しているのではないか" という考えが浮かんできた。地震によって「殺されるに違いない」ことがわかったという患者の発言には，単に分析家も同じところに注目し，同じ言葉を用いたという話だけではすまされない何かがあった。そこには確かに「殺される」という抜き差しならない感覚があった。ここから分析家はAが分析家のなかで起こっている何らかの事柄に反応しているのではないか，それは自分の話し方の変化と何かつながっているのではないかと考え始めた。患者は分析家が音声チックのごとき症状を発症し，それを自分が求めるような分析家であることを阻む，分析家のなかの狂気の現れと捉え，そのことを恐れているように思われた。分析家もまた分析家としての自身の生や（患者が何年もかけて馴染んでいくことになる）自分らしい話し方から締め出されていたとすれば，同じような課題を抱えるなかで，いったいどのようにして分析家は彼を支えることができる

第5章　精神分析家になること　　123

というのか？

　ただ，この夢の語りが，分析家の話し方が相当異質なものになっていることを察したAによる初めての無意識的なコメントだとは思えなかった。また，この夢がこの分析作業のなかできわめて重要なものとなったのは，それが他の夢で扱われていた情緒体験と大きく異なっていたからというわけでもなかった。そうではなく，分析家のなかの不吉な変化を感じ取った恐怖について話そうとする患者の無意識的な試みと思えるものに，分析家が初めて耳を傾けることができ，それに反応することができたからこそ，この夢は重要なものとなったのである。ふりかえると，（分析家が理解するようになった）この "症状" の源は，確かに人として，分析家として成熟していく彼の能力を左右していた。さらにふりかえるなかで，自分の子どもが「まるで大人にでもなったかのようにふるまっていた」ことに対する患者の容赦ない指摘が，自分こそが子どもであると感じていることへの患者の自己嫌悪の感覚を分析家に伝えようとするコミュニケーションとなっていたことにも気がついた（私たちは夢を患者のみに帰属させることはできず，患者と分析家によって共同構築される無意識的な主体——「分析の第三主体 the analytic third」（Ogden, 1994）——によるものだと捉えている。分析関係におけるテーマを夢見るのは［個々の夢見者としての患者と分析家に加えて］この第三主体である）。

　自分が家族写真を外巻きに眺めている存在であるという患者の無意識的な観察と，その夢を聞いているときの自らの不安に対する分析家の気づきが結びつくなかで，分析家は自身の最初の分析家を模倣していることの意味について自分自身と対話しながら考え始めた。自分が借用してきた話し方に関する新たな気づきのなかでもっとも印象深かったのは，その一貫して不変的なありようだった。その話し方はあらゆる情緒的状況においても，まったく異なる患者たちとの，まったく異なる会話においても，首尾一貫して変わらなかったのである。このいかにもありきたりな generic 話し方の没個性的なありようは，彼（オグデン）が相当に長い期間，薄々感じながらも言葉にしてこなかった彼の潜在的な感覚を反映しているように思われた——最初の訓練分析のあいだ（その後もそのように感じられてきたわけだが），彼は自分の

分析家が彼の大切な部分を理解する際にきわめてありきたりな考え方をし，そこには彼自身やその分析家自身のパーソナルなものは何もないと感じていた。最初の分析家の彼に対する理解は揺るぎない感じがあり，そして，だからこそ何か重要なことが見落とされている感覚があった。この両方の感覚が夢のなかの写真にも反映されていた。その写真もまた決して変わりえず，撮影者をそこにふくんでいなかったからである。彼は自身の最初の分析家にいくらか失望していながら，しかし，主に感じていたのは恥の感覚だった。その没個性的な理解のありようを意識化し，それに異議を唱える勇気がなかったことを彼は恥じていた。その夢のなかで，夢見者はその写真を守るか，自身の生を救うかの選択を迫られていた。分析家は自分が暗に写真の——自分のなかの固定化された分析家イメージの——救出のほうを選んでおり，その結果，自身の生命感を放棄していたことに気がついた。

　このような考えや，その後の数週間，数ヵ月間にわたって練られたその他のさまざまな考えをもとに，分析家は遂に「自分の分野」ではなく「父親の分野」へとキャリアを進めていった（たとえそれが父親も働いていた分野であったとしても，それでもなお「自分の分野」であるとは思いきれなかった）ことに対する A の恥の感覚（自分自身に背き続けていることにともなわれる恥の感覚）について話し合うことができたのだった（この事例については，本章の後半でふたたび検討する）。

コンサルタントへの事例提示

　実践にて苦しい臨床状況に至ったとき，分析家が信頼できる同僚に助けを求めることはよくあることである。このような状況下で自分に耳を傾けることは，患者や，研修生や，スーパーバイジーと話すこととは大きく異なっている。コンサルタントと話すとき，分析家は患者と接するときのように相手のことを理解しようとはしない。分析家がコンサルタントと作業するときには，成熟の勾配 gradient of maturity（Loewald, 1960）は反対方向へと傾けられる。分析家は明確にコンサルタントの助力を求めており，ゆえにここでは分析家の不安や懸念が中心に置かれることになる。このとき強調されるのは，その分析家の**わからなさ**である。分析家の理解の欠落は——彼のなかの

第 5 章　精神分析家になること　　125

自己不信，不安，恐れ，恥，罪悪感，退屈さ，盲点，情欲，羨望，憎悪，恐怖は——"信じること act of faith"のなかで，すべからく同僚に曝け出される。自身の（分析家としての，そして，ひとりの人としての）限界を味わい，それがコンサルタントによって受けとめられることは，その分析家を謙虚さや自分に対する好奇心へと向かわせ，自分を分析することは一生涯の課題であることを自覚させる。そして，このことが彼のアイデンティティの形成に寄与する。分析家のアイデンティティには幼少期からの葛藤，アンビヴァレンス，憧憬，恐れなどがふくまれ，さらにここには，彼の個人分析がそもそもに彼を分析的な営為へと引き寄せた内的な苦悩をいまだ乗り越えさせたわけではないという事実と折り合っていく試みもふくまれている。そして，分析家のもがき苦しむ様子にひるむことなく，ウィニコットのいう「ほどよく good enough」（1951, p237）それを支えるコンサルタントの姿は，その分析家に，他者はその苦しみを受けとめることができ，そうであるからこそ，自分が目指す包括的な理解や治療的な成果への歩みはまだまだこれからであることを確認させてくれる。

分析家が生きる体験のなかには，その体験に心的に機能していく彼のキャパシティを凌駕するものがあり，多くの場合，その種の体験は患者との出会いのなかに立ち現われる。分析家が患者も自分もいま直面している問題に対処しきれないと感じたときにコンサルテーションを求めることは，必要不可欠なコンテイナーの提供となる。本稿の執筆者のひとりであるギャバードは，ある執拗な自殺願望を抱える患者を何年ものあいだ受けもっていた。分析家は患者の死にたい気持ちにはらまれるさまざまな動機や意味を理解し，コンテインし，解釈をして最善を尽くしたが，それにもかかわらず患者は自殺企図を続けた。

分析家がこの窮地についてコンサルタントに提示したところ，コンサルタントは次のことを指摘した。すなわち，分析家は自分が良かれと思ってやっていることがすべて無駄になり，治療に取り組んだとしても患者はその生を終えてしまうかもしれないという考えを払拭しようとしているのではないか，と。コンサルタントは，分析家を万能的にコントロールしようとする患者の対人的空想の実演に分析家は苛立っており，それと同時に患者の自殺を

阻止しえない自身の無力感を受け入れることができないことにも苛立っていることを強調した。究極，自殺は分析家の願望や要望とは無関係に，患者自身が選択するものである。コンサルタントのコメントを聞くことで，分析家は自分が恐れていた考えに取り組めるようになり，それを解毒する——分析家によって事が現実的に考えられ，究極のところ自殺を止めえないということが治療というものの本来的な性質であることが受け入れられ，この状況を"自分の生死について発言権がない"という患者自身の感覚を伝達するものとして聞いていく——方法が提供された。

　分析家のこころは患者の内的世界によって植民地化colonizedされていたが，その支配が弱まるにつれ，分析家は自分のなかに思い描かれていた「精神分析」が，患者の揺るぎない死の願望によって妨げられていたことにも気づき始めた（Gabbard, 2003）。多くの分析家がそうであるように，彼もまた分析的な関係というものに対して——ある特定の形の対象関係が生成されるという——強力な無意識的空想を思い描いていた。その関係とは，分析家は献身的で無私の癒し手であり，患者は徐々に改善し，最終的には分析家の助力に感謝を示すといったものである（Gabbard, 2000）。しかし，この自殺願望のある患者は，こうした無意識的な協定unconscious contractに同意せず，分析家の救済願望などおかまいなしに——おそらくは気づいてすらおらず——ひたすら自己破壊の道を邁進していた。さらに考えていくと，分析家は自分がある転移的な立場に追いやられていたことにも気がついた。それは後にシュタイナー（Steiner, 2008）によって示された，自分が患者にとって主要な対象となっていないことに憤慨する"排除された観察者excluded observer"に位置づけられるという事態である。

　また，このコンサルテーションにより，分析家は自身の発達早期の体験とも連動し，キャリア選択にも関わってきた，無意識の重要な決定因子についてもふりかえることができた。すなわち，彼は他者や自分自身の避けえない老いや死を目の前にしたときの己の無力感について感じ入ることができた。自身の魔術的な願望と向き合い，最終的には他者が（あるいは自分自身についても）することをこちらが決めることなどできないという事実を認識したのだった。このことは分析家として成熟していくうえできわめて重要な要素

となった。分析家として己を知ることは，患者に影響を与える自分の力には限界があることを知ることでもあり，そのような知をもとに（分析家と同じように）自身の限界に直面している患者の語りを聞き，対応していくことが可能となるのである。

自己‐分析の主たる媒体としての分析的な営み

すべての分析は不完全である。フロイト（1937）が強調したように，ほとんどの終結は"葛藤の解消"などの明確に規定された終着点にはなりえず，もっと現実的な問題である。今日では（患者が「完全」な分析を達成できるよう支えていくという理念のもと）分析を「終結」しないことが広く受け入れられている——むしろ，患者と分析家は重要な心的作業がそれなりに達成されたと感じ，目下の作業がふたりの別れであると感じられる岐路に立った時点で，その体験を終えていく。換言すると，転移には終わりがなく，逆転移にも葛藤にも終わりはなく，精神分析における生成的な体験は患者の一生涯続くプロセスを始動させる。

分析家の自己‐分析は，信頼を寄せるコンサルタントとの対話とはまったく正反対の役割を果たしている。コンサルタントと作業していく対人的な体験は，自分ひとりで自分の考えについて考える孤立的な時間——静かな車内での時間，明け方の天井をぼんやりと眺めている時間，面接室でいまだ現れぬ患者を待っているプライベートな時間——によって区切られる。分析療法は患者と分析家双方の——しばしば不確かで，アンビヴァレントな——内的生活の探求を開始させる。自己‐分析もそうしたプロセスに寄与するが，この場合は自分ひとりの作業となり，どれだけ自分が見出したものをひるむことなく見ていこうと決意しても，常に目標物には届かない。このような観点からすると，分析の終結や，あるいは自己‐分析的な作業やコンサルタントとの分析的作業をひとまず「終える」ことは，無意識的な葛藤が解消されたゆえになされるというよりも，その分析的作業を行う主体が自らの体験を（かなりの程度）自分で考え，夢見ることができるようになったときになされるのだろう。

書くことのなかで，自分が何を考え，どのような人であるのかを発見し，創造すること

　書くことは考えることのひとつの形態である。書くということにおいて，しばしば人は考えていることを書くのではなく，書いていることを考えている。このとき私たちは自身の筆先からアイデアが湧き出るような感覚を覚え，アイデアが無計画なままに発展していくのを眺めることになる（Ogden, 2005）。とはいえ，書くことは必ずしも孤独な営為ではない。分析的な論考のなかには，読み手のことを思い浮かべながら書き進められているものがある。ここでの文章の転換を，あるいは理論や技法に関する根本的に新しい見方を，読者がどのように受け取るのかを空想し，その空想がそのページに現れるものを形作り，それに作用する。だが，その一方で，創造的なプロセスの多くは孤立的に発展していく。人はさまざまに異なる状況で，何度も何度もアイデアの種となるものについてひとりで考える。このような思索は数日，数週間，場合によっては数年にわたって続けられる。ほとんどの執筆作業は，自分が語りたいことを静かに熟考することと，潜在的な読者の反応を想像することとのあいだを揺れている。フロイトの論考には想像上の観衆がつきものである。彼は幾度となく架空の懐疑的な観衆を登場させ，自身の主張に対するその観衆／読者の反論を巧みに予想し，説得力ある論を提示する。

　テクストが共著である場合，このプロセスはさらに複雑化する。他の書き手との共同作業は孤立的な思索や想像上の読者とのやりとりに加え，共著者に対する特別な感性が求められる——各々の文章がひとりのものではなく，ふたりの著者を表すものになっている必要がある。

　この章の執筆中にそうした共同作業の一例が現れた。当初の私たちはこの章を次のような考えをもとに始めていこうとしていた——こころの問題の治療法である精神分析を規定するのは "転移と抵抗の理解にもとづいて機能していくことである" というフロイトの1914年の考えを更新していくという考えである。これは私たち双方が共有するアイデアだった。精神分析に対する私たちの定義は1914年のフロイトの考えからどのように発展してきたのか，あるいはそこにどのような断絶があるのかを描き出すつもりであった。私たちはこの共同プロジェクトに夢中になって取りかかった。だが，そのう

第5章　精神分析家になること　　129

ちに私たちのどちらからも期待していたような言葉が自由に流れてこないことに私たちは気づき始めた。

　このままでは埒が明かないと感じたため，私たちはフロイトの1914年のテクストを再読し，研究することにした。この論考の大半はフロイトの前提となる理論から逸脱したユングに対する痛烈な批判と，精神分析の創始者は唯一自分だけであるという猛烈な主張に割かれており，そのことを認識するにつれ，私たちのなかに大きな失望が広がっていった。そのなかで私たちは，フロイトの論調に示された防衛的な態度は，精神分析の原作者である自分と競合する主張に対する彼の不安と，自分が考案し，「精神分析」と呼び続けてきたものをユングが覆してしまうことへの恐れを反映しているのではないかと理解するようになった。私たちはフロイトのこころの成熟過程のなかでも，特に暗雲立ちこめる時期に書かれた文献をつかんでしまったのである。

　熱が冷めるにつれ，私たちは本章のテーマを再考せざるをえなくなった。自分たちにとってもっとも差し迫った課題は，精神分析の現代的な定義の提示ではないことがはっきりするまで，私たちは行きつ戻りつ修正を繰り返した。むしろ，こうした共同作業そのものが，私たちがそれぞれに30年以上にわたる実践のなかで，精神分析家としてどのように進展してきたのかを明らかにする役割を果たしていた。私たちはそれぞれが分析家としての感性をどのように進展させながらここまで至ったのかをじっくりと話し合った。そのなかで，分析的な訓練の経過や最初の数年間における成長体験についてはいくつかの点で大きく異なっていたが，私たちの仕事の進め方や分析家としてのありようについては大いに重なるところがあることがわかった。私たちは20年来の付き合いになるが，このような議論を経て，お互いを新たなやりかたで知ることになった。とはいえ，ひとつの章を共著することで何を成し遂げたいのかを決めていく作業については，ただ語り合うだけでは事足りなかった。自分の考えを書く（より正確には，書くという行為それ自体のなかで，自分たちが考えていることを自分たちに見せる）ことを繰り返すことでのみ，自分たちが何をしたかったのかを最終的に見極めることができた。とにかくページに言葉を載せることで，私たちはまだ形を成していない思考や感情を，概念やアイデアへと——共著による分析的な章の形にすることで

伝えたいことへと——変形するのを余儀なくされたのだった（と同時に，自由にもなった）。

　私たちの見方に読者がどのように反応するのかを鑑みるなかで，私たちは自分たちの成熟体験が他の分析家には共有されない可能性があることにも思い至った。杓子定規な論調にはしたくはなかった。ゆえに，自分たちの考えを普遍的なものとして示すのではなく，あくまで私たち自身の経験の記述であるよう努めた。このように自分自身と対することで明らかとなったのは，私たちがもっとも重視する精神分析家の資質は，その人独自の，その人ならではのパーソナリティをいかに活用していくかということにかかっている，ということだった。

　共著者との共同作業には，ひとりの著者の臨床素材に対して（その人がそれを望むかどうかは別として）「外側」からの視点を供給する編者もしくはコンサルタントがそこにいるという体験がふくまれている。本章を共同執筆する過程にて，私たちのひとり（オグデン）は，共著者（ギャバード）に先の地震の夢の事例もふくむ草稿を送った。すると，ギャバードはこの事例全般に関する——特に夢についての——自身の考えを（文書で）送ってきた。その内容は以下のようなものだった。

　　夢は患者だけのものではなく，共同構築された主体によるものであるというご指摘には深く同意します。私もこの夢は彼のものであると同時にあなたのものでもあると感じました。夢に関する私の空想は次のようなものです。たとえ，あなたが自分の分析家からありきたりなやりかたで扱われてきたことを察したとしても，やはりあなたはその分析家の話し方に頼ることで，ある種の保護を——もしかすると，安全な港のごときものだったのかもしれません——得てきたように思うのです。そうすることで，あなたは分析家から切り離されることもなかったし，彼を失うことの痛みに耐える必要もなかったのではないでしょうか。私はフロイトの有名な発言，すなわち「自我が対象を手放す唯一の方法は，対象を内に取りこむことである」を思い出しました。すると，この地震は，あなたが自分のなかに創り上げた家から——それはあなたの分析家のオ

第5章　精神分析家になること　　131

フィスという安全港とか，内在化された存在といったものになりますが
——引き剥がされ，自分自身の声で話さねばならない世界へと投げ出さ
れつつあることに患者が気づき始めたことを示しているようにも思えま
す。そして，その水準において，患者もまた父親の「家」から自分が引
き剥がされつつあると感じていたのでしょう。あなたのなかで起きてい
たことは，彼のなかで起きていたことと強く共鳴していたように思いま
す。ただ，このような理解を論文には追記しませんでした。というのも，
これは純粋に私の憶測にすぎず，あなたの体験とは合致しないかもしれ
ないからです。

　この引用が示すように，臨床素材に関する共著者の見方は，記された分析
的な局面の実際のありようと「合致」するかどうかを確認するために，事例
提供者側の考えでもって再度見直されねばならない。だが，オグデンは自身
の執筆過程に対するこのような「干渉 interference」に不慣れであったため，
ギャバードの予期せぬコメントに動揺している自分に気づいた。オグデンが
ギャバードの覚書によって自分のなかに喚起されたものをより深く考え抜い
たうえで（文書で）返信できるようになるまで，実に 2 ヵ月以上ものあいだ
それを「寝かせる sleeping on」（夢見る）必要があった。

　　Aとの作業に関する私の説明を読み返すと，患者の夢のなかの写真
　がもつ不変性に，私は確たる感覚 reliability ではなく，ただただ停滞し
　ている感覚だけを見取っていたことに気づきました。また，写真のなか
　の撮影者の不在は，慎み深く控えめな姿としてではなく，考え／感じる
　人間の欠如としか感じ取れていませんでした。この短い事例についての
　あなたのコメントは，私がこの事例を書いているあいだもずっとそこに
　あったものを理解するのに役立ちました。それは私の最初の分析家がそ
　なえていたふたつの優れた資質——ひとつは分析が試練を迎えたとき
　も，彼自身の人生が難しいこととなったときも，たえず情緒的に存在し続
　けようとする彼の気構えであり，もうひとつはセッションのなかで私が
　自分自身で心的な作業を進めているときに「邪魔をしない」（そして，

反射的に転移解釈をしない）彼の能力——に対する深い感謝の念です。

　ここでオグデンが述べた情緒体験は，Ａとの営みにおける彼の記憶と，その体験について記したギャバードのコメントの両方に対するカレントな応答であると私たちは考えている。このような共著者間のやりとりは，双方にとって価値ある成熟体験の一種となっていた。

即興に身を投じる Daring to improvise

　私たちは患者一人ひとりに対して，これまでになったことのない分析家になる責任を負っている。そのためには，私たちは台本を捨て，これまでに一度も経験したことのない会話へと入っていく必要がある（Hoffman, 1998；Ringstrom, 2001）。たとえば，患者がある映画について言及したときに，「映画全編を通して，ほとんど何も語られていないように私には感じられました」といった形で応じることがそれに該当するかもしれない。あるいは，安心感を求める患者が暗に醸し出すものに応じず，分析家の声さえ聞かせることなく，ただ沈黙を保ち続けることがここでいう即興となるかもしれない。無論，即興とは演劇のメタファーである。かつてロシアの偉大な演劇指導者であったコンスタンチン・スタニスラフスキーは次のように述べた。「起こりうる最高の事態は，俳優が芝居に完全にのめりこんでいる状態だ。このとき俳優は自分の意志とは無関係にその役を生き，自分が感じていることに気づくことなく，何をしているのかを考えることなく，すべてが潜在意識のままに，直観のままに，勝手に動いていくことになる」（1936, p13）。同様に，分析家として成熟していく際も，自分がセッションのある局面に（その分析の無意識のなかに）巻きこまれ，セッションという音楽に乗せられていくことを徐々に受け入れられるようになることが肝要となる。精神分析は地図通りに進めたり，計画立てたりできるものではない。事はひとつの部屋を共にする，ふたりの人間のあいだで起こる。そして，その出来事の意味が検討され，理解されていく。分析家はその局面における「ダンス」に参加することで，自分たちがどのような人間であるのかをより深く学んでいく。その分析がどの程度「生きている alive」のかは，分析関係における無意識を即興し，

無意識によって即興される，分析家の構えと能力にかかっている。

自分自身の心的平衡に揺さぶりをかける分析家の無意識的な努力

　そのときにはあてになり，確かな感じがあり，信頼できると思えていたことが，次第にあまりにも安易で，陳腐で，予定調和的なものになることがある。私たちは患者とのセッション中に，分析家であることに胡坐をかいている自分にはたと気づくことがある。このようなセッションにおいて生じる「あやまち errors」は，多くの場合，私たちのなかのもっとも健全な部分の表れとして捉えることができ，この種の「警告」を活用できれば，それは私たちの成熟にとってかけがえなきものとなる。ここでいう「あやまち」とは，たとえば分析家がセッションに遅れることやセッションを早く終えてしまうこと，セッション中の居眠り，待合室にいる患者に対して別の患者が来ていると思うことなどの事柄である（ここでのあやまちには，患者とのセックス，守秘義務違反，患者とビジネス関係を構築するなどの境界侵犯［Gabbard and Lester, 1995］はふくまない）。こうした境界侵犯をともなわない「あやまち」の多くは，分析家自身を縛りつけている心的平衡を揺さぶり，分析家としての役割のなかで自分がいかに停滞しているかに気づかせようとする，分析家のなかの無意識的な試みを表している。

　私たちは独創的 original であることを自らに課している——それはナルシシスティックな顕示欲という意味ではなく，患者やバイジーと共に世界中のどのようなふたりにも起こりえないようなやりかたで，静かに，着実に，着飾ることのない会話に入っていく必要性があるという意味で，そうあろうとする（Ogden, 2004a）。無論，これもまた強制されたならば，ただただ空虚な作為性が顕わになるだけだろう。本物性 authentic を全うしていく「分析スタイル」（Ogden, 2007, p1185）の開発は，すべての分析家が自分らしい分析家になるために継続していく努力の一部である。人は原理主義や伝統主義，自身の無意識に蔓延る不合理な禁止事項といった束縛から時間をかけて脱皮 shed しようとする苦心に満ちた試みを通じてのみ，「独創的」になるという感覚に至ることができる（Gabbard, 2007）。分析家がその主者として，あるいは従者として理論と格闘することは，この種の試みに欠かせないものであ

る。サンドラー（Sandler, 2003）は，一人ひとりの分析家はさまざまな理論から，その人独自の主体性やその人独自の分析的アプローチと合致する部分を借り受けて，その人なりのアマルガム private amalgam や合金モデル mixed model を発展させていくと述べており，私たちもその見解に賛同している。と同時に，分析家は患者とのいまここにある体験から学べるように，自分がわかっていると思っていることや「わかりすぎている」ことを忘れるよう努めねばならないというビオンの考えにも賛同する。かつてビオン（Bion, 1987）は事例提供者にこのように話したことがあった。「私は（理論をあてに）するかもしれない……私があまりに疲れていて，何が起きているのかまったくわからないときには，だが」（p58）。

人がどのように成熟し，老いていくかに目を向け続けること

　年齢を重ねるにつれ，人はこれまでにはできなかったようなやりかたで経験から何かを語ることができるようになる。多くの場合，人は自分が変化したことに後から気づく——たとえば，患者に対する自分の話し方を聞くことでその変化に気づかされる。理想的には，分析家は若さの喪失や老いと死の不可避性を，考え抜かれた生を進みゆくひとりの人間として存在するための新たな形として認識し，受け入れ，それを抱き締めさえしながら，喪の過程に携わっていく。こうして分析家は患者が自身の喪失体験とどのように向き合い，どのように回避してきたのかを，より深く味わうことが可能となる。

　このような成熟プロセスは分析設定の内でも外でも生起する。日々面接室に姿を現す分析家は，（観念的には）前日に姿を現した分析家と完全に同一ではない。その分析家自身が愛する者を失い，自身の人生の大切な時期——子どもたちとひとつ屋根の下で暮らした時代や両親が生きていた時代——が終わりを迎えることに付随する悲しみに導かれていくまでは，患者の悲しみを十全につかむ分析家のキャパシティはやはりどうしても一定の限界を来すように思われる。

分析家になることの難しさ

　分析家が分析家として「成長していくこと」を恐れる要因や，そのような

第 5 章　精神分析家になること　　135

恐れから我が身を守ろうとするやりかたは，それこそ無数にある。ただ，本章ではそうした恐れや防衛を探求するのはおろか，列挙することさえできない。以下の段落では，分析家が成熟体験の可能性から逃避するいくつかの例と，その種の体験に対する防衛形態を紹介してみようと思う。

　ある分析家は自分がひとりの人としてあまりにも実体がない感じがしているゆえに，自分自身の声を発展させえないことを恐れたり，自分の言葉をもちながら分析家になることで味わうだろう孤独の感覚に怯えたり，不確かなものをじっくり認識していくことでもたらされる耐え難い混乱に慄いたりするかもしれない。また，ある分析家は自分の言葉で自分を定めていくことを避けるために，「分析的な権威」に対して思春期的に反抗することで，あるいは本当は経験不足による至らなさを痛感しているにもかかわらず，早い時期からいかにも経験豊かそうな声で話すことで，さらには特定の分析学派に，自分の分析家に，理想化された分析的な著者に強く同一化することによって偽りの確からしさを宿すことで，このような恐れや諸々のことから我が身を守ろうとするかもしれない。最後に忘れてならないのは，私たちのなかには精神分析を愛すると同時に，憎んでいる部分もあるということである (Steiner, 2000)。（患者や自分たち自身との）分析的な作業に専心し続けることは，不確実なものに身を委ねるだけでなく，他者や私たち自身のもっともありえない least like 部分に向き合っていくことでもある。

結びのコメント

　本章では，私たちの成熟体験のいくつかを描写し，それを理論的な観点をもとに眺めてきた。ここに述べたことが自分自身の分析家としての成熟体験の理解へとつながった読者もいれば，そうでない読者もおられることだろう。実際，本章で繰り返されてきたテーマは，患者や，同僚や，研修生に対してありきたりの言葉で話していくことは，（自分自身として考え，話すことに失敗しているという意味で）精神分析的ではない anti-analytic ということであった。この章の冒頭で引用したビオン（1987）の発言が示すように，分析家になっていくことは，理論に縛られず，他者との同一化に振り回されない

方向へと進展することでもある。「あなたがなる分析家はあなたそのものであり，あなただけである……そのあなた独自のパーソナリティこそ，あなたが使うべきものである」（p15）。精神分析的な言説は，その人ならではの特別な体験のなかにある，ユニークで，特異的で，生きた何かと関わっている——分析家になることは，他のどの分析家とも異なる，きわめてパーソナルなアイデンティティの創造を必然的にともなっている。

　ただ，ここで強く強調しておきたいことは，このような理想に則して生きようとすることの難しさである。私たちの意識的・無意識的なしがらみは，自分がわかっているつもりのものと強力に結びつけられている。このようなしがらみを（少なくともかなりの程度まで）乗り越えていく苦闘は，それぞれのセッションで私たちが自分自身に対して求めるものである。私たちの経験では，分析家がそのバランスを崩しているときこそ，もっとも分析的に機能しているのである。

註1　本章はグレン・ギャバード（Gabbard, G. O.）医学博士との共著である。

文　献

Bion, W. R. (1962a). Learning from experience. In Seven servants. New York: Aronson, 1977.

Bion, W. R. (1962b). A theory of thinking. In Second thoughts (pp. 110–119). New York: Aronson, 1967.

Bion, W. R. (1970). Attention and interpretation. In Seven servants. New York: Aronson, 1977.

Bion, W. R. (1987). Clinical seminars. In F. Bion (ed.) Clinical seminars and other works (pp. 1–240). London: Karnac.

Freud, S. (1914). On the history of the psychoanalytic movement. S. E., 14, 1–66.

Freud, S. (1937). Analysis terminable and interminable. In S. E., 23, 209–253. Gabbard, G. O. (2000). On gratitude and gratification. Journal of the American

Psychoanalytic Association, 48, 697–716.

Gabbard, G. O. (2003). Miscarriages of psychoanalytic treatment with the suicidal patient. International Journal of Psychoanalysis, 84, 249–261.

Gabbard, G. O. (2007). "Bound in a nutshell": Thoughts on complexity, reductionism and "infinite space." International Journal of Psychoanalysis, 88, 559–574.

Gabbard, G. O. and Lester, E. P. (1995). Boundaries and boundary violations in psychoanalysis. Washington, DC: American Psychiatric Publishing.

Hoffman, I. (1998). Ritual and spontaneity in the psychoanalytic process: A dialectical constructivist view. Hillsdale, NJ: The Analytic Press.

Loewald, H. (1960). On the therapeutic action of psychoanalysis. In Papers on psychoanalysis (pp. 221–256). New Haven, CT: Yale University Press, 1980.

Loewald, H. (1979). The waning of the Oedipus complex. In Papers on psychoanalysis (pp. 384–404). New Haven, CT: Yale University Press, 1980.

Ogden, T. H. (1991). Some theoretical comments on personal isolation. Psychoanalytic Dialogues, 1, 377–390.

Ogden, T. H. (1994). The analytic third: Working with intersubjective clinical facts. International Journal of Psychoanalysis, 75, 3–20.

Ogden, T. H. (1997). Reverie and interpretation. Psychoanalytic Quarterly, 66, 567–595.

Ogden, T. H. (2004a). This art of psychoanalysis: Dreaming undreamt dreams and interrupted cries. International Journal of Psychoanalysis, 85, 857–877.

Ogden, T. H. (2004b). On holding and containing, being and dreaming. International Journal of Psychoanalysis, 85, 1349–1364.

Ogden, T. H. (2005). On psychoanalytic writing. International Journal of Psychoanalysis, 86, 15–29.

Ogden, T. H. (2006). Reading Loewald: Oedipus reconceived. International Journal of Psychoanalysis, 87, 651–666.

Ogden, T. H. (2007). Elements of analytic style: Bion's clinical seminars. International Journal of Psychoanalysis, 88, 1185–1200.

Ringstrom, P. (2001). Cultivating the improvisational in psychoanalytic treatment. Psychoanalytic Dialogues, 11, 727–754.

Rosenfeld, H. (1987). Impasse and interpretation: Therapeutic and anti-therapeutic factors in the psychoanalytic treatment of psychotic, borderline and neurotic patients. London: Tavistock.

Sandler, J. (2003). Reflections on some relations between psychoanalytic concepts and psychoanalytic practice. International Journal of Psychoanalysis, 64, 35–45.

Smith, H. F. (2001). Hearing voices. Journal of the American Psychoanalytic Association, 49, 781–812.

Stanislavski, C. (1936). An actor prepares (E. R. Hapgood, Trans.). New York: Theatre Arts Books.

Steiner, J. (2000). Book review: A mind of one's own by R. Caper. Journal of the American Psychoanalytic Association, 48, 637–643.

Steiner, J. (2008). Transference to the analyst as an excluded observer. International Journal of Psychoanalysis, 89, 39–54.

Winnicott D. W. (1951). Transitional objects and transitional phenomena. In Through Paediatrics to Psycho-Analysis (pp. 229–242). New York: Basic Books, 1958.

Winnicott, D. W. (1952). Transitional objects and transitional phenomena. In Through Paediatrics to psycho-analysis (pp. 229–242). New York: Basic Books, 1958.

Winnicott, D. W. (1958a). The theory of the parent-infant relationship. In The maturational processes and the facilitating environment (pp. 37–55). New York: International Universities Press, 1965.

Winnicott, D. W. (1958b). The capacity to be alone. In The maturational processes and the facilitating environment (pp. 29–36). New York: Inter national Universities Press, 1965.

Winnicott, D. W. (1963). Communicating and not communicating leading to a study of certain opposites. In The maturational processes and the facilitating environment (pp. 179–192). New York: International Universities Press, 1965.

第6章
意識性という「贈り物」，その暗きアイロニー
──カフカの『断食芸人』──

プロローグ

　カフカとボルヘスの物語は，20世紀および21世紀初頭の人類の考え方そのものを大きく変えてきた。彼らの作品を読んだ人はごくわずかかもしれないが，それでも彼らの物語は神話の力を獲得している。人がそれを読んでなかろうが聞いてなかろうが，神話というものはその人が生きる文化に強い影響を及ぼす──神話とは文化の夢である。カフカやボルヘスが書いたものは，彼らが生きた時代の生の鼓動の一部であり，その夢の側面を彼らは言葉や物語に託した。彼らの物語，小説，詩を読むことは，単にその読者の考えに影響を与えるだけでなく，その思考構造そのものを，その文化成員としての物の考え方そのものを変化させる。そして，その変化した思考法により，文化は新たな夢を夢見ることが可能となる──その文化が創り出そうとしている心的変化をコンテインするうえで不可欠となる新たな神話を創造する。

　カフカやボルヘスの物語は──**カフカ風 Kafkaesque，ボルヘス風 Borgesian** と名打たれる──新たな言葉を生み出した。その新たな言葉とは，意識的な何らかの象徴内容とは対照的に，主にマトリクス──背景となる情緒的な場──に存在する人間の意識性の特殊な性状を名指す言葉である。ここで私は**意識性 consciousness** という用語を，人が人間的な形で自分に気づいていく human self-awareness キャパシティを，そして，自分の気づきそ

141

のものに気づいていくキャパシティを，その人の思考，感情，行動をその人がその人自身の思考，感情，行動として体験しうるキャパシティを示すものとして用いている。意識性が欠落すれば，人は自分で作り出したものではない夢／神話内の一人物にすぎない存在と化す。

　私はこのエッセーを二部構成にしており，第一部，すなわち本章では，カフカと彼の物語である『断食芸人』(1924) について記し，第二部（第7章）では，ボルヘスとその小説『バベルの図書館』(1941) について記している。このエッセーのふたつのパートそれぞれで著者の成育史の素描を提示しているが，それは彼らの物語をクロース・リーディングするためのコンテクストの役割を果たしている [1]。成育史とクロース・リーディングを並置させるのは，そのテクストを用いて著者のことを分析するためではない。あるいは著者の人生の無意識的な部分への推論を軸にテクストを分析するためでもない。そうではなく，私が期待しているのは，成育史とテクストの読解を並置することで，読者のこころのなかに両者の生きた会話が生成されることである。無論，私もまたその「会話」における私自身の体験の一部を伝える言葉を探そうと努めてはいるが，その作業とそこにある喜びの大部分は読者に委ねておきたい。

　このエッセーの第二部（第7章）のエピローグでは，カフカとボルヘスが人の意識性に潜在するジレンマを，書くという体験と読むという体験のなかでそれぞれどのように創り出しているのかを，そして，その物語の（著者のパーソナリティと人生体験の重要な側面を反映している）登場人物たちがその種のジレンマにどう向き合うのかだけでなく，そのジレンマと共に何か独創的なことをしようと大いにもがく姿をどのように創り出しているのかを比較してみたいと思う。

カフカ

　フランツ・カフカは，彼にとってもっとも重要なふたつのこと，すなわち書くことと一人前の大人になることにおいて，常に自分を落伍者と見做し，その短い生涯の大部分を自虐的に過ごした。彼がその生涯で出版したのはほ

んの数冊の物語のみで，三冊の未完の小説は出版に至らなかった。彼自身，自分の作品のほとんどのものが出版に値しないと考えていたからである。また，それぞれわずか2年しか続かなかった二度の期間を除いて，彼は独居するゆとりがあったにもかかわらず，両親のもとで生涯を送った。婚約の機会は三度あったが，いずれも破談し，結婚することも子をもうけることもなかった。

　カフカの知的で情緒的な人生に関する主たる情報源は三つある。ひとつは1910年から1923年にかけて彼がつけていた詳細な日記である（『カフカの日記1910-1923』[Kafka, 1964] として，マックス・ブロートによって集められ，編集され，出版されたものである）。他には友人や出版社に宛てた1000通を超える手紙と，カフカのもっとも親しい友人であったマックス・ブロートによって記された伝記（1960）である。

　1883年，カフカはプラハの比較的裕福な中産階級のユダヤ人一家にて，6人同胞の長男として誕生した。彼のふたりの弟は1歳半と2歳半で亡くなっていた。わずか1年のあいだに三人の幼子のうちの二人を亡くしており，カフカと母親がそのことの深刻な影響を何も受けなかったとは到底考えられないだろう（このときカフカは4歳だった）。そして，この死の数年後に三人の妹が誕生した（カフカの誕生から，それぞれ6年後，7年後，9年後のことである）。

　カフカは父親のことで悩んでいた。彼は生涯を通じて父親に対し，畏怖，恐怖，憎悪，および純粋なる称賛が複雑に入り混じった想いを抱いていた。36歳時に父宛てに書いた45ページにわたる手紙のなかで（父親には送られていない），彼は次のように記している。

　　……あなたは生粋のカフカです。その強さ，その健康さ，その食欲さ，その決断力，その雄弁さ，自分への満足，世間に対する優越感，その忍耐力，冷静沈着さ，世間知，太っ腹なところなど，これらすべてがその徴です。そして，当然のことながら……［あなたもまた］こうした資質につきものである，すべての弱さや欠点も兼ねそなえています（Brod, 1960, p19）。（［　］はオグデンによる補填）

第6章　意識性という「贈り物」，その暗きアイロニー　　143

父と比較して，カフカは自らを醜く，臆病で，男らしさを欠いていると感じていた。

> 僕が……鏡を恐れていたのは，鏡は僕自身の評価ではどうにもならない醜さを僕のなかに映し出すからだ……［でも］その醜さは必ずしも事実に即した形で映っているわけではないのだ。というのも，僕が本当にそのように見えていたとしたら，もっと人目を引かないはずがなかっただろうから（『日記』1912 年 1 月 2 日，p159-160）。
>
> （［ ］はオグデンによる補填）

　子どものころ，カフカは「筆舌に尽くし難いほどに孤独」（Brod, 1960, p9）だった。両親は父親が営む雑貨小間物の卸売りと小売業の仕事にほとんどすべてを捧げていた。カフカは子ども時代について次のように述懐している。「(僕の生活を生き抜くための)原則は一番面倒のかからないやりかたで，ちょっとした心持ちですむようなやりかたで，歩き，着替え，顔を洗い，本を読み，そして何よりも，家にひきこもっておくことだった」（『日記』1912 年 1 月 2 日，p161）。カフカは母親についてはほとんど何も語らず，書いてもこなかった。彼には母親は父親の支配下にあり，子どもたちのための時間などほとんど持ち合わせていないように見えた（Kafka, 1919）。

　カフカの母国語はドイツ語であり，さらに文学的に使用できるほどではないが，チェコ語もある程度話し，書くことができた。彼は生徒と教員のほとんどすべてがユダヤ人で構成されたドイツの私立学校で教育を受けてきた。19 世紀後半から 20 世紀前半にかけて，反ユダヤ主義がプラハに住むあらゆるユダヤ人の生活に影響を及ぼしていたが（Robertson, 1987），カフカもまた自身のユダヤ性に対して相当にアンビヴァレントな関係を生きていた。「僕の何がユダヤ人というのだろうか？　そもそも僕は僕自身と共有しているものすらほとんど何もないのだから，どこか隅っこのほうにでもいって，息ができているだけで満足すべきだろう」（『日記』1914 年 1 月 8 日，p252）。

　カフカにとって，ユダヤ性をめぐる最大の問題は父親がユダヤ人であるという事実にあった。それゆえに，彼はユダヤ性に強く惹かれながらも，反

発していた。カフカはいかにも平凡な生徒で，伝統的なユダヤ人教育を受けながら，それに対してほとんど興味を覚えなかったようである（Pawel, 1984）。

カフカの人生におけるもっとも重要な要素はマックス・ブロートとの友情であった。この友情は彼らが大学生のときに始まり，カフカがその生涯を閉じる 41 歳時まで続いた。ブロートの描写を見ると，カフカは物静かな人だったが，ブロートやその他のふたりの友人――彼らは自分たちのことを「プラハ四人衆」などと呼んでいた――とのあいだでは積極的に人生を行き交わしていたようである。「彼は内気で，物静かではあったが，これまで私が出会ってきたなかでもっとも面白い男だった」（Brod, 1960, pp39-40）。ブロートは生まれつき重度の脊椎湾曲症を患っていたが，彼の生に対する飽くなき熱意は，成人期のほとんどのあいだ，カフカの精神を鼓舞することに貢献していた（Robert, 1992）。一方，ブロート（1960）はカフカのことを「世の愚かさを皮肉りながらも思いやり，だからこそ悲しいユーモアに満ちている」（p67）と評している。

カフカは幼いころから書くことに強く惹かれていたが，プラハのドイツ大学に入って数年間はそのことを誰にも秘密にしていた（Pawel, 1984）。ブロートとの数年にわたる友好関係を経て，ようやくカフカはおずおずと自分が物語を書いていることを認めた。カフカが自分の書いたものをブロートに見せるには，相当に大きな信頼が必要だった。カフカのいくつかの作品を読んだブロートは，彼が才能溢れる作家であることを確信した。ブロート自身，詩，小説，戯曲，文芸批評を執筆しており，大学在学中の身でありながら，すでに彼の作品は幅広く出版されていた。実際，カフカの存命中は，このふたりの作家のうち，ブロートのほうが圧倒的に知名度を有し，高い評価を受けていた。

ブロートはカフカの作品をとても高く評価していた。彼はとある著書の書評にて，「この本の著者はドイツ語圏の傑出した現代作家のひとりであり，同時代の他の三名の偉大な作家と肩を並べている」と記したが，その三名のうちのひとりがカフカであった。当時のカフカはまだ一文字も出版にこぎつけていないにもかかわらず，ブロートはこのような見解を活字にしたのだっ

第 6 章　意識性という「贈り物」，その暗きアイロニー　　145

た（Pawel, 1984）。ブロートの助けもあって，23歳時にカフカはある文芸雑誌にほんの一握りのごく短い物語を発表し始めた。だが，カフカ自身はその作品を駄作だと感じていた。

　法律にはちっとも興味はなかったが，カフカは生活のためにブロートと共に法律家の訓練に入った。そして，法学博士の学位を取り，プラハの法廷で義務づけられている1年間のインターンシップに臨んだ。彼は残りの人生のほとんどを，労働者の安全と保険適用を扱う準政府機関である労働者災害保険協会の職員として勤務した。カフカは有能で，人望が厚く，高く評価された職員であり，キャリアを通じてその都度昇進していった（Citati, 1990）。だが，彼自身は仕事のせいで執筆に割く時間とエネルギーがほとんど残されていないことにいつも苦しんでいた。「職場から解放されない限り，路頭に迷い続けることは火を見るより明らかだ」（『日記』1910年1月2日，p31）。そのおよそ2年後には次のように記している。「この職場にいるあいだ……僕はこの（執筆することによる）幸福を享受しうるはずの身体から，その血肉の一部を奪い去らねばならないのだ」（『日記』1911年10月3日，p62）。

　20代から30代前半にかけて，カフカは保険協会で働きながら実家暮らしを続け，その間に，『火夫』（1913），『変身』（1915），『判決』の冒頭部分（1914年から1924年のあいだに書かれ，その死後1937年に英語で出版された）といった代表作を執筆していった。この時期に特徴的な彼の心境は次のようなものだった。

　　　　職場では自信がついた。だが，それと交互に生じる不安……『変身』に対するひどい嫌悪。とても読めたものではない結末。骨の髄まで不完全だ。あのとき出張の邪魔さえ入らなければ，もっともっとよくなっていただろうに（『日記』1914年1月19日，p253）。

　カフカが1910年から23年にかけてつけていた日記は，ただの日々の出来事に関する書き置きなどではなかった。それは実在する人や想像上の人物に関する詳細な素描，あるいは，仕事を辞めるべきか否か，ブロートのシオニズムをどう捉えればよいのかといった強迫的なまでの自問自答，物語の始め

146

方やペン画について（思春期のとき，彼は作家ではなく画家になろうとしていた），夢の詳細な描写（解釈などはない），一言二言の文芸批評，ちょっとした散文詩（「家の帰途。明るい夜だ。だが，僕のなかにあるのは愚鈍さだけであることにはっきりと気づかされる。何も遮るものなく延び広がる大らかな明るさから，僕は何と遠くかけ離れているのだろうか」[『日記』1914年1月12日，p252]）などを織り交ぜた独創的な文章で構成されている。

　カフカの執筆への想いはますます募っていったが，書くことは肉体的にも精神的にも彼を消耗させるものだった。

　　　　夢のような内面生活を描いていく僕の才能は，他のすべての事柄を背景に押しやっていった……けれど，それを描くために僕がかき集められる力はまったくあてにならない。もしかしたら，そんなものはすでに永久に失われているのかもしれない（『日記』1914年8月6日，p302）。

　幼少時からカフカは身体が弱かった。思春期から成人期にかけても，多くの身体的困難（何日にもわたって続く激しい頭痛，不眠，倦怠感，腹痛，音への過敏さ）を抱えていた。医学的検査では，これらの症状に対する身体因は見出せなかった。カフカは自らを重度の心気症者と見做し，幾度もサナトリウムで1週間にわたる「治療」を受けた。そこでは最新の薬草による「療養」がなされた。

　カフカにとって，書くことと同じくらい自身の価値を測るものとして重要だったのは，親から自立した男になり，結婚し，子をもうける力だった。カフカがセックスに目覚めたのは，思春期時にあまり男らしくない息子の姿を見かねた父親が彼を売春宿に連れていったときのことだった。20代のころのカフカは，娼婦や自分よりずっと若い労働者階級の女性とはセックスできたが，自分が好み，尊敬する大人の女性とのあいだではインポテンツになってしまうことを死ぬほど恐れていた（Pawel, 1984）。

　29歳から34歳にかけて，カフカはマックス・ブロートの父宅で出会ったベルリン在住のユダヤ人女性であるフェリーチェ・バウアーと交際した。最初の数ヵ月間は完全に手紙のやりとりだけであり，そのときには関係は順調

第6章　意識性という「贈り物」，その暗きアイロニー　　147

だった。ただ，フェリーチェは何度も直接会うことを求め，一方，カフカは
会うのを恐れ，できるだけ先延ばしにしようとしていた。ようやく会えたと
き，ふたりは相手にそれなりに関心をもち，肉体的にも魅力的だと互いに感
じた（Canetti, 1974）。この時点で，双方に結婚が自身の人生の重要なステッ
プになると感じられていた。ゆえに，結婚を望めば執筆能力が失われるので
はないかというカフカの強迫観念を，ふたりは辛抱強く乗り越えようと努め
た。彼のなかで結婚への恐れと対を成していたのは，独りで老いていくこと
への恐怖であった（『日記』, 1916）。

　フェリーチェ・バウアーとの5年にわたる交際のあいだ，カフカは結婚す
べきか，関係を断ち切るべきかといった苦悩を味わい続けた。この間に彼ら
は二度婚約したが，二度ともその数ヵ月後にカフカのほうが婚約を破棄して
いた。最初の婚約パーティについて，彼は次のように語っている。

　　まるで手足を縛られた犯罪者のようだった。でも，僕が本物の鎖に縛
　られて，隅に追いやられて，警官たちが目の前にずらりと並んで，ただ
　ひたすらにじろじろ見られるだけだったなら，こんなに最悪なことには
　ならなかっただろうに。これこそが僕の婚約だったのだ。みんなが僕を
　活気づけようとしてくれて，それが叶わないと知ると，ありのままの僕
　を我慢しようとしてくれた。フェリーチェが……そうはできなかったの
　は無理からぬことだ。だって，彼女がもっとも苦しんだのだから。他の
　人たちにとっては単に一過的なことかもしれないが，［カフカと結婚せ
　ねばならないのは，かくいう彼女だからこそ］彼女には脅威そのものだっ
　たろうから（『日記』1914年6月6日, pp275-276）。（［　］はオグデン
　による補填）

　カフカの日記や手紙の多くがそうであるように，ここでも読者は（そし
て，おそらくはカフカ自身もそうなのだろうが）自己 - 憐憫 self-pity やブラッ
クユーモア gallows humor と，彼自身や彼の生涯にわたる恐れを克服する
ことをめぐる痛ましいほどの無力感の表明とを区分し難い感覚を覚えるだろ
う。フェリーチェ・バウアーとの5年にわたる交際の最中，カフカは32歳

で初めて実家を出て，賃貸暮らしを始めた——彼は一気に執筆が進むように
なった。だが，やはりまったく進まなくなることもあった（もっとも長いと
きで18ヵ月間）。

　フェリーチェとの二度目の婚約に先立ち，カフカはマックス・ブロートに
宛てた手紙のなかに，ふたりがどのように暮らすことになりそうかを自己風
刺的に想像した文章を残している。

　　　僕たちは結婚して……二，三の部屋のある家を借りて……各々が各々
　　に経済的負担を担っていくのだろう。フェリーチェはこれまで通りに仕
　　事を続けて，僕は……ソファに寝そべって，ミルクを飲んで，ハチミツ
　　なんかを食べているのだろうな［つまり，彼は家で執筆しているのだろ
　　う］（Pawel, 1984, p345）。（［　］はオグデンによる補填）

　カフカは結婚を控えて苦しんでいたにもかかわらず（あるいは，もしかす
るとそうだからこそ），その数年間にもっとも有名な物語の何本かを書き上
げて出版した。『判決』（1937）の大部分が書かれたのもこの時期のことだった。
だが，カフカは書くことと現実世界を生きること（つまり，誰かと共に暮ら
すこと）は互いに排斥し合うものだと確信していた——「僕は孤独であるこ
とを大いに要している。僕が成し遂げたことは，孤独ゆえの結果にすぎない
……つながることへの恐れ，相手のなかに入りこむことへの恐怖。そうなっ
てしまえば，僕は二度とひとりになれないだろう」（『日記』1913年7月21日，
p225）。

　だが同時に，彼はひとりでいると，どこにも行き着かず，無限に続くかの
ような思考に引きこまれがちとなることにも気づいていた。

　　　積極的な内省への嫌悪。昨日の自分はそうだったが，その理由はこう
　　で，今日の自分がこうなのはこういう理由だ，いや，これは真実ではない，
　　それはこのせいでもあのせいでもなく，それゆえにああでもないし，こ
　　うでもない，といったふうに自分のこころを際限なく解釈している（『日
　　記』1913年12月9日，pp244-245）。

第6章　意識性という「贈り物」，その暗きアイロニー　　149

フェリーチェとの二度目の婚約期間中に，カフカは喀血するようになり，結核の診断を受けた。だが，彼はそれに打ちのめされるどころか，むしろ生き生きとしていた。ブロートはカフカの心境を次のように記している——「カフカはそれ（結核）を心因性のものと，言ってしまえば結婚からの救いと捉えているようだ。彼はそれを最後の敗北だなどと言っていたが，でも，それ以来よく眠れるようになっている。解放されたのだろうか？」（Pawel, 1984, p360）。結核の診断を受けて以降，解消されたのは慢性的な不眠だけではなかった。1917 年のフェリーチェ宛ての手紙によると，頭痛も「洗い流された」ようだった（Pawel, 1984, p360）。1917 年 9 月の別の手紙にはこんなことも書いている。「時折，脳と肺が僕の知らぬ間に了解し合っている気がするのだ。"このままではいけない"と脳が言い，5 年後に肺が手を差し伸べてくれたんだ」（Pawel, 1984, p364）。

　カフカはフェリーチェ・バウアーとの二度目の婚約を破棄してから 2 年後に，さらに別の女性と婚約した。だが，半年後にその婚約も解消された。後に『父への手紙』（1919）として出版される 45 ページにわたる手紙を書いたのはちょうどどこのころのことだった。

　健康を害したカフカは，借りていたアパートから一番下の妹であるオットラの家へと移った。ふたりは仲睦まじく，彼女はカフカを献身的に世話し，彼を深く愛していた。彼はますます長引く病気療養の合間を縫って，短期間ではあるが保険協会での勤務を続けた。37 歳時に，彼はある女性とのあいだで，おそらくはもっとも情熱的な恋愛関係を結んだ。その女性，ミレナ・イェセンスカーは 24 歳の作家で，政治活動家でもあった。彼女がカフカの作品をチェコ語に翻訳する許可を求める手紙を出したのが最初の出会いだった。ふたりの文通はとても情熱的なものとなったが，カフカはまたしても直接会うのを先延ばしにしようとした。ようやくふたりが会ったとき，カフカは彼女に深く恋したが，ミレナのほうは彼にとって自分は空想上の女にすぎず，彼が自分と現実的な関係を続けることは決してできないことをすぐに悟った（Pawel, 1984）。ミレナはこの関係に終止符を打ったが，カフカにとって彼女はとても大切な存在となっていたため，それから 1 年後に彼は自身の日記をすべて彼女に渡した。

カフカはプラハでは作家として一定の評価を得たものの，彼の存命中にその名声がプラハを超えて広がることはなかった（Citati, 1990）。晩年の2年間，結核が進行するにつれて彼の体力はみるみる衰え，やせ細り，骸骨のような見かけとなった。亡くなる1年前に，彼は19歳の女性ドーラ・ディアマントと出会った。彼女はパレスチナで育ち，カフカがいた療養所の近くにあったユダヤ人の子どもたち用の難民施設で教育活動に従事していた。ふたりにはお金がほとんどなかったにもかかわらず，彼女はカフカを純粋に愛し，とても献身的に彼を世話した（Pawel, 1984）。当時のドイツは激しいインフレ状態にあり，カフカの年金は何の足しにもならなかった。カフカとドーラは送られてくるさまざまな請求書の支払いに応じられず，しばしばガスや電気の止まった質素な暮らしを余儀なくされた。マックス・ブロートと妹のオットラが送ってくれる食料が，唯一彼らを飢餓から隔てるものとなっていた。驚くべきことに，ドーラは文学には何の関心もなく，むしろカフカの執筆は彼の気を自分に引くうえでのライバルになると感じていた。

カフカは自分が書くものに対して信じられないほど高い基準を掲げていたため，その生涯で出版されたのは14の短編小説と数本の小話のみだった。彼の三つの未完の小説である『判決』，『城』，『アメリカ』も，カフカの存命中に出版されることはなかった。実際，カフカは遺作管理者として指名したブロートに対して，自分の死後，プラハのアパートに残った原稿，メモ書き，下書き，手紙，日記のすべてを焼却し，手紙や物語，日記を送った相手にはそれを返却するか処分して欲しい旨を伝えるよう指示した（Brot, 1960）。

カフカが亡くなったとき，ブロートはこのカフカの要望に応えないことを決めた。ブロートは自分がカフカの手紙や日記，原稿を処分することなど絶対にできないことをカフカもわかっていたに違いないと考えていた。実際，数年前にブロートはカフカに対して「もし君が（自分が死んだ後にその原稿を処分することを）僕に真剣にお願いしようとしているならば……そんな要求には一切応じないことをいま伝えておくよ」と伝えていた（Brot, 1953, p254）（カフカがドーラ・ディアマントのもとに残した原稿については出版されることなく，1930年代後半にゲシュタポによって処分されている）。原稿の保存に加え，ブロートはカフカの日記や手紙もふくむ，彼のあらゆる未

発表作品の出版手続きに専心した。ブロートがカフカの作品を保存し，出版に尽力していなければ，今日，カフカが私たちに知られることはなかっただろう。

　『断食芸人』（1924）はカフカが最後から二番目に書いた物語だった。この作品は 1922 年の春に書かれたものであり，このころのカフカは結核が喉にまで転移し，ほとんど食べものを嚥下できなくなっていた。彼はゆっくりと餓死しようとしていた。カフカが人生の最後の日に行った最後の仕事が，この物語の出版にあたってのゲラ校正だった。これは彼のすべての作品のなかで，彼がその価値を感じた数少ない物語のひとつであった。ブロートへの二度目の要望のなかで，カフカはすべての原稿を処分するよう求めたが，そもそも出版された作品は「指で数えられるほど」（カフカの言葉をブロートが引用したもの 1953, p253）しかないとも述べた。そのひとつが『断食芸人』であった。だが，カフカはいくつかの出版された物語でさえ重版されることはなく，やがては「完全に消え去るはずだ」（p253）と言い張った。

　カフカの友人であり，医師でもあるロベルト・クロプシュトクは，最晩年のカフカについて次のように述べている。

　　このときのカフカの体調と，文字通り飢え死に寸前であるという状況すべてが本当に壮絶なものだった。この（『断食芸人』の）校正刷りを読むことは，途轍もないほどの情緒的負担であっただけでなく，かつての自分との打ち砕かれんばかりの精神的邂逅でもあったに違いない。読み終えたとき，彼はとめどなく涙を流し続けていた。これほどはっきりと感情を露わにした彼を見たのはこれが初めてだった。カフカは常に超人的なまでの自制心を示していたのだから（Pawel, 1984, p445）。

　1924 年 6 月 11 日，カフカは無一文で，未婚で，退職した法律家として，そして，ほとんど無名の作家として，41 歳でその生涯に幕を下ろした。彼の三姉妹とミレナ・イェセンスカーは，その後，ドイツの死の収容所で殺された。マックス・ブロートはテルアビブに定住し，84 歳でその生涯を閉じた。

『断食芸人』（1924）

カフカの物語の始まりはこうである。

> この何十年かのあいだに，断食芸人たちに対する関心はひどく下落してしまった。以前は一本立てでこの種の大きな興行を催すことがよい儲けになったものだが，いまではそんなことは不可能だ。私たちはいまや別世界を生きているのだ[2]。
>
> During these last decades the interest in professional fasting has markedly diminished. It used to pay very well to stage such great performances under one's own management, but today that is quite impossible. We live in a different world now[2]. (p268) [3]

この冒頭の一文により，この物語の残りの部分に響きわたる声を聞くことになる——心的な時間と空間は収縮しており，時は尽きようとし，活力は著しく減退している。二番目の文章は狂気を感じさせる。「断食芸人」は，「大きな興行を催す」という誇大的なフレーズと「そんなことは不可能だ」といういかにも小煩いお役所的 bureaucratic fussiness な言葉の両方に結びつけられている。だが，物語の冒頭でもっとも印象的なのは，この一文である。「私たちはいまや別世界を生きているのだ」。この宣告は読者がこの物語の世界に入るや否や，その背後のドアをぱたんと閉めてしまう効果を味わう "私たち（この物語の語り手，断食芸人，そして読者）" を，そして "いま" を創り出す。

カフカはこれから読者が入っていくことになる世界をただ語るだけでなく，言葉の作用を通じてその世界の姿を読者に示している。

> あのころは町全体が断食芸人に夢中だった。断食の日数が重ねられるごとに興奮は高まり，誰もが日に一度は断食芸人を見ようとした。興業の終盤には予約の見物人も出てきて，何日ものあいだ小さな格子檻の前

第6章　意識性という「贈り物」，その暗きアイロニー　　153

に坐り続けたものだった。夜間にも見物は行われ，その際には松明が炊かれ，場はより臨場感を高めた。晴れた日には檻が屋外に置かれ，そうすると子どもたちが断食芸人の見物人となる。子どもたちにとって，それは特別な楽しみだった。大人にとってはただのジョークにすぎなかったとしても，子どもたちはおっかなびっくり口をあんぐりと開けたまま立ち尽くし，安心のためか手に手を取り合いながら，あばら骨がひどく浮き出て，顔は蒼ざめ，黒タイツに全身を包み，椅子ではなく地べたの藁の上に坐りこみ，時々丁寧に頷いたり，ぎこちない笑みを浮かべて質問に答えたりする断食芸人を眺めるのだった。彼は格子の隙間から腕を差し出して，その痩せ具合を観客に確かめさせ，そうかと思えば，すっかりもの想いに耽る恰好となり，そのうちに誰のことも気にせず，檻のなかの唯一の家具であり，彼にとって何よりも大切な時計の音さえ気にかけず，半ば閉じた瞳はただ虚空を見つめ，時折唇を湿らすために小さなコップの水をすすった。

At one time the whole town took a lively interest in the hunger artist; from day to day of his fast the excitement mounted; everybody wanted to see him at least once a day; there were people who bought season tickets for the last few days and sat from morning till night in front of his small barred cage; even in the night time, there were visiting hours, when the whole effect was heightened by torch flares; on fine days the cage was set out in the open air, and then it was the children's special treat to see the hunger artist; for their elders he was often just a joke that happened to be in fashion, but the children stood open mouthed, holding each other's hands for greater security, marveling at him as he sat there pallid in black tights, with his ribs sticking out so prominently, not even on a seat but down among the straw on the ground, sometimes giving a courteous nod, answering questions with a constrained smile, or perhaps stretching an arm through the bars so that one might feel how thin it was, and then again withdrawing deep into himself, paying no attention to anyone or anything, not even to the all-important striking of the clock that was the only piece of furniture in his cage, but merely staring into vacancy with half-shut eyes, now and then taking a sip from a tiny glass of water to moisten his lips. (p268)

　この節から節へととめどなく移りゆき，無秩序に広がっていく一文のなかに，内的世界のすべてが示されている。この一節は他を寄せつけないブリューゲルの細密画を彷彿とさせる。ここで創り出されている効果は，間断なく続く現在への幽閉である。そのフレーズはいかにもシンプルで，そのほとんどが一，二音節の単語で構成されている——「小さな格子檻 small barred cage」「ただのジョーク just a joke」「地べたの藁 down among the straw」「浮き出たあばら ribs sticking out」「丁寧な頷き courteous nod」「ぎこちない笑み constrained smile」「ただ虚空を見つめ merely staring into vacancy」。恐ろしいものが日常にあり，日常こそが恐ろしさと化す。この物語は全体的には語り手による過去時制で語られていくが——それは彼が断食芸人の思い出を提示しているからである——ここでの現在分詞の執拗な繰り返しは，時を永遠の現在へと変形させることに寄与している——「sticking」「giving」「answering」「stretching」「withdrawing」「paying」「striking」「taking」。

　物語の語り手と断食芸人は密接に結びついており，おそらくそれはひとりの人間のふたつの側面である。語り手は断食芸人の状況，行動，心境を熟知しており，自由に言葉を並べることができるが，断食芸人のほうは無言のままで，言葉を使ったとしても（決して引用されはしない）パフォーマンスの一環として示されるのみである。とはいえ，語り手が断食芸人よりも物を考えられているかというとそれは定かでない。語り手は言葉を用いて描写しているが，そのやりかたはいかにも機械的で，断食芸人や自分自身の内面生活における情緒や，自己 - 省察や，洞察についてはほとんど語られない。断食芸人はひとりの人間というよりも，本能に駆り立てられた一匹の「生き物 creature」(p271) として描かれている。彼には名前も与えられず，物語のタイトルである「断食芸人 The hunger artist」ですらない。彼はただひたすらに「一断食芸人 A hunger artist」でしかない。彼にとりあえず与えら

第6章　意識性という「贈り物」，その暗きアイロニー　　155

れた「**断食芸人**」という名称は，この長期的に続く断食には何の芸術性もないという点で，相当皮肉に満ちた誤称となっている。

　彼の断食が観衆の信頼に値するものと見做されなければ，すなわち本当に自分の力だけで行われている偉業であると見做されなければ，断食芸人は何者にもなりえない。ゆえに，彼にとって何よりも大切なことは，自分がペテン師などではなく，正真正銘の断食芸人であることを疑いの余地なく証明することである。彼は自身の断食が最大限厳しく監視されることを望む。

　　入れ替わり立ち替わりする野次馬の他に，万が一彼が密かに食べものを摂取するようなことにそなえて，見張りが常時三人つき，昼夜問わず彼を見張った……［だが，見張りのなかには］この仕事をひどくいい加減に行う者たちがいた……断食芸人がちょっとした食べものを摂るのを見逃してやってもいい，というつもりのようだった……このような見張りこそ彼を苦しめ，惨めな気持ちにさせ，断食を耐え難いものにさせた。時折彼は自分の衰弱をじっと堪えて，この連中がどんなに不当な嫌疑を自分にかけているのかを示すために，彼らが見張っているあいだ，我慢できる限り歌い続けてみたりした。だが，それもほとんど役には立たなかった。というのも，連中は歌っているときでさえ食べものを頬張れるものなんだなと，その器用さにただただ感心するだけだったからである。
（［　］はオグデンによる補填）

　　Besides casual onlookers there were also relays of permanent watchers……to watch the hunger artist day and night, three of them at a time, in case he should have some secret recourse to nourishment ……[Some watchers] were very lax in carrying out their duties　……intending to give the hunger artist the chance of a little refreshment ……Nothing annoyed the artist more than such watchers; they made him miserable; they made his fast seem unendurable; sometimes he mastered his feebleness sufficiently to sing during their watch for as long as he could keep going, to show them how unjust their suspicions were. But that was of little use; they only wondered at his cleverness in being able to fill his mouth even while singing. (pp268–269)

　ペテン師と見做されることを恐れる断食芸人の姿は，カフカがひとりの作家としての，ひとりの男としての能力に対して，たえず自己疑念を向けていた姿を彷彿とさせる。断食芸人が己の「芸」の真正さを守るために行う極端なふるまいからは，その創意溢れるありように感心させられると同時に，自身の努力が明らかに失敗する運命にあることに気づけない哀れな悲しみも感じさせる。

　断食芸人は自身の仕事に入念に取り組んでいるが，そこから距離を取り，それについて考え，そこから学ぶことがまったくできないでいる。

　　　［その役割を真面目にこなす］見張り番たちと一緒に，一睡もせずに
　　　夜を明かすのは彼にとって嬉しいことだった。彼らと冗談を言い合った
　　　り，自分の放浪生活の話をしたりと，見張り番たちを起こしておくため
　　　なら何でもする心づもりが彼にはあった。それは自分が何ひとつ食べも
　　　のを檻に持ちこんでいないことを，彼らの誰ひとりとしてできないほど
　　　に自分が断食し続けていることを，彼らに繰り返し見せるためであった。
　　　　　　　　　　　　　　　　　　　　（［　］はオグデンによる補填）

　　　He was quite happy at the prospect of spending a sleepless night
　　　with……watchers [who took their jobs seriously]; he was ready to
　　　exchange jokes with them, to tell them stories out of his nomadic life,
　　　anything at all to keep them awake and demonstrate to them again
　　　that he had no eatables in his cage and that he was fasting as not one
　　　of them could fast. (p269)

　この文章の言い回しは，ドン・キホーテ的（「放浪生活の話」）であることで，逆に（ドン・キホーテとは対照的に）断食芸人には何の魅力も，無邪気さも，ユーモアもないことを強調しているように私には聞こえる。ドン・キホーテには素朴な信仰心があるが，断食芸人にあるのは絶望的なまでの執着心である。また，「彼らの誰ひとりとしてできないほどに」という付加条件が際立っ

ているのは，ここで初めて断食芸人の誇大性を垣間見ることになるからである——彼は自分ほどには長く断食しえない人たちに対して優越感を抱いている。

　断食芸人の40日間にわたるパフォーマンスをまるごと24時間監視できる人は誰もいないため，彼自身が「自分の断食に完全に満足させられる唯一の見物人になるしかなかった」（p270）。換言すると，断食芸人の価値の証明は彼以外には不可能だが，彼が何度も何度も繰り返しこのパフォーマンスに駆り立てられている事実が示すように，彼もまたその価値を証明することができないでいる。彼には自身の断食が本物であることを知ることはできても，自分が本当は何者であるのかを知る力はない。

　こうした断食芸人の奇怪なありようは（他者からも，自分自身からも疎隔された生は），彼が自分で創り出したものだからこそ，よりいっそう恐ろしく，逃れえないものにしている。断食芸人の（そして，カフカの）幽閉は絶対的であり，決して逃れえない。なぜなら，全世界が小さな檻のサイズにまで縮小されており，彼らはそのなかで人生を送っているからである。

　だが，ここで物語はまったく予想外の展開を見せる。語り手は断食芸人をもっとも悩ませるのは断食の信憑性を世間に納得させることの難しさではないと述べる。彼にとってそれよりもはるかに耐え難いことは「断食がどんなに容易であるかということを彼だけが知っていた」（p270）という事実である。断食芸人にとって「骸骨のような痩せ」（p270）をもたらす40日間の断食の達成はさほど難しいことではないのだ。彼が抱える困難は，このような気づきと共に生きることである。"断食は容易である"というこの認識は，断食芸人が物を考えることができ，自己‐内省できることを示す最初の兆候である。

　物語のこの局面で，読者のなかで（そして，おそらくは断食芸人自身のこころのなかでも）断食芸人は人間的になり始める。語り手は（心的には断食芸人とほとんど区分できない）まさにその物語を語るという行為のなかで，これまでは決してできなかった意識性の形成に至る。だが，このようにして人間的になる体験は，断食芸人にとって耐え難いものであり，あくまで一時的なものだった。自分に気づき，自己‐認識が立ち現われるや否や，断食芸人は（そして語り手は），今度は苦々しさや憤怒を顕わにすることで，また

してもマインドレスな状態へと落ちていく。断食が容易であることを明かした直後の文章は，いかにも鉄面皮な主張となっている。「それはこの世で一番簡単なことだった」（p270）。

　この言葉には驚かされる。これは断食芸人が直接話した言葉ではない（つまり，引用された言葉である）。だが，読者は「それはこの世で一番簡単なことだった」という言葉のなかに，断食芸人自身のおこがましく，嘲笑的で，傲慢な声を聞き取ることになる。この文章は「語られている」ものであるが，その口語性を使用するには，語り手はあまりにも形式的で，冷静に過ぎる人物である。この傲慢な主張により，その前文で芽生えつつあった自己 - 覚知 self-awareness は打ち砕かれてしまう。読者はまたもや断食芸人がすべてを呑みこむ強迫的執着 obsession のなかで己を見失っていく姿を感じ取るだろう。断食芸人は次のような事実を嘆く。

　　　断食の最大期限を ［彼のマネージャーでもあり，この興行の出演者仲間でもある］興行主は 40 日と決めていた……彼は自分の断食能力に限界などないと感じていたにもかかわらず，なぜ，もっと長く断食することで得られるはずの名誉を彼から奪い去ろうとするのか。史上最高の断食芸人として記録されるだけでなく——すでに彼はそうなっているのだ——人智を超えたパフォーマンスによって自らの記録を打ち破るという名誉を奪い取られねばならないのか？（[　]はオグデンによる補填）

　　　The longest period of fasting was fixed by his impresario [his manager and fellow actor in "the performance"] at forty days……Why should he be cheated of the fame he would get for fasting longer, for being not only the record hunger artist of all time, which presumably he was already, but for beating his own record by a performance beyond human imagination, since he felt that there were no limits to his capacity for fasting? (pp270–271)

　"自分にとって断食は容易である" という断食芸人のこの気づきは，彼の人生を無意味で無益なものにしてしまっているようである——このような自

己理解は耐え難いものであり，彼を狂気的な怒りの噴出へと向かわせる。なぜ，彼はまったく実証する価値のないことを（40日間の断食というパフォーマンスのなかで）延々と実証せねばならないのだろうか？　この心的苦痛から逃れるために，彼はひくひくと痙攣しながら convulsively 狂気的な万能状態へと身を投じていく。興業を重ねるたびに，彼はもっと長く，もっと長く断食できると公言し，遂には「際限なく」（p271）──つまりは永遠に──断食できると宣言する。

　換言すると，断食芸人は自分に気づいたこの瞬間をもちこたえることができずに，「万能感へと減力した reduced to omnipotence」（グロトスタインがビオンから聞いた言葉, 2003）といえるだろう。この一瞬の耐え難い自己 - 認識に対して，彼は人類の一員である自分──生きるうえで食物を要する種としての自分──を否認し，万能的思考が支配する非人間的な世界（「人智を超えた」世界［p271］）こそが我が場所だと言い放つ。

　断食芸人が内部崩壊せんとする心的な万能空間へと転落していく様は，ヨーロッパにおける断食興行の人気の低迷と鏡写しになっている。このことは彼の狂気に対する外的な支えの崩壊を意味する。断食芸人の肉体的，情緒的状態についての語り手の描写は，これまでよりもさらにおぞましさを増していく。40日間の断食芸の最後の様子が語られる。

　　……まるで，たまたまそこに着地したかのように頭は胸の上に垂れ下がり，身体は空っぽで，両脚は膝のところでぴったりと合わせられ，自衛本能からくるひきつけだろうか，その脚はまるで地面が本物の確かな地面ではないかのように，まるで確かな地面を探してでもいるかのように，ひたすら地面をこすりつけるのだった。
　　……his head lolled on his breast as if it had landed there by chance ; his body was hollowed out ; his legs in a spasm of self-preservation clung close to each other at the knees, yet scraped on the ground as if it were not really solid ground, as if they were only trying to find solid ground.（p271）

「まるで as if」という単語が三度繰り返されることで，ここでの断食芸人が「本当」のところは人間ではなく，表面的に人間的な生に見せかけているだけの「自衛本能」の塊でしかないことを際立たせている。"自分にとって断食は容易である"という気づき（意識性）の出現は，彼の断食芸と彼の存在そのものを無意味なものにしてしまった。自分に気づくことは耐え難いことだった——ゆえに意識性そのものが破壊され，万能的思考へと置き換えられてしまう。そのような状態では，現実や実体は何ひとつ感じられない——「（彼にとって）地面は……本物の確かな地面ではない」。その代わりに，彼の脚は地面を「まるで確かな地面を探してでもいるかのように」こすりつけ，地面を現実にあるものとして，つまりは彼のこころの外側に存在する，確かに触れることのできる世界として体験しようとするが，それも無駄な努力となる。断食芸人は自分だけが知っていることを他のすべての人たちが理解できないことを蔑み，それゆえに疎外感を覚えている。「……こうした無理解（断食というさらなる偉業を成し遂げようとする彼のキャパシティに対する他の人々の不信感）な世界すべてと闘うことは不可能だった」（p273）。

　断食芸がすっかり時代遅れになると，断食芸人はサーカス団に加わり，そこで動物たちの檻を陣取るようになる。そして，時が経つにつれ，人々は彼には目もくれず，檻の前を通り過ぎるようになった。

　　彼は可能な限り断食を続けようとし，実際そのようにした……達成された断食日数を示す数字を書いた小さな掲示板は，最初のうちは毎日入念に書き改められていたが，もうずっと長いあいだ，同じ数字のままになっていた……そこで断食芸人は以前夢見たように断食を続けていき，特に苦もなくあの当時予言したようにそれをうまくやり遂げていった。だが，日数を数える者は誰もおらず，誰ひとりとして，もはや断食芸人自身でさえ，どのくらいの成績を上げているのかわからなくなっていた。

　　He might fast as much as he could, and he did so……The little notice board telling the number of fast days achieved, which at first was changed carefully every day, had long stayed at the same figure……and so the artist simply fasted on and on, as he had once dreamed of

第6章　意識性という「贈り物」，その暗きアイロニー　　161

doing, and it was no trouble to him, just as he had always foretold, but no one counted the days, no one, not even the artist himself, knew what records he was already breaking. (pp276–277)

　いまや断食芸人は完全に絶望的な世界に浸っている——意義あるものは何もない。かつて彼を夢中にさせたものは——より長時間にわたって断食できる自身の力を世に知らしめようとする冒険は——もはや彼を外の世界と結びつける役割を果たしていなかった。数的な体系さえその意味を失い，40日も，60日も，80日も，すべて一緒くたになってしまった。こうなると断食芸人は無時間性と無意味性を漂うばかりとなる。

　やがて，サーカス団の団長が一見空っぽの檻に気づき，檻の底に敷き詰められた藁の奥深くに埋もれ，衰弱し，痩せ衰えた断食芸人の姿を発見する。

　　「君はまだ断食をやっているのかね？」と団長は尋ねた。「いったい，いつになったらやめるつもりだね？」。

　　「諸君，許してくれ」と断食芸人はささやくような声で言った。格子に耳を寄せていた団長だけが，彼の言っていることがわかった。

　　……「いつも俺は，みんなが俺の断食に感心することを望んでいたんだ」と断食芸人は言った。

　　「みんな，感心しているさ」と団長は気さくに応えた。

　　「でも，みんな，感心なんてすべきじゃないんだ」と断食芸人は言った。

　　「そうなのか。だったら，感心しないよ」と団長は言った。「しかし，何で感心してはいけないんだ？」。

　　「俺はただ断食しないではいられないだけなんだ。どうしようもないだけなんだ」と断食芸人は言った。

　　「まあ，そう言うなよ」と団長は言った。「なぜ，どうしようもないんだ？」。

　　「それはな，俺が」と言って，断食芸人は頭を少しばかりもたげ，まるでキスでもするかのように唇を尖らせて，一言も聞き漏らさせはしないといった様子で団長の耳元にささやいた。「うまいと思う食べものを

見つけることができなかったからなんだ。うまいと思うものを見つけていたら，きっとこんな騒ぎ立てることもなく，あんたや他の人たちみたいに腹いっぱい食っていただろうよ」。

　これが彼の最後の言葉だった。そのかすんだ瞳にはもはや誇りなどは微塵もないものの，ただ俺はまだ断食を続けるぞという確固たる信念のようなものだけは残されていた。

　"Are you still fasting?" asked the overseer, "when on earth do you mean to stop?" "Forgive me, everybody," whispered the hunger artist; only the overseer, who had

　his ear to the bars, understood him

……　"I always wanted you to admire my fasting," said the hunger artist.

　"We do admire it," said the overseer, affably.

　"But you shouldn't admire it," said the hunger artist.

　"Well then we don't admire it," said the overseer, "but why shouldn't we admire it?"

　"Because I have to fast, I can't help it," said the hunger artist.

　"What a fellow you are," said the overseer, "and why can't you help it?"

　"Because," said the hunger artist, lifting his head a little and speaking, with his lips pursed, as if for a kiss, right into the overseer's ear, so that no syllable might be lost, "because I couldn't find the food I liked. If I had found it, believe me, I should have made no fuss and stuffed myself like you or anyone else."

　These were his last words, but in his dimming eyes remained the firm though no longer proud persuasion that he was still continuing to fast.（pp276–277）

　最後からふたつめのパラグラフとなるこの物語の結末を読むたびに，いつも私はこころから驚かされる。物語のなかで，初めて断食芸人は自分のため

第6章　意識性という「贈り物」，その暗きアイロニー　　163

に話している（彼の言葉が直接引用されている）。また、初めて別の人物が登場する。団長である。彼は考え、感じ、観察する人間であり、断食芸人をひとりの人間存在として（ただの一芸人や一生物としてではなく）認識し、彼を純粋に思いやっている。

　団長は断食芸人の幼児的な心的ニーズを「見つめる」ことができ、それをはねつけはしないようである。この思いやりは、平凡だが深い優しさに満ちた団長の言葉から痛切に伝わってくる——「まあ、そう言うなよ」。団長の人間味ある理解は、断食芸人が自分に気づく self-aware ようになり、自己 - 理解を他者に委ねていくキャパシティを発達させるうえで不可欠な文脈を形作っている。断食芸人は自分の断食が賞賛に値するものなどではなく、決して魔術的なものでも超人的なものでもないことを認識している——「俺はただ断食しないではいられないだけなんだ。どうしようもないだけなんだ」。彼は断食せずにはいられない理由を説明する（この物語のなかでもっとも力強い文章であると私は思う）。

　　　「それはな、俺が」と言って、断食芸人は頭を少しばかりもたげ、ま
　　　るでキスでもするかのように唇を尖らせて、一言も聞き漏らさせはしな
　　　いといった様子で団長の耳元にささやいた。「うまいと思う食べものを
　　　見つけることができなかったからなんだ」（p277）。

　断食芸人の自己 - 理解は、その言葉の意味からだけでなく、その文章構造それ自体からも伝わってくる。断食芸人が語る言葉は、語り手の文字通り柔らかな言葉によって包みこまれている。断食芸人と語り手は、ここにきて初めて一緒になって事を体験し（体験のなかで自意識 self-aware をもち）、と同時にその体験について考え、語ることのできる、まとまりをもった、自己 - 内省的な人間的側面に感じ入っている。（断食芸人によって語られた）「それはな、俺が」という言葉の後に語り手自身が語り、そうすることで語り手は、母親としての団長の腕のなかに抱えられている、乳児としての断食芸人に寄り添っている。

　語り手の言葉は7つの小片で届けられる。「頭を少しばかりもたげ Lifting

his head a little」「まるでキスでもするかのように as if for a kiss」「唇を尖らせて with his lips pursed」「一言も so that no syllable」「聞き漏らさせはしないといった様子で might be lost」「団長の耳元に right into the overseer's ear」「ささやいた and speaking」。このように言葉を注意深く切り分けるありかたは，母親が赤ん坊に小さなスプーンで食事をあげ，一口ずつ赤ん坊が食べ物を味わい，感じ，呑みこむのを待ちながら，次のスプーンを用意する，そうした感覚を私の耳に引き起こす。また，「his lips pursed, as if for a kiss（唇を尖らせて，まるでキスでもするかのように）」という言葉がもつ音の響きとリズムは，実際に声に出して読むと，読み手の口と耳にキスの響きと感触を創り出す。これらの文章における意識性は，言語象徴的に認識された事態であると同時に感覚的な事態でもあり，精神内界的な事態であると同時に対人的な事態にもなっている。

　この文章の最後の部分——「うまいと思う食べものを見つけることができなかったからなんだ」——によって，構造的には語り手の柔らかな言葉による断食芸人の言葉の包みこみは完成する。この最後の部分で伝えられる彼の気づきは注目に値し，完全に予想外のものである。「私‐性 I-ness」という複雑な感覚が，これらの言葉において聞くことのできる重層的な自己‐理解のなかで伝えられると同時に，その自己‐理解によって創造されてもいる。断食芸人が食べるのをやめたのは，精神が身体を凌駕したからではなかった。彼が人生のこのときまでに出会ってきた食べものに対して，何ひとつ欲しい appetite と思えたものがなかったからだった。ここに示されているのは——ただ示されていることは——断食芸人がさらに悲痛な真実に気づき始めているという事実である。彼がうまいと思う食べものを見出せなかったのは，そのような食べものがなかったからだが，しかし，ひょっとすると——さらにまずいことに——彼はどんな食べものも，どんな人も，生きることそのものも，"欲しい"と思えなかったゆえにそんなふうになってしまったのかもしれない。こうした暗黙の事柄に，カフカ自身がその生涯を通じて悩まされてきたのではないかと考えずにはおれない。

　と同時に，同じ文章のなかに，ひそやかに，さりげなく，これとはまったく異なる情緒体験が創り出されている。たとえ断食芸人がこれまでうまい食

第6章　意識性という「贈り物」，その暗きアイロニー　　165

べものを見出せなかったことを認識し、団長にそう告げたとしても、読者は、彼がこれまで決して見出せなかったと語る食べものを、実際には彼がいままさに飲み干している様をその言葉のなかに聞き取り、感じ入ることができるだろう——その「食べもの」とは、（団長によって）愛し、愛される感覚であり、見つめ、見つめられる体験のことである。この文章は、ここに他者と共に生きる生への渇望の感覚が紛れもなく存在しているという読書体験を創り出している。この局面には、死の切迫と（これまで一度も経験したことのない）新たな生への切迫が同時に存在している。

　だが、断食芸人と団長とのあいだで交わされ、語り合われつつ、語り合われないままにあるその会話にこめられていた親密さは、その直後の文章によって打ち砕かれてしまう——「うまいと思うものを見つけていたら、きっとこんな騒ぎ立てることもなく、あんたや他の人たちみたいに腹いっぱい食っていただろうよ」（p277）。これらの言葉を読むたびに、私は身の毛がよだつ自分を感じる。その言葉によって、神聖だったものが汚されていく。文章表現の繊細な切り分け、文章構造によって実演される抱え機能の優美さ、キスという音楽は、もうここにはない。代わりに、いかにも手荒で（「きっと……だろうよ」）、いかにも粗野な表現（「腹いっぱい」）だけがここにある。団長はただの一般人（「あんたや他の人たち」）へと引き下げられる。まるで、これまでのことは何もなかったかのようである。こうした粗野で、こころない、軽蔑的な言葉が「彼の最後の言葉」であり、「そのかすんだ瞳にはもはや誇りなどは微塵もないものの、ただ俺はまだ断食を続けるぞという確固たる信念のようなものだけは残されていた」。彼は断食を続けた。もはや傲慢さや万能感ゆえにそうするわけではなかった。うまいものが見出せなかったという思いこみゆえに、彼は断食を続けるのだった。

　ここにある残酷なアイロニーは、愛し、愛される体験のなかに、気づき、気づかれる体験のなかに、彼がうまい食べものを確かに見出していたことにある。断食芸人の人生の悲劇は、彼がうまいものを見出せなかったことではない。そうではなく、それを見出したにもかかわらず（そして、自分自身をも見出したにもかかわらず）、彼がその食べものも自分自身も（そして、この双方に対する気づきをも）拒絶せざるをえなかったことこそが悲劇である。

なぜ，彼がうまいものを見出したことに気づいている心的状態を——愛情を
もって見つめ，見つめられる体験を——これほど残忍に攻撃せねばならな
かったのかははっきりしない。もしかすると，断食芸人は，愛情をもって見
つめ，見つめられる体験が自身の人生においてどれほど乏しかったのかを認
識することに耐え難かったのかもしれない。あるいは，自分のなかにずっと
存在していた愛情を，自分がどれだけ認識していなかったのかを知ることに
耐えられなかったのかもしれない。あるいは，それもまた純粋に人間である
ことの一部であり，自分に気づくことの一部であり，いくつかの体験は——
私たちがこれまでずっと体験してきたことでさえ——「あまりに感覚的にす
ぎ／あまりに混み入っていて，あまりに混沌としており／想像するには，あ
まりに存在しすぎている」（Frost, 1942, p305）のかもしれない。こうして私
たちはその体験に背を向けていく。

　物語はここで終わりを迎えるように思えたが，短いパラグラフが残っている。

　　断食芸人は藁と一緒に埋められた。その檻には一頭の若い豹が入れら
　れた……豹には何ひとつ不自由なものはなかった。豹がうまいと思うも
　のは，飼育員たちによって何の躊躇もなくどんどん運ばれてきた。彼は
　自由を恋しがっているようでさえなかった。必要なすべてのものをはち
　きれんばかりにそなえたその高貴な身体は，自由さえをも携えて闊歩し
　ているように見えた……見物人たちがその衝撃に耐えるのは容易ではな
　いほどの生きることの喜びが，豹の喉元から燃え盛る情熱と共に吐き出
　されていた。だが，それでも見物人たちはぎゅっと身構え，檻の周りに
　ひしめき寄り，まったくそこから立ち去ろうとはしなかった。

They buried the hunger artist, straw and all. Into the cage they
put a young panther……The panther was all right. The food he liked
was brought him without hesitation by the attendants ; he seemed
not even to miss his freedom ; his noble body, furnished almost to the
bursting point with all that it needed, seemed to carry freedom around
with it too……The joy of life streamed with such ardent passion from
his throat that for the onlookers it was not easy to stand the shock of

it. But they braced themselves, crowded around the cage, and did not want ever to move away.（p277）

　生に飢えている豹は，一見すると，いつかは「うまいと思う食べもの」を見つけ，そのことを認識することができ，それにより自分を「生きることの喜び」で満たせるようになりたいという断食芸人の夢の化身であるかのように思える。だが，よく考えれば，豹は動物的な生と動物的な欲に満ちてはいても，人間ではないし，自意識もない。彼がサーカスの檻に閉じこめられている自分に気づいていないようであることは——「彼は自由を恋しがっているようでさえなかった」——正気であることを手放さない限り，苦痛に晒されている自分を知り，知ることの痛みを味わうことを運命づけられている私たち人間には決して得られない恩恵である。正気を保ったまま人間的になることは，意識性という「贈り物」から生まれる人間ならではの痛みを生き続けることなのだろう。

結びのコメント

　この二部構成のエッセーの最初のパートでは，カフカがその人生においても，『断食芸人』（1924）においても，たとえ甚大な心的苦痛に見舞われることになったとしても，それでもなお自分に「目覚めた」（自意識をもつ）状態を達成し，維持していく苦闘に，たえずはまりこんでいたように思えることを示してきた。断食芸人は——そして，私が思うにカフカもまた——自分が欲し，必要としているものを，その人生のなかで見出すことができなかったのだろう。

　人生のなかに欲するものを見出せなかったこと以上に悪夢的なのは，断食芸人がそもそも生への欲自体を欠いている（愛することも喜ぶこともできない）可能性である。それは自分がうまいと思う食べものや人々，あるいはそれを感じる自分自身を，彼がこれまでも，これからも，決して「見出す」ことができないからである。と同時に，私がいま述べたことと不可分なもうひとつの体験が，この物語の言語のなかに生き生きと表現されている——断食

芸人は遂に自分がうまいと思う食べものを見出したのである。だが，その喜びをかみしめることができたのはほんの束の間で，彼はその後すぐに——完全に破壊してしまうことはなかったものの——その食べものも，自分自身をも攻撃してしまうのだった。

『断食芸人』は単に自己‐覚知に至るための苦闘について記された物語ではない。これはカフカが物語を書くという行為のなかで，自分自身に向き合おうとした文学作品のひとつである。この物語を書いているカフカの体験は，自分は何者なのかという，その真実に立ち合おうとする芸術作品を創造する体験となっており，さらには，そうするに相応しい真実と共に何かを成していく行為となっていたように私には思える（Ogden, 2000）。1888年にニーチェは「私たちには芸術がある」「それゆえに私たちは真実によって破壊されはしない」（Grimm, 1977, p67を参照）と述べた[4]。『断食芸人』を書くにあたって，カフカは自分を破壊してしまうことなく，真実を形づけ，真実に活力をもたらす芸術を創作したように私には思える。

断食芸人とは違い，カフカ自身はこの物語を書く体験に純粋なる喜びを感じることができ，その体験を破壊せざるをえないとは感じなかったのだろう。このような憶測は，カフカがマックス・ブロートに伝えた二度目の指示のなかで，自身の死後も『断食芸人』の原稿は処分しないよう求めたことと，彼が死の数日前に，この物語を校正し終えた際に友人や医師の前で見せた「とめどなく流れゆく涙」によって裏づけられている。

このエッセーの第二部では（次章では），ボルヘスの生涯と彼の物語である『バベルの図書館』（1941）について検討し，最後にカフカとボルヘスがその生涯において——彼らの芸術という名の人生において——意識性の創造についてそれぞれどのように扱ったのかを比較して，議論を締めくくるつもりである。

註1　本章および第7章のエッセーは，私が精神分析家たちや，創作作家たちや，詩人たちが書いたものをクロース・リーディングしてきた一連の論考の最新作である。これまでの論考でも今回のものでもそうだが，私は無意識の意味が意識の背後にあるわけでも，意識の下にあるわけでもなく，意識性のな

第6章　意識性という「贈り物」，その暗きアイロニー　169

かに横たわっていることと同じように，言語の意味というものは，その言語の背後にあるわけでも，下にあるわけでもなく，その言語のなかに横たわっているというアイデアでもって議論を進めている。たとえば，フロスト Frost（Ogden, 1998, 1999），スティーブンス Stevens（Ogden, 1997），ウィリアム・カルロス・ウィリアムズ William Carlos Williams（Ogden, 2006a），ヒーニー Heaney（Ogden, 2001a），あるいはフロイト（Ogden, 2002），ウィニコット（Ogden, 2001b），ビオン（Ogden, 2004, 2007b），ローワルド（Ogden, 2006b），サールズ（Ogden, 2007a）らの作品に関する検討を参照してもらいたい。

註2　本稿の第一部でカフカの物語（1924）を，第二部でボルヘスの小説（1941）（第7章参照）をクロース・リーディングするにあたり，私は原文にもっとも忠実であると広く考えられている英語訳（by W. Muir and E. Muir and by J. Irby）を使用することにした。もちろん，原文のドイツ語やスペイン語と英語とでは，言葉の意味や響き，フレーズや文章のリズムが異なってくる。とはいえ，原文と翻訳文との比較は本稿の範囲を超えているため，ここではこれらの英語訳をそのままテクストとして用いている。

註3　特にことわりがない限り，この項のすべてのページ参照はカフカの『断食芸人』の引用ページのことである。

註4　Wir haben die Kunst, damit wir nicht an der Wahrheit zu Grunde gehn.（真実によって滅びてしまわぬために，私たちには芸術があるのだ）。

文　献

Borges, J. L.（1941）. The library of Babel. In D. Yates and J. Irby（eds）, Labyrinths: Selected stories and other writings（pp. 51–58）.（J. Irby, Trans.）. New York: New Directions, 1964.

Brod, M.（1953）. Epilogue. In F. Kafka, The trial（pp. 252–256）.（W. Muir and E. Muir, Trans.）. New York: Penguin.

Brod, M.（1960）. Franz Kafka: A biography.（G. H. Roberts and R. Winston, Trans.）. New York: Da Capo, 1995.

Canetti, E.（1974）. Kafka's other trial: The letters to Felice. New York: Schocken Books. Citati, P.（1990）. Kafka.（R. Rosenthal, Trans.）. New York: Knopf.

Frost, R. (1942). Carpe diem. In R. Poirier and M. Richardson (eds), Robert Frost: Collected poems, prose and plays (p. 305). New York: Library of America, 1995.

Grimm, R. H. (1977). Nietzsche's theory of knowledge. Berlin/New York: Walter de Gruyter.

Kafka, F. (1913). The stoker. In N. Pasley (ed. and Trans.), The transformation ("Metamorphosis") and other stories (pp. 48–75). New York: Penguin, 1992.

Kafka, F. (1915). The metamorphosis. In N. Glatzer (ed.), Franz Kafka: The complete stories (pp. 89–139). (W. Muir and E. Muir, Trans.). New York: Schocken Books, 1971.

Kafka, F. (1919). Letter to his father. (E. Kaiser and E. Wilkins, Trans.). New York: Schocken Books, 1953.

Kafka, F. (1924). A hunger artist. In N. Glatzer (ed.), Franz Kafka: The complete stories (pp. 268–277). (W. Muir and E. Muir, Trans.). New York: Schocken Books, 1971.

Kafka, F. (1937). The trial. (W. Muir and E. Muir, Trans.). New York: Schocken Books.

Kafka, F. (1964). Diaries, 1910–1923. (M. Brod, ed.). (J. Kresh, M. Greenberg, and H. Arendt, Trans.). New York: Schocken Books.

Ogden, T. H. (1998). A question of voice in poetry and psychoanalysis. Psychoanalytic Quarterly, 66, 426–448.

Ogden, T. H. (1999). "The music of what happens" in poetry and psychoanalysis. International Journal of Psychoanalysis, 80, 979–994.

Ogden, T. H. (2000). Borges and the art of mourning. Psychoanalytic Dialogues, 10, 65–88.

Ogden, T. H. (2001a). An elegy, a love song and a lullaby. Psychoanalytic Dialogues, 11, 293–311.

Ogden, T. H. (2001b). Reading Winnicott. Psychoanalytic Quarterly, 70, 299–323.

Ogden, T. H. (2002). A new reading of the origins of object-relations theory. International Journal of Psychoanalysis, 83, 767–782.

Ogden, T. H. (2004). An introduction to the reading of Bion. International Journal of Psychoanalysis, 85, 285–300. Reclaiming Unlived Life 136

Ogden, T. H. (2006a). On teaching psychoanalysis. International Journal of Psychoanalysis, 87, 1069–1085.

Ogden, T. H. (2006b). Reading Loewald: Oedipus reconceived. International Journal of Psychoanalysis, 87, 651–666.

Ogden, T. H. (2007a). Reading Harold Searles. International Journal of Psychoanalysis, 88, 353–369.

第 6 章　意識性という「贈り物」，その暗きアイロニー　　171

Ogden, T. H. (2007b). Elements of analytic style: Bion's clinical seminars. International Journal of Psychoanalysis, 88, 1185–1200.

Pawel, E. (1984). The nightmare of reason: A life of Franz Kafka. New York: Farrar, Straus and Giroux.

Robert, M. (1992). Franz Kafka's loneliness. London: Faber and Faber.

Robertson, R. (1987). Kafka: Judaism, politics and literature. New York: Oxford University Press.

第7章

全と無を包みこむ文字の生
―― ボルヘスの『バベルの図書館』――

全 と 無

　このエッセーの第二部では，ボルヘスがその当時や私たちの時代における意識性の創造にどのように貢献し，彼が意識性に付随する心的な課題を，その人生のなかで，その文学的人生のなかで，どのように扱おうとしたのかを検討する。本章では，まずボルヘスの成育史を簡単に紹介し，次に彼の物語である『バベルの図書館』（1941a）をクロース・リーディングする。エピローグでは，人間的な意識性によって可能となる心的な痛みと喜びに折り合いをつけていくカフカとボルヘスのそれぞれのやりかたを対比させながら検討する。

　このことと関連して，このふたりのもっとも根本的な違いをあげるとすれば，おそらくそれはそれぞれの芸術との関係の仕方にあると思われる。カフカにとっては書くことが彼の人生の不穏な情緒的真実が彼を破壊してしまうのを防ぎつつ，そのような真実を輪郭づけ，そこに命を吹きこむ役割を担っていたのに対し，ボルヘスにとって書くことは（そして，読むことは）彼を揺さぶりつつも，彼に大いなる歓喜と純粋な楽しさをもたらす情緒的真実を発見し，創造する体験となっていた。カフカにせよ，ボルヘスにせよ，その文学的な生は決して「現実生活」からの逃避などではなかった――むしろ，それこそが他の何よりもリアルな生となっていた。

　これから見ていくように，ボルヘスが創り出した文学的な生――これま

173

で誰も創造したことのない文学的な生の様式——における意識性の理解には，カフカとその文学作品が核とするものとはまったく異なる一連の情緒的要素が関与している。以下，私はボルヘスに特有の情緒的表現を同定し，彼の作品が西洋文学の発展を変えただけでなく，私たちが自己 - 意識的 self-conscious な存在として自らを生かそうとするありようを輪郭づけてきたことを理解していくうえでのひとつのコンテクストを創り出してみようと思う。

　ただ，ボルヘスの生涯を検討する前に，ここで個人的な覚書を挿入しておきたい。私はとにかくカフカとボルヘスと時を共にしたいがためにこのエッセーを書き始めたのであり，このふたりの作家に何か特別な結びつきがあると思っていたわけではなかった。だが，このエッセーを書き進めるなかで，ボルヘスがカフカの小説をスペイン語に翻訳した最初の人物であったことを知り，さらには，その翻訳を（序文と併せて）出版したのは彼が新しいジャンルの短編小説（伝奇集 ficciones）を考案するほんの数ヵ月前であったことを私は知った。

ボルヘス

　誰もがそうであるように，ホルヘ・ルイス・ボルヘスも言語のなかへと生まれ落ちた[1]。ボルヘスの言語世界には英語とスペイン語が同時的に成立していた。父方祖母であるファニー・ハズラムはイギリスのスタフォードシャーで生まれ育ち，20代のころにブエノスアイレスに移り，そこでアルゼンチン軍人のフランシスコ・ボルヘスと出会って結婚した。彼らにはふたりの息子がおり，その弟のほうがボルヘスの父ホルヘ・ギリェルモ・ボルヘスであった。彼の母国語は英語だった。

　ボルヘスの母親は代々有名な軍事指導者を輩出してきたアルゼンチンの旧家の出だった。ボルヘスは 1899 年にブエノスアイレスで生まれ，それから 2 年後に妹のノラが生まれた。ボルヘスの一家は祖母ファニー・ハズラムの家で暮らしていた。この種の同居は当時の若い夫婦においてはさほど珍しいことではなかった。ボルヘスの祖母と父親はイギリス文学をこよなく愛

し，父の書斎にある何千冊もの本（すべて英語で書かれたもの）をボルヘスに読み聞かせるのを何よりも楽しみにしていた。「私の人生の主要な出来事をあげよと言われたら，私は父の書斎と答えるでしょう。実際，私はその書斎の外に出たことがないのではないかと思うことが時々あります」（Borges, 1970, p209）。ボルヘスはスペイン語の読み書きを覚える前に，英語のほうを先に覚えた。「後に『ドン・キホーテ』を原書で読んだのですが，私には何だか質の悪い翻訳のように響きました」（Borges, 1970, p209）。ボルヘスは子どものころから完全なるバイリンガルであったため，スペイン語と英語が異なる言語であることにしばらく気づけないでいた。彼はスペイン語と英語を同じ言語の二種の異なる形式だと捉えており，一方は父や祖母と話したり，読書したりする際のより文学的な形式であり，もう一方は母や使用人と話す際のより日常的な形式であると考えていた（Borges, 1970）。

　スペイン語の世界と英語の世界の分断は，単に言語的な問題だけに留まらなかった──それはボルヘス自身の感覚に決定的な分断をもたらしていた。英語は父親との深いつながりの構成要素となっていた。

　　父はとても聡明で，すべての聡明な男がそうであるように，とても親切でした……詩というものの力──つまり，言葉は単にコミュニケーションの手段であるに留まらず，魔術的な力をもつ象徴であり，音楽でもあるということ──を私に示してくれたのが彼でした（Borges, 1970, pp206-207）。

　一方，彼にとってスペイン語の世界は，長年にわたり輝かしい軍歴をもつ母親家系の世界であった。ボルヘスが育った家のリビングには剣や勲章と共に英雄となった軍人たちの銀板写真が燦然と飾られていたが，彼自身は幼少時から身体が弱く，自分が誉高い軍人一家の末裔であるとは到底主張できないと感じていた。

　　私は物心ついたときから，自分が何の行動力もない本の虫であることに忸怩たる想いを抱いてきました。そして，子ども心にいつも，愛され

第7章　全と無を包みこむ文字の生　175

ることは自分には過分なことではないかと感じていました。自分が何らかの愛情に値する人間には思えなかったのです。誕生日になると恥ずかしくてたまらなかったのを覚えています。そうされるに相応しいことなど何ひとつした覚えがないのに，みんなが私の前にプレゼントを積み上げるのを見ると，自分がペテン師にでもなったような気がして恥ずかしかったのです（Borges, 1970, pp. 208-209）。

　加えてボルヘスは「私がその感情を乗り越えたのは，30歳かそこらになってからでした」（p209）と述べている。だが，どう見ても，彼はそのような想いを完全に克服できてはいなかった。彼の恥の感覚はそのほとんどが彼の身体と結びついていた。彼は自身の身体に嫌悪感を抱いていた（Monegal, 1978）。

　ボルヘスの母親とのつながりは，父親とのつながりよりもはるかに依存的なものとなっていた。

　　　私は母から……人付き合いのよさを受け継いでいると思います……母は私の父から英語を学びましたが，それからは彼女の読書のほとんどが英語の本になりました。彼女は常に私のよき仲間であり——その晩年は，特に私が視力を失って以降は［そのとき彼女は彼に本を読み聞かせ，彼の口述筆記を手伝い，旅にも同行していた］——理解ある寛容な友でした（Borges, 1970, p207）。（［　　　］はオグデンによる補填）

　事実，ボルヘスは60代のころの3年間の短い結婚生活を除いて，彼女が99歳で亡くなるそのときまで母親と一緒に暮らした。

　ボルヘスは9歳まで自宅で教育され，友人と呼べるのは妹のノラとふたりが考え出した空想上の友達のみだった。彼はほとんどの時間を読書に費やし，8歳で初めて物語を書き始め，9歳のときにオスカー・ワイルドの『幸福な王子』をスペイン語に翻訳した。「それがブエノスアイレスの日刊紙『エル・パイス El País』に載ったのです。ただ，訳者名を"ホルヘ・ボルヘス"としたので，人々は当然のようにその翻訳は私の父のものだと思ったようです」

(Borges, 1970, p211)。

　ボルヘスは先天性の眼の病気をもって生まれた——この病は父と祖母，そして彼女の三代前から続く変性疾患だった。ボルヘスの視力は生まれつき弱く，55歳になるまで悪化の一途を辿り，以降，読み書きする能力を完全に失った。ボルヘスの父親は英語と心理学の教授で，出版には至っていない小説家でもあった。だが，彼の視力は40歳で完全に断たれてしまった。ボルヘスと父親のあいだには，互いへの愛情と文学に対する共通した愛に加えて，悲しみに満ちた要素もあった。

　　父が視力を失ったとき，私はまだほんの子どもでしたが，そのころから，そうした事情によって奪われてしまった父の文学的運命を果たすことこそが私の務めであると感じるようになりました。このことは至極当然のことのように思えました（そして，このようなことこそが，単にそう言われたからということよりもはるかに重要なのです）。私は作家になることを運命づけられていたのです（Borges, 1970, p211）。

　父親の失明の治療法を求めて，1914年に一家はスイスに渡った。だが，第一次世界大戦の勃発により，そのまま身動きが取れなくなった。当時，思春期だったボルヘスはジュネーブの私立学校に通学し，そこでラテン語，ドイツ語，フランス語を学んだ。ブエノスアイレスの学校では「ほとんどの級友から嘲笑され，いじめられた」（Borges, 1970, p212）ためにかなり辛い想いをしたが，ジュネーブでは級友たちがとても親切であることに気づき，彼は驚いた。

　　［訳者註：授業はすべてフランス語で行われており，ボルヘスが授業単位を落としてしまったとき］私に何も言わず，級友たちは全員で署名した嘆願書を校長に提出しました。私が自分にとっては外国語であるフランス語で諸々の授業を受けねばならなかった点を指摘し，校長にこのことを配慮するよう頼んでくれたのです。そして，親切なことに，校長もまたその申し出を取り入れてくれたのです（Borges, 1970, pp214-215）

第7章　全と無を包みこむ文字の生　　177

ボルヘスはこの自伝を71歳のときに記しているが，いまなお彼がこの予想だにしていなかった，そして，おそらくはこれまで一度も体験したことのなかった友情溢れる行為に感動していることに，私もまたこころ打たれるものがある。

　その後，ヨーロッパで中等学校 secondary school を卒業したボルヘスは（彼は可能な限りの正規教育課程を辿った）執筆に専念し，スペインの前衛的文学運動に参加するようになった（Woodall, 1996）。戦後，一家はブエノスアイレスに戻り，そこでボルヘスは最初の詩集『ブエノスアイレスの熱情 Fervor de Buenos Aires』（1923）を出版した。ボルヘスはこの詩集のことをふりかえって，次のように述べている。

　　　これ以降の作品はすべて，そこで取り上げた主題をただ展開してきたにすぎないのではないかと思ったりもします。私は生涯を通じて，あの一冊の本を書き直し続けてきたように思うのです（Borges, 1970, p225）。

　この語りからは，未来が過去に宿り，過去が未来に宿る，そのようなボルヘスの体験が聞こえてくるようである。

　人生全般にわたって，ボルヘスは女性に対して内気で奥手なままだった。彼の父親はよかれと思って思春期の彼をジュネーブの売春宿に連れていき，そこでセックスの手ほどきを受けさせた。だが，ボルヘスはこの体験の屈辱感を生涯引きずったようである（Woodall, 1996）。成人後はひっきりなしに女性と恋に落ちたが，関係は長続きしないか，彼にとって耐え難いものとなるばかりだった。「彼には数えきれないほどの婚約者がいました」（Monegal, 1978, p184）。彼自身は相思相愛だと思っていた関係の多くは，彼の希望的観測にすぎなかった。こうした関係のなかでも特に辛かったのは，ブエノスアイレス文学サークルの一員であり，美しく，魅力的な女性詩人ノラ・ラングとの報われぬ恋だった（Williamson, 2004）。

　30代半ばになると，ボルヘスの詩と散文詩はブエノスアイレスの作家や知識人のあいだで話題となり，架空の著者による架空の作品を書評する人と

して知られるようになった（Woodall, 1996）。架空の著者による本を書評していくなかで，ボルヘスは次第に書評者としての自分を，その文学の考案者としての自分（彼が書評している架空の本の著者）から切り分けるようになっていった。

ブエノスアイレスの新聞や文芸誌に寄稿した対価だけでは自活が難しかったため，36歳時にボルヘスは（依然として実家暮らしではあったが）ブエノスアイレスの郊外の荒れた地域にある市立図書館の小さな分館で司書補佐として働くことにした。仕事はほとんどなく，彼は図書館の地下書庫で本を読んだり書いたりしながら一日を過ごした。この図書館で働いた9年間は，彼の人生のなかでも，もっとも孤独なものだった——「それは終始不幸な9年間でした」（Borges, 1970, p241）。

ボルヘスはこの図書館で過ごした数年のあいだに二重生活を送るようになった。

> 皮肉なことに，当時の私はかなり有名な作家になっていました——図書館の外では，ですが。同僚のひとりが百科事典のなかにホルヘ・ルイス・ボルヘスという名前を見つけ，その生年月日まで私と同じであるのを不思議がっていたのを思い出します（Borges, 1970, p242）。

作家百科事典に名を連ねる文学者ボルヘスと，実家暮らしで，図書館勤務で，可能な限り物を書き，本を読むボルヘスとの分裂の萌芽がすでにここにある。

ボルヘスがカフカの短編や小説（ドイツ語）を読み始めたのは，その図書館で勤務する数年間のことであった。カフカの著作に多大な感銘を受けたボルヘスは，1938年にカフカ作品に関する多くの書評や文学的エッセーを記し，前述したように，カフカの小説のスペイン語訳を初めて出版した（Monegal, 1978, p312）。ボルヘスはその翻訳書の序文で次のように述べている。「カフカの作品を最大限に楽しむことは……あらゆる解説に先立つものであり，そのようなものに依拠するものではないのだ」（Monegal, 1978からの引用, p312）。換言すると，物語というものは文学的出来事——読んだり，

第7章　全と無を包みこむ文字の生　179

書いたりする体験——そのものとして存在しており，その物語のなかに世間の情勢や人間のありように関するメッセージや解説を読み取ったり，何かしらの意味づけをなしたりする必要などないということだろう。これは確かにボルヘスが自身の小説をそのように読んでもらいたいと願っていた読み方であった。ボルヘス自身，短編小説の熱心な読者であったにもかかわらず，彼は次のように述べている。「作家としての私は長らくのあいだ短編小説は自分の手に余ると考えていました」（Borges, 1970, p238）。

　1938 年のクリスマスイブの日に（父が亡くなった年であり，カフカの翻訳を出版した数週間後のことだった）ボルヘスは最近懇意にしていたある女性を母親に紹介するつもりでいた。だが，その日の午後，彼は女性のアパートの階段を上っているときに，塗りたてのペンキを乾かすために開け放していた窓枠の角に頭をぶつけ，額にひどい裂傷を負った。視力の悪い彼には窓がよく見えていなかったゆえである（Williamson, 2004, p238）。さらに傷口が細菌感染を起こして敗血症を招き，ひどい高熱と幻覚に襲われ，話す能力まで失われた。彼は入院し，感染部の摘出手術を受けることになった。1 ヵ月ものあいだ，彼は生死の境をさまよった。

　意識を取り戻した彼がもっとも恐れたのは，脳を損傷したことで二度と書けなくなるのではないかということだった。自分がまだ書けることを証明するために，彼はこれまで書いたことのない形式の文学にチャレンジすることにした。その成果が『ドン・キホーテの著者，ピエール・メナール』であった（Borges, 1970, p243）。この物語はボルヘスがこれまで書いたことのない形式であっただけでなく，これまでに誰ひとりとして書いたことのない形式で書かれていた。『ピエール・メナール』はボルヘスの最初の伝奇 ficciones であり，20 世紀文学の発展に多大な影響を及ぼしただけでなく，作者とその作者が考案した登場人物との関係や，夢見者とその夢見者が夢見る夢のなかの人物たちとの関係や，あるいはその夢見者を夢見る夢のなかの人物たちとの関係をめぐる新たな感覚を発展させた短編小説となっていた（Borges, 1941b）。

　ボルヘスはフアン・ペロンがアルゼンチン大統領に選出される 1945 年まで図書館で働き続けた（ここで彼の傑作となる伝奇の多くが執筆された）。

ボルヘスはペロンの大統領選への立候補に強く反対し，公の場で"彼はナチスだ"と非難した（Monegal, 1978）。当選後，ペロンは直ちにボルヘスをブエノスアイレス市営の養鶏検査官のポストに「昇進」させた。無論，ボルヘスは辞退した。アルゼンチン憲法が実質無際限の大統領権限に置き換えられたペロン独裁政権の 10 年間，ボルヘスは歯に衣着せぬ反対者であり続けた。ボルヘスの母と妹はペロン反対運動に積極的で，反ペロンデモに参加したことで妹は投獄され，母親は自宅軟禁に処された（それぞれ 1 ヵ月間）。ボルヘスは母のようにその種のデモに参加しなかった自分の臆病さを恥じていた（Williamson, 2004）。

図書館の職を失い，一家の唯一の稼ぎ頭であったボルヘスは別の働き方を見出さねばならなくなった。当時の彼は人前で話すことへの強い恐れから講演の仕事ができずにいた。以前に講演を引き受けたときには，講演資料を知人に代読してもらい，彼自身はホールの裏手に座ったまま，ひどく恥ずかしい思いをしたものだった。だが，彼は必要に迫られてこの恐怖を克服せざるをえなくなり，比較的短期間で絶大な人気を誇る講師になった。「私はアルゼンチンとウルグアイを北へ南へとあちこち旅して……講演しました。私はこの仕事をこころから楽しむことができました。そして，この仕事は私の存在を正当化してくれるように思えました」（Borges, 1970, p245）。

ただ，これは言いすぎているところがあり，実際には彼が人前で話すことの恐怖を克服するのに 20 年以上の歳月を要した。彼は講演前には強いアルコールを数杯飲み干し，おかげで講演後には疲れ果てて二日酔いに見舞われた。

ペロンが政権を握った同年に——1945 年に——ボルヘスはブエノスアイレスの心理療法家であるコハン・ミラー博士の心理療法を受け始めた（当時のブエノスアイレスでは心理療法は珍しかった）。コハン・ミラーの回想によると，そのころのボルヘスは愛した女性にふられ，女性に対する苦手意識に苦しんでいたようである。また，彼は人前で話すことの恐怖や父親に対するさまざまな想いに関して治療的な支援を求めていた（Williamson, 2004；Woodall, 1996）。

ボルヘスにとって，公開講演者として生計を立てねばならないことへの心理的負荷は並大抵のものではなかった。理由を明らかにするのは難しいが，

図書館に勤務していた期間とその後の10年間で，彼は少しずつ「ボルヘス」として知られる人格を創り上げていった。時が経つにつれ，彼の親しい友人でさえ，彼を「ボルヘス」と呼ぶようになっていった。ボルヘスは「ボルヘス」との複雑な関係を生きていた。その関係は彼の作品のなかでももっとも感動的な作品である『ボルヘスとわたし』（Borges, 1957）のなかに描かれている。

> 事が起こるのは，ボルヘスと呼ばれるもうひとりの人に対してである……私はボルヘスのことを郵便物から知り，彼の名を教授リストや人物辞典のなかで見かける……ボルヘスが彼の文学をひねり出し，この文学が私を正当化するために，私は生き，自分を生かしたままにする……私は私自身のなかにではなく，（たとえ私が何某かの存在であるということが本当のところであったとしても）ボルヘスのなかに留まり続けるだろう。しかし，私は彼の本のなかよりも，その他のものに，ぎこちなくかき鳴らされるギターの音色のなかに，自分を見出す……私にはわからない。私たちのどちらがこのページを書いたのか（pp246-247）。

ボルヘスと「ボルヘス」の関係は単純ではない——ふたりは複雑に絡まり合っているが，それでも「もうひとりの人」は，その人生において公の舞台に立つことを余儀なくされたボルヘスの隠れ蓑にもなっていた。重要なのは，このようにしてボルヘスが人生という名の物語の登場人物として自分自身を創造した（そして，自分自身を見失った）ことである——「このように私の人生は逃避行であり，私はすべてを失い，すべては忘却のもとへと，あるいは彼（もうひとりの人）のもとへと帰してしまうのだ」（Borges, 1957, p247）。ボルヘスの人生は単に文学的であったのではなく，それは文学そのものであり，彼はその文学の語り手だった。

このような展開を，ボルヘスが自分自身やその人生を損なわせていると見做すのは間違っている。読み手としても，書き手としても，ボルヘスにとって文学は計り知れないほどの享楽の源泉であり，おそらくは人生最大の喜びであった。その喜びは紛れなきものであり，『神曲』を読んだときにボルヘス（1984a）は次のように語っている。

この喜びを奪い去る権利など誰にもありはしない……それは何年ものあいだ，私と共にあった。そして，明日この本を開けば，これまで見えていなかったものが見つかることを私は知っている。この本が私の，私たちの覚醒生活を超えていつまでも続いていくことを私は知っている（p25）。

ボルヘスにとって，本と文学がこの上なく大切なものであったことは，次の語りからも窺える。

私は本が潰えることなどないと信じている。そんなことはありえない。人間の数ある発明のなかで，本こそが驚異的なものであることは疑問の余地がない（Borges, 1984b, p34）。

もう少し軽いエピソードとしては，行きつけの書店で北欧文学の本を見つけたときに，彼が店主に「すでに家にあるので，この本を買えないのが残念だよ」と言った話をあげることができるだろう（Barnstone, 1993）。

1955年にペロンが軍事政権によって倒されると，ボルヘスは国立図書館の館長に任命された——このころには彼はアルゼンチンで絶大な人気を誇り，影響力ある著名人となっていた。その同年，ボルヘスの失明が進行し，遂に読み書きができなくなってしまった。この事態を彼は「私に80万冊の本と同時に暗闇を授け給うた神の見事な皮肉」（Borges, 1970, p250）と（口述筆記で）記している。

ボルヘスの60代は相当に波乱万丈なものだった。国際的な文学賞であるフォルメントール賞をサミュエル・ベケットと共に受賞したことで，彼は初めて国際的に認められることになった。ボルヘスの短編集や詩集，エッセー集は，英語をはじめ5ヵ国語で出版された。彼は国際的な講演ツアーに取り組み始め，アメリカやヨーロッパの主要大学で客員教授を務めた。このツアーのほとんどに母親が同行した。失明により，彼は緻密に構成された小説はもちろん，自由詩さえも書けなくなっていたからだった。

このころに彼は結婚した。その主な理由は，完全に失明したことで，彼の

身の回りのことを管理し，当時80代だった母親を世話してくれる人を要したからだった（Williamson, 2004）。結婚後もボルヘスは食事のほとんどを母親と共にした。当然ながら結婚生活はうまくいかず，彼は結婚後3年で妻と別れ，母親のもとに戻った。

　こうした出来事と時を同じくして，ボルヘスは30歳以上も年下の女性と恋に落ちた。ふたりが出会ったのは彼女が大学生のときであり，彼女は北欧言語と北欧神話に関する彼のセミナーを受講していた。その女性，マリア・コダマは，ボルヘスの生涯最大の恋愛相手となった。彼女は凄まじいほどの自立心をもった女性であり，20年にわたる交際のあいだ，自分で生計を立てるのを放棄することも，ボルヘスの名声に呑まれることも一切なかった。マリアの思慮深さと自立心を育んだのは，日本人で仏教徒である彼女の父親との親密な関係だった。彼女は子どものころから生涯結婚しないことをこころに誓っていた。深い慈愛の精神と結びついた彼女の知性は，ボルヘスの人生最後の20年に多大なる影響を与えた。

　短い結婚生活を送った数年間に，ボルヘスは致命的な判断ミスを犯すことになる。1973年にペロンが亡命先から帰国し，圧勝でアルゼンチン大統領に再選したとき，ボルヘスはアルゼンチン有権者の無知蒙昧さに愕然とした。こうして彼はアルゼンチン国民のなかの民主主義を生み出す能力を一切信用できなくなった。その3年後，ボルヘスはペロンの妻であるイサベル（1974年にペロンが大統領就任中に逝去したため，その後を継いで大統領となった）への軍事的な政権転覆を歓迎した。

　当時，チリで恐怖政治を指揮していたアウグスト・ピノチェト将校は，ボルヘスの政治への純朴さ，戸惑い，幻滅を利用する機会を窺っていた。友人や家族の強い反対にもかかわらず，1970年代にボルヘスはピノチェトの客人としてチリに何度も赴いた。そこで彼はさまざまな賞や名誉学位を得た。1976年，ボルヘスは民主主義など「迷信」だと断じ（ボルヘスの言葉の引用，Williamson, 2004, p425），アルゼンチンの専制的軍事政権を「兵士たちの，紳士たちの，まともな人たちの政府」と称した（p425）。ノーベル賞を受賞したチリの詩人パブロ・ネルーダは，ピノチェトを支持したボルヘスを糾弾した。こうしてボルヘスがノーベル賞を受賞する可能性は潰えた。

ネルーダやその他の多くの人たちから公に非難されるなか，ボルヘスはアルゼンチンの表舞台から身を引いた。彼の愛と関心はますますマリア・コダマに集約されていった。ふたりは常に連れ添いながらも，それぞれに独立した生活を送っていた。ボルヘスは彼女に何度も求婚したが，そのたびに彼女から断られた。ボルヘスにとって，ふたりの恋は彼の人生のあらゆる領域に影響する変容に満ちた体験だった。

次第に彼は啓蒙専制君主への理想を手放し，その代わりにアルゼンチンの民主主義をこころから信じるようになった。1983 年 10 月，アルゼンチンで民主的な選挙結果が発表されたその日の夜，ボルヘスは作家，有識者，政治的指導者を前にした演説の場で次のように語った。「私は民主主義への信頼を失っていました。しかし，［今日］10 月 30 日に起こったことは，私たちに希望をもつ権利と義務を与えてくれました」（Williamson, 2004, pp466-467）（［　］はオグデンによる補填）。

ボルヘスとマリア・コダマはその人生の晩年のほとんどをジュネーブで過ごした。1986 年，末期の肝臓癌と診断されたボルヘスは，ふたたびマリアに結婚を申しこんだ。彼女はそれを受け入れた。それから 3 ヵ月後の 1986 年 6 月にボルヘスはジュネーブで亡くなり，その地に埋葬された。彼の墓石にはボルヘスとマリアが 20 年以上の歳月をかけて共に学んできた北欧語の一文［訳者註：And ne forthtedon na（恐れることなかれ）］が刻まれている。その碑文は，ボルヘスとマリアが度々自分たちをその登場人物になぞらえてきた，ある北欧神話のラブストーリーから引いてきたものである。

『バベルの図書館』（1941a）

ここからは，ボルヘスのもっとも豊かで，もっともこころに染み入る小説のひとつである『バベルの図書館』を詳しく見ていくことにしたい。この物語は 1941 年に出版したものであり，ボルヘスが実家暮らしをしながら図書館に勤め，ひどい孤独を感じながらも想像力豊かな作家としてブエノスアイレスで有名になり始めていたころに書かれた作品である。

『バベルの図書館』のエピグラフ［巻頭句］はこうである。

この技により，あなたは考えられよう。

23 文字のヴァリエーションを……

『憂鬱の解剖学』第二部 第二節 第四項（1941a, p51）

By this art you may contemplate

The variation of the 23 letters……

The Anatomy of Melancholy, part 2, sect. II, mem. IV（1941a, p51）

　ある文章の断片であるこのエピグラフの言葉は，ぽかんとして何のことだかわからない読者をじっと見返してくる。著者の名前は特に書かれてはいない。これは架空の著者による架空の本なのだろうか？ それとも，この本と引用された一節は，この物語の作者（あるいは語り手？）にとっては馴染み深く，それなりに教養ある読者にはわざわざ著者名を記す必要などないということだろうか？

　二番目の推測が正解のようである。このエピグラフについて私なりに調べたところ，『憂鬱の解剖学』は 1621 年にロバート・バートンによって書かれた実在するテクストであることがわかった。バートンのこの分厚い本の第二部 第二節 第四項には，アルファベットの「23 文字のヴァリエーション」について深慮することが，いかに健全な「身体と精神のための鍛錬」となるのかが論じられている（Burton, 1621, p460）。この「23 文字」とは（紀元前 700 年ごろに起源をもつ）古典ラテン文字のことであり，現在のほとんどすべての西洋言語におけるアルファベットはここから派生したものである。J，U，W の文字音は［訳者註：古典ラテン文字にはこの三つの文字はない］他の文字との組み合わせによって後に生み出されたものである。

　「23 文字のヴァリエーション」。読むことと書くことを語るに際し，何とも奇妙で刺激的なやりかたではないか。このエピグラフには妙なカルト性がある。この著者は誰で，23 文字とは何なのか。これらのことを教えてもらわなくてもよい読者などほとんどいないだろう。ここには，バートンの本を知っている読者は秘密集団の一員として結びついているという暗黙の示唆がある。すなわち，ラテン文字やバートンの『憂鬱の解剖学』のことや，その手の共有知識によって結びつくカルトのことなど露ほども知らず日々の生活

186

を送っている我々のような人たちには計り知れない秘密のつながりが示唆されている。つまり，世界や社会の設計図には，目に見えない，秘密の文学的構造があるということだろう。

この物語はエピグラフの時点ですでに始まっている。そして，冒頭のパラグラフで再度始められる。

その宇宙（それを図書館と呼ぶ人たちもいる）は無数の，おそらくは無限に続く六角形の回廊で構成されており，そのあいだには大きな換気口があり，とても低い手すりで囲まれていた。どの六角形からも，上の階と下の階を果てしなく見渡すことができる。

The universe（which others call the Library）is composed of an indefinite and perhaps infinite number of hexagonal galleries, with vast air shafts between, surrounded by very low railings. From any of the hexagons one can see, interminably, the upper and lower floors.（Borges, 1941a, p51）[2]。

語り手が読者に最初に知ってもらいたいことは，「無数の，おそらくは無限に続く六角形の回廊」を「宇宙」と呼ぶ人々と，それを「図書館」と呼ぶ人々のあいだで世界が分かたれていることである。この分裂はカルトのテーマを引き継いでいる。そのカルトは，いまや宇宙を図書館だと信じる人々によって構成されている。

最初のパラグラフは次のように続いていく。

回廊の配置は変わらない。一辺につき五段の［本が並んでいる］長い本棚が二十段，二辺を除くすべての辺を覆っている。その高さ，すなわち床から天井までの距離は，通常の本棚の高さをわずかに超えるぐらいである。棚のない一辺が狭いホールに通じ，このホールは最初の回廊やその他のすべての回廊とそっくりな別の回廊へと通じている。ホールの左右にはふたつの小部屋がある。ひとつは立って眠るための部屋であり，もうひとつは排泄の用を足すことのできる部屋である。ここにはまた螺

旋階段が通っており，下は底なしの淵に沈み，上ははるかな高みへ昇っていく。ホールには鏡がかかっており，あらゆるものを忠実に写している。人々はいつもこの鏡を見て「図書館は無限ではないのでは」と推測する（本当にそうだとしたら，なぜ，このような幻想的な繰り返しがあるのだろうか？）。私はむしろその磨かれた面こそが無限を象り，無限を約束していると夢見ていたい……光はランプという名の球形の果実からもたらされる。それは各六角形にふたつずつ横に並んでおり，それらが発する光は十分なものではないが，消えることはない。（省略記号は原文のまま）（[　]はオグデンによる補填）

The distribution of the galleries is invariable. Twenty shelves [lined with books], five long shelves per side, cover all the sides except two ; their height, which is the distance from floor to ceiling, scarcely exceeds that of a normal bookcase. One of the free sides leads to a narrow hallway which opens onto another gallery, identical to the first and to all the rest. To the left and right of the hallway there are two very small closets. In the first, one may sleep standing up; in the other, satisfy one's fecal necessities. Also through here passes a spiral stairway, which sinks abysmally and soars upwards to remote distances. In the hallway there is a mirror which faithfully duplicates all appearances. Men usually infer from this mirror that the Library is not infinite (if it really were, why this illusory duplication?) ; I prefer to dream that its polished surfaces represent and promise the infinite……Light is provided by some spherical fruit which bear the name of lamps. There are two, transversally placed, in each hexagon. The light that they emit is insufficient, incessant. (p51, ellipsis in original)

　エピグラフのときと同じく，数字が溢れている。だが，それはいまや何倍にも膨れ上がっている。逆説的だが，図書館の構造は正確に定量化できる——数字，幾何学，シンメトリーといった観点から規定し，測量することができる——と同時に，規定しえないほどに巨大で，形がはっきりとせず，おそ

らくは全方向に無限に広がっている。

　語り手の声はエピグラフにてすぐさま輪郭づけられ，この最初のパラグラフでさらに肉付けられていく。「排泄の用を足す」「（鏡の）その磨かれた面こそが無限を象り，無限を約束していると夢見ていたい」などの表現は，どこか風変わりで，興味をそそられる――この言葉には，どこか特異的で，どこか拡張的な（おそらくは常軌を逸した）考え方や語り方が予示されている。

　このテクストの著者はいったい誰なのだろうか？　著者は誰に向けて書いているのだろうか？　省略記号（先に引用した「promise the infinite」の後の「……」）を挿入したのは誰なのか？　何が省略されたのだろうか？　それぞれの単語，句読点の一つひとつが目印であり，手がかりである。この物語は宇宙や社会の謎めいた構造に関するものではなく，この物語自体が謎めいており，迷宮のごとき文学的構造体なのである。

　冒頭のパラグラフの終わりの三文が不可解である――「光はランプという名の球形の果実からもたらされる。それは各六角形にふたつずつ横に並んでおり，それらが発する光は十分なものではないが，消えることはない」（p51）。これらの文章の曖昧さは，読者のこころに多くの疑問を投げかける――球形の果実が光を放っているのだろうか？　それとも「ランプ」という言葉が「球形の果実」という言葉に置き換えられており，それでもなお光を放ち続けているという意味なのか？　そうであるならば，言葉は任意にすぎず，別の言葉と（つまりは23文字の他のヴァリエーションにて）置き換えることができることになる。このようなやりかたで，このテクストの著者（ボルヘス？語り手？）は，たった一文のスペースにて，言語が事物，情緒，観念などに名を与える力と固く結びついていると称される現実世界から，実は言語が切り離されてしまっている可能性について示唆している。これらの文章を読むと，途轍もない密度の感覚（たった数個の単語のなかに膨大な数の思索が集約することで生まれる密度）と，言葉がその意味を超えて無限に外へ外へと引き延ばされていくような――それゆえに，どのような意味にもなりながら，結果として何の意味もなさなくなるような――大きな広がりの感覚とが組み合わさった体験を味わう。

　この冒頭のパラグラフで，すでに読者はボルヘスが繰り広げる文学的イマ

ジネーションの妙に対する驚きと，この物語が語られる，その声の響きがもたらす，どこか悲しげな感覚の両方を体験する。この著者は巧み clever である——むしろ巧みすぎるほどに巧みであり，あまりにも想像力に長けすぎている。語り手の声は何か不思議なもの，無限の図書館を見てきた（想像してきた）ひとりの男の声である。ただ，この不思議な図書館がいかに無限であったとしても，それがすべてであり，そこには動物の生も，植物の生も，愛情生活も，性愛生活も，風景も，演劇も存在しない。そのようなことが記された本が置かれているのみである。そして，その架空の著者は（そして，おそらくは「実際の著者」であるボルヘスもまた）その図書館の（そして，彼自身の広大な想像力の）囚人である。逆説的だが，図書館はすべて（宇宙）でありながら，同時に何もない（本が収蔵されているのみである）。「下は底なしの淵に沈み，上ははるかな高みへ昇っていく」。

　さらに別の水準では，どこまでがフィクションで，どこからが（ほんのわずかに偽装されただけの）自伝なのかという問題がある。ボルヘス（父の書斎で育ち，そこから出たことがなく，図書館の分館で9年ものあいだ孤独に働いてきた「現実」のボルヘス）と「ボルヘス」（彼自身の物語のなかの登場人物としての，その語り手としてのボルヘス）をどのように区分すればよいのだろうか？　著者はこの物語を書くという行為のなかで（単なる比喩ではなく）自分自身を創り上げているのだろうか？「伝記 biography」。この言葉は「人生を書く writing life」という意味のギリシャ語を語源としている。このことは書くということが単に人生の物語を伝えるだけでなく，書くという行為のなかで人生が創り上げられていくことを示唆している。ボルヘスもそうだったのだろう。

　物語が進むにつれ，語り手は（誰に向けてかはわからないが）この図書館に関するふたつの定理について説明していく。

　　第一に，図書館は**永遠を超えて**……［そして，これからも］未来永劫，
　　存在し続ける……第二に，**正書法上の記号の数は 25** である。（太字は
　　原文のまま）（［　］はオグデンによる補塡）
　　First：The Library exists *ab aeterno*……[and will continue for a] fu-

ture *eternity……Second：The orthographical symbols* [in which the books are written] *are twenty-five in number.*（pp52-53, italics in original）

これらの文章のうち，ふたつめの文の末尾には以下の註釈が付記されている。

　　原本［読者が読んでいる書物，すなわち『バベルの図書館』の元になっているもの］にはアラビア数字や大文字はふくまれていない。句読点はカンマとピリオドに限定されている。このふたつの記号とスペースと 22 の文字［実際の古典ラテン文字の前身となる文字］が，この不詳の著者がそれですべてだと考えた 25 の記号である（**編者註**）。
　　　　　　　　　　（太字は原文のまま）（［　］はオグデンによる補填）
　　The original manuscript [of the piece of writing that the reader is reading, i.e., "The library of Babel"] does not contain digits or capital letters. The punctuation has been limited to the comma and the period. These two signs, the space and the twenty-two letters of the alphabet [an alphabet that is a real precursor of the classical Latin alphabet] are the twenty-five symbols considered sufficient by this unknown author. (Editor's note.).（p53, footnote 1, italics in original）

　この註釈には理解の足掛かりとなる新事実がいくつか示されている。第一に，私たちが読んでいるテクストは原本ではなく，古典ラテン文字の前身である 22 文字で記されたテクストを転写したものである。つまり，私たちが読んでいるテクストの著者は，元の「不詳の著者」であると同時に，この註釈を書いた「編者」でもあったのだ。ここまで読者は編者のことをぼんやりとしか認識できていなかったが，ここにきて私たちはこの編者こそが本文の一部を削除し，その失われた言葉の代わりに省略記号を残した著者であることを知る。このテクストの著者は元の「不詳の著者」から編者へと，そして，この物語を書くという行為において「ボルヘス」（公的な人格）を創造していく「実際の著者」（ボルヘス）へと――と同時に，「ボルヘス」（公的な人

第 7 章　全と無を包みこむ文字の生　　191

格）はボルヘス（「ボルヘス」とは不可分な人物）を創造していく——連なっていく。

　このように，この物語における文学の無限性とは決して抽象的な概念ではない。それは書くという体験と読むという体験における文学的な出来事として生きている（「ボルヘス」の出現は，この物語を書いた当時のボルヘスには朧げにしか認識されていなかったかもしれないが，振り返って鑑みると，そのプロセスこそが物語に重要な次元を加味しているといえよう）。

　「300年前」（p53）に発見されたのは，図書館にあるすべての本が，22の文字とカンマ，ピリオド，スペースの一見ランダムなヴァリエーションによって構成されているということだった。

　　……この発見により，図書館に関する普遍的な理論を定式化することが可能となり，いかなる推測もそれまで明らかにしえなかった問題を，すなわち，ほぼすべての本が定型を持たない混沌としたものであるという問題を満足いく形で解決する見込みがついた。私の父が……見かけた一冊の本［明らかに無意味な文字とスペースの組み合わせで構成されている不可解な本］は最初の行から最後の行までM，V，Cの三文字が執拗に繰り返されているものだった……ある者たちは，それぞれの文字が次の文字に影響を及ぼしており，71ページ3行目のMVCの意義は別ページの他の箇所にある同じ組み合わせのものとは異なっていると仄めかしたりしたが，この漠然とした説はさほど普及しなかった。他にはこれを暗号と考える者もいて，この推測は広く受け入れられたが，その発案者が定式化した意味で受け入れられたわけではなかった。

　　　　　　　　　　　　　　　　　（［　］はオグデンによる補填）
　　……made it possible……to formulate a general theory of the Library and solve satisfactorily the problem which no conjecture had deciphered：the formless and chaotic nature of almost all the books. One [of these impenetrable books composed of apparently non-sensical combinations of letters and spaces] which my father saw 　……was made of the letters MCV, perversely repeated from the first line to the last

⋯⋯Some insinuated that each letter could influence the following one and that the value of MCV in the third line of page 71 was not the one the same series may have in another position on another page, but this vague thesis did not prevail. Others thought of cryptographs ; generally, this conjecture has been accepted, but not in the sense in which it was formulated by its originators. (pp53-54)

　これらの文章では，各ページが三つの文字とスペースの繰り返しで構成される本をめぐる架空の学説が取り上げられ，ほんの束の間（カンマで一呼吸置くあいだ）検討されるが，すぐさま否定される——「この漠然とした説はさほど普及しなかった」。このようにして，図書館での時間は文学的な出来事へと，つまりは太陽を周回する地球の動きやウランの同位体の分裂を測定することで産出されるものとは対照的な，"テクストを読む"という行為によって生成されるものへと変形されていく。

　だが，その直後（文と文のあいだのピリオドによって一呼吸置くあいだに），今度は別の想像上の学説（あるいは，想像という学説なのかもしれないが）が提起される——本の文字は暗号であるという説である。私たちはこの説については広く受け入れられたことを知るが（ただし，受け入れられた理由については示されていない），「その発案者が定式化した意味で受け入れられたわけではなかった」（p54）。換言すると，後世の解読者が真実としたテクストの解釈は，当初の解読者が考えていた意味での真実ではなかったということである。

　私にはボルヘスが文芸批評というものを風刺しているように見える——ある文芸批評家は，たとえ三つの文字とスペースが延々と繰り返されるだけであったとしても，あらゆる文章に意味を見出すことができるのだろうし，別の文芸批評家は，この無意味に見えるテクストに対して，最初になされた解釈と一見同じようでありながら，その実まったく異なる意味の解釈を創造しているのかもしれない。さらに広げれば，テクストというものはあらゆる意味を持ちながら，それゆえにいかなる意味も持たないのかもしれない（ここでボルヘスは**カバラ**に関するさまざまな数的解読についても言及している

のではなかろうか。「偶然の作用を受けない書物，無限の目的のメカニズム，無謬の変化，待ち受ける啓示，光の重なり……いったいどれほど研究せねばならないものか……」〔Borges, 1932, p86〕）。

図書館にはふたつの定理がある——図書館はいつでも存在し，これからも存在し続ける。そして，すべての本は 25 の正書法記号で構成されている。

　　……ある天才的な司書が図書館の基本法則を発見した……図書館は総体であり，その書棚には 20 あまりの正書法記号の組み合わせのすべてが（その数は非常に膨大ではあるが無限ではない），換言すると，あらゆる言語で表現しうるすべてのものが記録されていると推測した。すべてとは，未来に関する詳細な歴史，大天使たちの自伝，図書館に関する信頼に足るカタログ，幾千もの偽のカタログ，そのカタログの偽物性を証明するもの，真のカタログの誤謬を実証するもの，バシリデスのグノーシス派の福音書，その福音書の註釈，その註釈の解説，あなたの死の真相，すべての本に対するすべての言語による翻訳，すべての本のなかにすべての本を内挿したものなどを指す。

　　……made it possible for a librarian of genius……to deduce that the Library is total and that its shelves register all the possible combinations of the twenty-odd orthographical symbols (a number which, though extremely vast, is not infinite)：in other words, all that it is given to express, in all languages. Everything：the minutely detailed history of the future, the archangels' autobiographies, the faithful catalogue of the Library, thousands and thousands of false catalogues, the demonstration of the fallacy of those catalogues, the demonstration of the fallacy of the true catalogues, the Gnostic gospel of Basilides, the commentary on that gospel, the com mentary on the commentary on that gospel, the true story of your death, the translation of every book in all languages, the interpolations of every book in all books. (p54)

読むという体験のなかに，すべての時が永遠の現在という瞬間の内に存在

する感覚を創り出していくうえで，本当に素晴らしいやりかたになっている。この図書館には，すべての思考，すべての観念，すべての感情，表現しうるすべてのものが——果てなき過去から，果てなき未来までが——あらゆる瞬間に収められている。

　図書館には「すべて everything」が収められていると考えられたため，「人類の根源的な謎の解明が期待された……見つかるかもしれない」(p55)。だが，こうした希望は薄れていき，自殺者が増えた。図書館にはありとあらゆる本が収蔵されているゆえ，「その六角形のなかで，解決しえない個人的問題や世界的問題はなくなった」(p55) と信じられた時期が長らく続いた（私たちはこのことをいまや架空の歴史家となっている語り手から教えられる）。また，各人が自分とその人生を「弁明 vindicated」(p55) してくれる本を見つけられるかもしれないという期待が抱かれたが，「それを探し求める者たちは，その人が自身の"弁明の書 Vindication"を見つけられる可能性など……計算上ゼロに等しいことを忘れてしまっているようだった」(p55)。ここでボルヘスが「計算上ゼロに等しい computed as zero」という表現ではなく，「ゼロである was nil」と書いていたならば，この文章はどれほど違ったものになっていただろうか。架空の世界の「数学 mathematics」が，「computed as zero」という三つの単語の空間のなかで発案されている。

　何年にもわたって果てなき図書館の書棚を旅してきた探索者たちは，疲れ果て，やがて希望を失った。「[いまでは]明らかに誰もが何かを発見できるとは思っていなかった」(p55)。自身の人生を「弁明」してくれる本を見つけるのは不可能であるという認識と呼応するように，次のようなマニアックな派閥が出現する。

　　……彼らは無用の作品を抹消することこそが何よりも重要だと考えた。彼らは六角形に侵入し，決まって偽造ではない信任状を振りかざし［この「余談」に私はいつも笑ってしまう］，顰め面でざっと本に目を通し，それだけすると棚にあるすべての本を処分すると宣告した——彼らの衛生的かつ禁欲的な憤怒が，何百万冊もの無意味な損失を引き起こした。（[　]はオグデンによる補填）

第7章　全と無を包みこむ文字の生　　195

……believed that it was fundamental to eliminate useless works. They invaded the hexagons, showed credentials which were not always false [this "aside" never fails to make me smile], leafed through a volume with displeasure and condemned whole shelves—their hygienic, ascetic furor caused the senseless perdition of millions of books.（p56）

こうしたある意味では純朴な人々がもたらした損害は，しかしながら，ふたつの理由から結局は取るに足らないものだった。

ひとつ。図書館はあまりに巨大なため，人の手による粛清などすべて些細なものにすぎなくなる。ふたつ。それぞれの本は唯一無二のかけがえなきものではあるが，（図書館はすべてであるため）常に数百数千の不完全な複製が——一字，もしくは一カンマしか違わない作品が——存在するからである。

One：the Library is so enormous that any reduction of human origin is infinitesimal. The other：every copy is unique, irreplaceable, but （since the Library is total）there are always several hundred thousand imperfect facsimiles：works which differ only in a letter or a comma.（p56）

これらの文章のなかで，読者は想像力の無限の可能性と，ひとりの人が宇宙に刻みつけることのできるそのあまりにも小さな意義との衝突音を聞くことになる。だが，同時に図書館にある本はすべて唯一無二であり——「**同じ本はふたつとして存在しない**」（p54，原文太字）——さらにいえば，誰もが宇宙にとっては何の必要性もないにもかかわらず，私たち一人ひとりが「「唯一無二のかけがえなき」（p54）存在なのである。

人が伝えんとする何らかの意味を言語にもたせようとすることの無益さについて何度か繰り返した後，語り手はニヒリズムと宗教的熱狂の両方に代わる代わる沈みこんでいく。そのどちらもが悲しくもあり，滑稽でもある。

私は未知の神々に祈る。すでに誰かに——たったひとりでいい！ 何千年も昔であってもいい！——それ［図書館の真実のすべてが記された「すべての本 total book」］を調べさせ，読ませてくださっていることを。名誉，知恵，幸福というものが私のためにあるわけではないのなら，他の者たちのためにあってくれたらいい。私の場所は地獄にあろうとも，天国は存在せんことを。我が身は踏みにじられ，滅ぼされようとも，御身の大いなる図書館は，ひとつの瞬間に，ひとりの存在のなかに，正当化されんことを。

（［　］はオグデンによる補填）

I pray to the unknown gods that a man—just one, even though it were thousands of years ago!—may have examined and read it [the "total book" that contains the entirety of the truth of the Library]. If honor and wisdom and happiness are not for me, let them be for others. Let heaven exist, though my place be in hell. Let me be outraged and annihilated, but for one instant, in one being, let Your enormous Library be justified. (p57)

　無論，この熱狂的な宗教心のように聞こえるもののなかには，父なるもの Father，つまりは「本の人 Man of the Book」（p56）に向けられた人間的な欲望に対する自己風刺的で冷笑的な言及がふくまれている（ボルヘスのパーソナルなニーズは，父の文学への野心を叶えるために有名な作家になるというものだった）。そのような人 man の存在が図書館で生きる人生を正当化してくれるのだろう。そして，この雄大さは奇妙なニヒリズムへと溶けこんでいく（皮肉がパチパチと音を立てている）。語り手は今日の状況を次のように描写する。「若者たちが本の前にひれ伏し，荒々しくページに口づけしたりはするが，［読み書きができないために］その一文字も判読できてはいない地域がたくさんあることを私は知っている」（p58）。

　物語の最後のパラグラフで，語り手は図書館の本の数が有限である（25の正書法記号の組み合わせが有限であることによって限界が定められている）にもかかわらず，図書館はいかにして無限になりうるのかという問題に

ついて，かなり強迫的に思案する。そして，彼はひとつの解答を提起する。

図書館は無限であり，循環的である。もし永遠の旅人がいるとして，その人が図書館を縦横無尽に渡り歩いたとすれば，数世紀後に彼は同じ書物が同じ順序で繰り返し現れるのを目の当たりにするだろう（このように繰り返されることで，順序というものが，秩序というものが生まれてくるのだ）。私の孤独もこのエレガントな期待によって華やいでいる（太字は原文のまま）

The Library is unlimited and cyclical. If an eternal traveler were to cross it in any direction, after centuries he would see that the same volumes were repeated in the same order (which, thus repeated, would be an order : the Order). My solitude is gladdened by this elegant hope.（p58, italics in original）

　図書館に対する「古より続く問題の解答」（p58）──すなわち「図書館は無限であり，循環的である」──は，私が思うに，大して「エレガント」ではない。事実，この手の考えは物語の序盤にすでに提起されている──「**図書館は球体であり，その正確な中心は六角形のいずれかにあり，その円周にはアクセスできない**」（p52, 太字は原文のまま）。ボルヘスがこのことを失念しているはずがない。彼は物語の最後の言葉に註釈を添える（これにより，先の物語の最後の言葉は最後の言葉足りえなくなっている）。註釈は以下のとおりである。

　　トレドのレティシア・アルヴァレスは，この広大な図書館は無用の長物であると述べている──厳密に言えば，**たった1冊の**……無限の数の，無限に薄いページから成る1冊の本だけで充分である……［その本の］思い描くことも難しい中央のページには裏がないだろう。（太字は原文のまま）（［　］はオグデンによる補塡）

　　Letizia Alvarez de Toledo has observed that this vast Library is useless : rigorously speaking, a single volume would be sufficient, *a volume*

……containing an infinite number of infinitely thin leaves……[of which] the inconceivable middle page would have no reverse. (p58, footnote 1, italics in original)

　実にエレガントな結末である。語り手は私たちがいままで読んできたこの物語を「無用の長物」と言い放つ。図書館が単なるメタファーでしかなく（それもかなり稚拙な），初期ラテン文字で記された図書館の歴史は不詳の著者の「走り書き」を編集したものであり，これもまた何の役にも立たない作り事にすぎない。図書館も，図書館の歴史も，不詳の著者も，編者も存在しない。すなわち，最後の註釈は「実際の著者」，ボルヘスによって書かれたものである。

　しかし，「実際の著者」（ボルヘス自身）が記した註釈によってこのフィクションを閉じることで，現実の著者もまた彼自身の物語の登場人物となる。こうしてフィクションは無限と化していく——それはそこに投げこまれたあらゆる「現実」を，その著者の現実さえもそのなかにふくみこみながら広がっていく。だが，物語は宇宙ではない——物語は読者がそれを読み終わった後にもそこにあり続ける，ただのページ上の記号の集まりにすぎない。物語は単に物語なのだ——「残念ながら，世界は現実であり，残念ながら，私はボルヘスである」（Borges, 1947, p234）。

エピローグ——意識性という課題への応答としての書くこと

　最後に，『断食芸人』（Kafka, 1924, 第6章を参照）と『バベルの図書館』（Borges, 1941a）において創り出された，それぞれの人間的な意識性との苦闘のありようを簡単に比較してみたい。ここではカフカとボルヘスのそれぞれの生の要素を，彼らが各々に創造し，その物語に生を吹きこみ，書くことのなかで折り合いをつけていった，それぞれ独自の意識性の性状と関連づけながら検討してみようと思う。

　『断食芸人』は，カフカがその人生のなかでもっとも苦痛だと感じたことの多くを，力強く，想像力豊かに表現した作品である。すでに検討してきた

第7章　全と無を包みこむ文字の生　　199

ように，この物語には，断食芸人がその世界のなかで人間的存在として自意識をもって生きる代わりに行っていたパフォーマンスから，身をよじるようにして自らを引き剥がそうとし始めた場面がふたつある。その種の試みの最初のものは，断食が容易であることを自ら認めたときである。このとき彼は断食が嘘偽りないものであるという意味ではそれを本物と感じながらも，延々と続く断食行為にともなわれる飢餓の苦しみを「劇的」に演じているthe falsity of the "theater" という意味では，それが嘘でもあることを認識している。

　しかし，この自己 - 覚知の窓は，断食芸人が（語り手の声を通じて）自身の超人的な力を挑戦的に主張するとき——「それはこの世で一番簡単なことだった」（Kafka, 1924, p270）——ぱたりと閉ざされる。このいかにも傲慢な調子の主張のなかで，断食芸人は自己 - 覚知の達成を（このパフォーマンスに付随する本質的な虚偽性への気づきを），（自己 - 覚知とは真逆の）自己欺瞞へと変えてしまう。この主張の偽物性は，その顕在的なレベル（彼にとって断食は簡単であること）にあるのではなく，そのトーンのなかに，すなわち，食べものに対する人としてのニードや，さらにいえば，あらゆる事柄に対する人間的な依存——愛を与え，受け取りたいというニード，誰かをありのまま認め，ありのまま認められたいというニード——を下賤なものとし，勝ち誇る姿に示されている。

　物語の最後には，真の自己 - 覚知から逃れる術はすべて使い尽くされている（もはや断食芸人がパーソナルな存在であることの代用品として断食行為を使用しえないことに，このことがもっとも顕著に示されている）。このときカフカは，人が初めて，そっと，優しく，本当の意味で自分に気づく self-awareness 体験へと入っていくはっきりとした感覚を，読むという体験のなかに創り出している。そこで生み出されている意識性の体験は，登場人物のものだけでなく，少なくとも部分的には（言語のなかにその存在を感じ取れる）作者自身の自己 - 覚知の体験でもある。語り手の言葉——「まるでキスでもするかのように唇を尖らせて」（Kafka, 1924, p277）——によって，注意深く，愛情に満ちた態度で抱えられた乳児としての断食芸人の姿は，それまでは決して見つけることも見つけられることもなく，愛することも愛され

ることもなかった，そのひとりの男の檻のなかのごとき「こころ／宇宙」を解放する感覚を創り出している。その解放は檻の柵を突き破るような類のものではない。それとはまったく正反対の，穏やかに身体を持ち上げられるような——「頭を少しばかりもたげ」（Kafka, 1924, p277）——赤ん坊をベビーベッドからそっと抱き上げ，その腕のなかで，そのまなざしのなかで，その愛のなかで抱き上げ，そして，愛に満ちたその赤ん坊のまなざしのなかで抱え返されるような，そんな体験である。

　ここにある意識性の体験は，物語の前半で起きたことよりもはるかに豊かなものである。だが，長続きはしなかった——そして，この滑落 devolution にこそ，カフカ流の意識性が刻印づけられている。自分に気づくこと——それは多大なる努力の賜物である——には本質的な痛みがともなわれる。ゆえにほんの一瞬しか持続しえない。断食芸人のなかの自己‐覚知への痛みは，単にうまいと思う「食べもの」（人々や人生経験）にこれまで出会えなかったという，この主人公自身が気づいていることのみに由来しているのではない。それだけではなく，少なくとも部分的には（暗に示されていることは），そもそもからして他者との関わりや自分自身の人生そのものを欲することができないからこそ，うまいと思う「食べもの」を見出せないこともその要因となっている。そして，彼自身にはほとんど認識されえないほどのさらに深い水準で，彼は愛し，愛され，認識し，認識されたいという欲求とその喜びを味わいながらも，即座に，ほとんど反射的に，それを破壊してしまおうとする。

　断食芸人は自分に気づくことから逃避した。だが，それにもかかわらず，読者のこころには——そして，おそらくは作者のこころにも——並々ならぬ深さの自己‐救済的な意識性が達成され，確かな形で刻みこまれていく。自分が誰で，何を望み，何を必要としているのか。こうした真実にとってきわめて根本的なものへと意識性が達する体験は，取り去ることも，取り消すことも，破壊することもできはしない。

　このエッセーの第一部で検討したように，カフカは意識性に達する体験を，プロットレベルで発生する出来事や明示的な記載によってではなく，言語の使用を通じて創り出している。カフカにとって，意識性とは文学的な出来事

第7章　全と無を包みこむ文字の生　　201

そのものである。小説を書くことは，カフカが人間的な意識性の局面に至るための主たる媒体となっており，それによって彼は自身の存在性にまつわるいくつかの真実について，その真実に破壊されることなく，本当の意味で認識することができたのである。

　カフカが20世紀の意識性の発展に刻みつけたことには，私たちが終わりなき，その大部分が無駄かもしれない自分探しにその人生を費やしているという感覚がふくみこまれている。その探求プロセスにて，私たちは自分が何者なのかを一瞬垣間見ること（フェルト体験 felt experiences）ができるかもしれない。だが，垣間見え，すべてがもたらされたとしても，その深さは限られており，あくまで瞬間的なものにすぎない。しかし，それにもかかわらず，このような自己 - 覚知の瞬間は——たとえ私たちがそこから反射的に逃れようとしたとしても——私たちを深く，確かな形で変容させていく。

　ボルヘスにとっての意識性の問題は，カフカに突きつけられた苦難とはまったく異なる道筋の苦難であった。真の意識性に達しようとするカフカとボルヘスの試みは，それぞれに根本的な——おそらく決定的といってもよいのだろうが——違いがある。私が思うに，カフカの苦難が恐れ，憤り，孤独をめぐる環境にて生起したものであるのに対し，ボルヘスの苦難は愛をめぐる環境にて生じたものだった。この違いは，ここで取り上げてきたふたつの物語のほとんどすべての文章にて感じ取ることができる。

　ボルヘスにとって，無限の図書館である宇宙は，言葉の音楽と魔法が驚くほど知的に，ユーモラスに，暗く，不気味に，果てしなく展開していく心理的 / 文学的空間となっている。一方，『断食芸人』に示されたカフカにとっての宇宙は，その主人公が万能的で魔術的な主張と信念によって自身の人間的な側面を克服しようとしながら，その人生のほとんどすべてを過ごしていた檻のなかである。

　ここでの意識性は愛ある「団長」の介入によって瞬間的には達成されるが，しかし，この愛にもとづく意識性すらも——完全には破壊されないまでも——結局は拒絶され，汚されてしまう。意識性は現実と想像の交点に生まれる。このふたつを区分しつつも，それらを互いに語り合わせながら生きることができた場合のみ，人は自己 - 覚知へと到達する。ボルヘスのなかでこの

種の交差が生じた理由は，その大部分が読むという体験と書くという体験のなかにあった——父との約束を果たすという現実は（父は作家になることを熱望していた）文学的なスキルと想像力を駆使することでしか成しえなかった。また，作家として，ひとりの人間として成長するなかで，ボルヘスは文学的な想像力に潜在する無限の可能性だけでなく，言葉やアイデアというものが必然的に突き当たる限界についても徐々に気づいていったようだった。

　ただ，ボルヘスのなかでは，その種の限界が想像への喜びを損なうことはなかった。彼は想像力を十分に統制できなければ，その作品は現実との結びつきを失い，単なるファンタジーへと，すなわち何の深みも，複雑さも，活力もない文学的ジャンルへと落ちぶれてしまうことに気づいていた。彼は幻想的な物語には——夢と同じように——何気ない現実にさりげなく忍びこむ幻想的な要素がたったひとつあればよいと考えていた——幻想的な要素がそれ以上あると，その物語はただのSFになってしまう。このように，ボルヘスは実体としてその存在を感じられる現実との関係があって初めてフィクションはその力を発揮できることに気づいていた——それは明らかに父親との体験であった。父親をひとりの現実的で分離した他者として体験し，それぞれに独自の悲しみに彩られながらも，互いに互いを愛する体験からもたらされた気づきだった。

　だが，ボルヘスは，文学以外の人生においては，現実と想像が出会い，意識性が生まれゆく地平をうまく歩めないでいた。彼は何度も恋に落ちたが，その恋愛関係の大部分は彼の想像の産物であり，それ以上発展することも持続することもなかった（晩年に至るまで）。彼は「啓蒙専制君主」という自身の空想と，何万もの人々の拉致，拷問，殺害がその権力の基盤となっているピノチェトのような実際の専制君主とを区分することができなかった。一方，カフカはボルヘスよりは幾分上手に文学的な想像を超えて存在する世界と交渉することができていた。

　カフカは現実が想像を凌駕する事態というものをよくわかっていた——たとえば，生計を立てるには法律家としての訓練に入らねばならないことを，そして，父親と折り合いをつけるうえで母親は何の役にも立たないことを彼はよくわかっていた。

第7章　全と無を包みこむ文字の生　　203

カフカとボルヘスは人生の外的現実に対する反応の仕方に関してはそれぞれ異なっていたが，人生の真実にまつわる意識性への到達方法についてはきわめて似通ったところへと行き着いた。ボルヘスとカフカ，このふたりにとって書くことは現実や自分に気づくことからの逃避などでは決してなく，むしろ，それこそが現実や自己 - 覚知への参入となっていた。ボルヘスが『バベルの図書館』のような小説を書くことで到達した意識性は，言葉と書くことの不思議——言葉が「すべてを意味し，同時に無意味となる」(Borges, 1960, p248) 地点まで，果てしなく意味を拡張していく，そうした言葉の力をもふくめた——を発見していく感覚に彩られていた。ボルヘスのなかでは，意識性の獲得は文学的な真実を発見／創造するプロセスであり，それは彼が読み手として，あるいは書き手として，（たとえば，作者が登場人物を創造するなかで，今度は登場人物が作者を創造していくようなやりかたで）自分自身や他者を体験するうえで大切なことでもあった。

　だが，ボルヘスの意識性には，図書館での生（読むこと，書くこと，そして，文学的想像力にもとづく世界 universe）は本のみで成立している生であること，つまりは，それ以外の世界——たとえば，リアルな他者と愛し合ったり，別れたりする世界 universe，身体と性愛の世界，リアルな動物の生を，植物の生を，川を，山を味わう世界，そして，地球上の生を構成しているその他の無数の世界——を単に言語的に描写したものだけで成立しているにすぎないという悲しい気づきがともなわれていた。

　カフカにとって書くことで到達される意識性は，永遠に奈落の淵を歩み続けるような危険な仕事であった。だが，書きながらその淵を歩くことこそが彼の生き様であった。カフカは愛し，愛され，見つめ，見つめられる体験をともなう自己 - 覚知に接近し，ときにそれを味わった。ただ，彼はボルヘスほどには文学一辺倒ではなかった。彼の関心は文学的な真実を発見／創造することと同じくらい，父や母から独立した人間になるうえで必要な真実にも向けられていた。

　一方，ボルヘスは真の文学者であり，現実世界での生を文学的に創造した「ボルヘス」のなかに自分を見出し，そのなかで自分を見失った男であった。そして，フィクションと「現実」的な生の境界が曖昧で，夢見ることが覚醒

生活の一部となり，文芸批評家が架空の本を書評し，登場人物が著者を創り
上げていくような，そうした境界領域にて生きる体験をその作品のなかに創
造することで，ボルヘスは当時の，そして，私たちの時代の，人間的な意識
性を創り出すうえでもっとも貢献した人物となったのである。

註1　ここに記した成育史の素描のために参考にしたのは，ボルヘス（1970）の『自
　　　伝風エッセー』［邦訳 牛島信明訳（1974）『ボルヘスとわたし』］（あまりに
　　　もプライベートな人物であるボルヘスが，その人生についてもっとも克明に，
　　　パーソナルに語ったエッセーである），いくつかの彼の文学講義集（1984a,
　　　1984b, 2000），そして，モネガル（Monegal, 1978），ウィリアムソン（Williamson,
　　　2004），ウッダル（Woodall, 1996）による彼の伝記である。

註2　特にことわりがない限り，この項のすべてのページ参照はボルヘスの『バベ
　　　ルの図書館』（Borges, 1941a）の引用ページのことである。

文　献

Barnstone, W. (1993). With Borges on an ordinary evening in Buenos Aires: A memoir. Urbana, IL/Chicago, IL: University of Illinois Press.

Borges, J. L. (1923). Fervor de Buenos Aires. In A. Coleman (ed.), Jorge L. Borges: Selected poems (pp. 1–32). New York: Viking, 1999.

Borges, J. L. (1932). A defense of the Kaballah. In E. Weinberger (ed.), Jorge Luis Borges: Selected non-fictions (pp. 83–86). (E. Allen, S. Levine, and E. Weinberger, Trans.). New York: Viking, 1999.

Borges, J. L. (1941a). The library of Babel. In D. Yates and J. Irby (eds), Labyrinths: Selected stories and other writings (pp. 51–58). (J. Irby, Trans.). New York: New Directions, 1964.

Borges, J. L. (1941b). The circular ruins. In D. Yates and J. Irby (eds), Labyrinths: Selected stories and other writings (pp. 45–50). (J. Irby, Trans.). New York: New Directions, 1964.

Borges, J. L. (1947). A new refutation of time. In D. Yates and J. Irby (eds), Labyrinths: Selected stories and other writings (pp. 217–234). (J. Irby, Trans.). New York: New Directions, 1964.

Borges, J. L. (1957). Borges and I. In D. Yates and J. Irby (eds), Labyrinths: Selected stories and other writings (pp. 246–247). (J. Irby, Trans.). New York: New Directions, 1964.

Borges, J. L. (1960). Everything and nothing. In D. Yates and J. Irby (eds) , Labyrinths: Selected stories and other writings (pp. 248–249). (J. Irby, Trans.). New York: New Directions, 1964.

Borges, J. L. (1970). An autobiographical essay. In The aleph and other stories, 1933–1969 (pp. 203–260). N. T. di Giovanni, in collaboration with J. L. Borges (ed. and Trans.). New York: Dutton.

Borges, J. L. (1984a). Seven nights. (E. Weinberger, Trans.). New York: New Directions. Borges, J. L. (1984b). Conversation no. 6. In Twenty-four conversations with Borges,

including a selection of poems, interviews by Roberto Alifano, 1981–1983 (pp. 31–35). (N. Araúz, W. Barnstone, and N. Escandell, Trans.). Housatonic, MA: Lascaux Publishers.

Borges, J. L. (2000). This craft of verse. Cambridge, MA: Harvard University Press. Borges's "Library of Babel" 163

Burton, R. (1621). The anatomy of melancholy. (F. Dell and P. Jordan-Smith, eds). New York: Tudor Publishing, 1927.

Kafka, F. (1924). A hunger artist. In N. Glatzer (ed.) , Franz Kafka: The complete stories (pp. 268–277). (W. Muir and E. Muir, Trans.). New York: Schocken Books, 1971.

Monegal, E. R. (1978). Jorge Luis Borges: A literary biography. New York: Paragon.

Williamson, E. (2004). Borges: A life. New York: Viking.

Woodall, J. (1996). The man in the mirror of the book: A life of Jorge Luis Borges. London: Hodder & Stoughton.

第8章
トーマス・H・オグデンとの会話 [1]

ルカ・ディ・ドナ：あなたは無意識のプロセスに関する英国対象関係論を初期作品のなかで活用していますが，そのインスピレーションの源となったのはどういったことだったのでしょうか？ それは伝統的な米国自我心理学とは理論的に相容れない感じがあったからでしょうか？ それとも，あなたをこの道へと至らせたのは，やはり患者との臨床体験からでしょうか？

トーマス・H・オグデン：ルカ。私はその名を知る前から，すでに精神分析に興味を覚えていました。私が幼いころ，母が分析を受けていたのです。彼女はとても繊細で知的な女性で，私に分析のことを直接話したりはしなかったけれど，私に何かと聞かれるたびに，自身の分析体験にもとづく話をしてくれました。私が彼女の母性的な感性を言葉にしうる形で理解したのは，16歳の高校生のときに，夏休みの読書本のためのリストを手渡されたときのことでした。リストには三冊の本が紹介されており，その一冊がフロイトの『精神分析入門』でした。私はそれを選びました。ニューヨークのバスのなかで読み始め，夢中になりすぎて，降りるべき停留所を乗り過ごしてしまったのをいまでも覚えています。でも，そんなことはどうでもよいことでした。誰にも邪魔されずに，好きなだけ読むことができたのだから。私はそこに書かれた考え方よりも，その本のなかの声に終始こころ奪われ続けました。この本は懐疑的な聴衆に向けた架空の講義の形で書かれていますね［訳者註：完全に架空の講義ではなく，1916年から17年にかけて行ったウィーン大学

207

医学部での講義内容をもとに執筆されている〕。当時もいまもですが，フロイトが自身の発言に対する疑問や怖れについて聴衆に話すそのやりかたが本当に面白いと思います。私にとっては，ジョークや夢における無意識の心理学よりも，そちらのほうがはるかに面白い。これらのアイデアの中身についてはすでに知っていたような気がしていましたね。無意識の概念などは，私が言葉を話せるようになったときから，もしかすると，それ以前からわかっていたような気がします。

　ふりかえってみると，私がこの本のなかの「声」にもっとも関心をもったことにはふたつの理由があったように思います。多分，色々あるとは思うのですが，ここではふたつだけ話しておきたいと思います。ひとつは，その声が文学的な創造物になっており，私はフロイトの作品を書き物として愛したのです。どこをとっても16歳の私のこころに響く素晴らしい文章で，私はそれを愛したのですよね。

　もうひとつの理由は，この本から聞こえくる声が，まるで母の分析家からの声であるかのように感じられたからだと思うのです。私はその声にとても関心をもっており，もちろん直接聞いたことはないのですが，それでも骨身に染みている感じがありますね。

　このように，私の精神分析との出会いは対象関係を通じてのことでした。その対象関係とは，母親との早期の関係であり，彼女を介しての彼女の分析家との早期の関係であり，精神分析との早期の関係となります。この早期の精神分析との体験は言葉を欠いた体験であり，私の存在そのものに，そして，母の存在そのものに関わるものでした。

　ご質問にダイレクトにはお応えできていないかもしれませんが，これこそ私が語り始めるうえでもっとも真実味のあるやりかたのように思うのです。私が精神分析を「発見」して以降，あるいは精神分析が私を発見したともいえますが，それ以来，私はたまたま出会った本を手当たり次第に読んでいきました。二冊目に読んだ精神分析の本が，バリントの『一次愛と精神分析技法』でした。地元の図書館にあった唯一の精神分析の本でした。この本の声と文体はフロイトのものとは大きく異なっているように感じました。バリントは早期の愛の形態を扱っており，フロイトは早期のセクシュアリティの形

態に関心を払っていました。子どもながらに，私はフロイトが携わったセクシュアリティの詳細な分析よりも，愛のほうがより人間的な出来事であると感じていました。

　医学部に進学しようと思ったのは，当時，アメリカの精神分析を席巻していた米国精神分析協会と関連するインスティテュートには，医師しか入ることができなかったからですね。ほんの少しですが非医師の候補生を受け入れているインスティテュートがあることを当時の私は知りませんでした。ただ，医学の道に進まずとも分析家になれることを知っていたとしても，違う道に行ったかどうかはわからないですね。というのも，医学的訓練は精神分析を実践するうえでとても意義あるものと私自身は考えているからです。私のなかで医師としての訓練においてもっとも肝要だったのは，文字通りに患者の人生に責任を負う体験でした。それはあまりにも大きな責任であり，精神分析家のなかには，患者との関係においてそのことを否定する方もおられるかと思います。というのも，精神分析に取り組む患者のほとんどの人は，自分の人生に自分で責任を負うことができているからです。ですが，常にそうとは限りません。統合失調症患者やそれ以外の精神病的な患者，さらにはうつ病患者や自殺願望のある患者たちは，多くの場合，自分の人生に責任をもつことができません。私が心理療法を行ってきた，あるいはコンサルテーションしてきた分析家や心理療法家の多くは，その種の責任を恐れ，精神病的な患者や自殺願望のある患者を受け入れないことでその責任を回避しようとしているようです。ただ，患者にとっても治療者にとっても残念なことに，心理療法や精神分析の途上で，どの患者が精神病的になったり自殺に走ったりするのかを常に予測できるわけではありません。というよりも，実際的には，意義ある分析体験には必ずといってよいほど精神病的な情緒体験や深刻な抑うつ状態がともなわれるものであり，患者の人生に責任をもつことを恐れる分析家は，むしろそのような事態を避けているのではないかと思ったりもします。

　このことを米国自我心理学と英国対象関係論についてのあなたの質問に戻すならば，米国自我心理学派の治療者たちと比べて，後者の分析家たちのほうが，たとえば，ウィニコットやフェアベァン，ミルナー，ビオン，ローゼ

第8章　トーマス・H・オグデンとの会話　　209

ンフェルド，シーガルなど，ほんの数人をあげるだけでもそうだと思うのですが，彼らのほうが，はるかに積極的に精神病患者や，あらゆる患者の精神病的部分に取り組む心構えがあるように思うのです。私が英国対象関係論に惹かれた重要な部分がここです。研修医として訓練に入った当初から，私は重篤な障害を抱える患者の治療に深い関心を寄せており，自身の分析家としてのキャリアの多くをこのような患者の治療に費やしてきましたし，この種の患者の治療に取り組む治療者の指導やスーパーヴィジョンにも尽力してきました。

ルカ：あなたは実にさまざまなテーマについて書いてこられましたよね。その広範な関心の一部をリストアップしてみたのですが，これを年代順に読み上げてみますね。投影同一化の概念，統合失調症患者に対する精神分析療法，男女それぞれのエディプスコンプレックスのとば口について，分析の初回面接，クライン派のポジション論，ウィニコットの可能性空間，内的対象関係について，フロイト派，クライン派，ウィニコット派それぞれの主体性をめぐる思索，分析の第三主体，もの想い，誤った認識について，自閉 - 接触ポジション，分析的スーパーヴィジョン，精神分析を教えること，分析的に書くこと，フロスト，ボルヘス，スティーブンス，ウィリアム・カルロス・ウィリアムズ，カフカらの散文や詩について論じた一連の論考，さらにはフロイト，アイザックス，フェアベアン，ウィニコット，ビオン，ローワルド，サールズといった分析的な書き手に対する独自の読み方について記した一連の論考などがあります。まだまだ多くのテーマを取り上げ損ねていると思います。あなたが携わってきたおよそ 40 年間の執筆活動をふりかえって，改めてあなたの「研究テーマ」や「発展の流れ」について教えていただきたいのですが。

オグデン：ルカ。難しい質問はこのインタビューの最後に取っておいて欲しかったと思ったりもするのですが，でも，あなたの質問は私が何度も何度も自分に問いかけてきたものですね。私の仕事に通底するアイデアは色々あるように思います。まず思い浮かぶのは，何かを考えるには少なくともふた

りの人間を要するというアイデアです。そのような考え方は，投影同一化に関する私の初期の論考にて取り上げたものです。ただ，私自身は投影同一化という用語をあまり使わなくなりましたね。というのも，この用語の定義は各人でそれぞれに異なっているからです。ゆえに，意味が剥ぎ取られた用語を使うよりも，むしろ私は投影同一化について自分が語ろうとしている現象を描写するように努めています。かつての私が「投影同一化」と呼んでいたことについて話そうとするときに念頭に置いているのは，乳児期において，母親と乳児がそれぞれ寄与し，そこからそれぞれが個々の意味を得ていく第三のこころを創り出す事態です。両者はそれぞれの個々のアイデンティティを維持しつつも，そのような第三のものに身を委ね，その第三のものを生きることで変化していきます。

　ウィリアム・ジェームズが「飛翔の最中 in flight」と称したように，純然たる思考というものはたえず揺れ動いています。1900 年の『夢解釈』の出版と同時期に，ジェームズは，あらゆる心的現象は常に変化しているため，その説明の際には名詞や形容詞ではなく，動詞，副詞，前置詞，接続詞を用いるべきだと主張しました。分析的な文献のなかではまったく顧みられていないジェームズですが，彼が言ったように，私たちは「しかし but」の情感，「そして and」の情感，「という of」の情感を表す言葉を持つべきだろうと思います。少し違う言い方をしてみましょう。私たちは記憶なるものを持ち合わせているわけではありません。私たちは悲しい感じ，薄暗い感じ，こころに染み入る感じを思い出しているのであり，このような思い出し方は，私たちがそれを変形し，そのなかに沈みこみ，これまでの私たちとは異なる形でふたたび一緒になることで私たちを変形し，そして，なおも変化の途上にあり続けるのです。変化とは心的状態においてたえず生じているものです。

　ここまで述べてきた間主体的な思考と情緒に関する概念は，私が「分析的第三者 the analytic third」と呼ぶものの基盤を形作っています。そして，この概念が自分にとって何らかの意味をもつためには，私はこれを何度も何度も再発見せねばなりません。時々，他の人が分析的第三者の用語を使っているのを見かけますが，それを読むと，その人たちが取り上げている現象が私にとってまったく真新しいものであることに気づかされます。他の人たち

の分析的第三者に関する理解に私の考えが認められないという事実は，私にとっては歓迎すべきことです。なぜなら，このことはこの概念の解釈が他の誰かの思考の糧になっていることを意味するからです——結局のところ，どのようなものであれ，書くことの主たる意義はここにあるのでしょうね。その小説の読者こそが，その小説の登場人物を創り出していくわけです。だから，大好きな小説を原作にした映画を見ると，私はいつも大抵がっかりします。映画に出てくる登場人物が，その小説の登場人物に対する私のイメージを損なわせるからです。それは私の読書体験とは何の関係もなく，その作家と私とで創り上げた登場人物との個人的なつながりを欠いた，他の誰かのイメージであり，そのイメージが私のなかに残ってしまうわけですね。

　バランジェ夫妻 Barangers，フェッロ Ferro，チヴィタレーゼ Civitarese，キアネーゼ Chianese，ボロニーニ Bolognini らは，精神分析的フィールド the analytic field というメタファーを用いて，ふたりの人間が共に思考することを次のように言い表しています——それは人の体験を解釈する（意味づける）特定のやりかたを規定する，そのふたりによって共同構築された心理的・身体的な力の世界を生きることです。ただ，このフィールド理論にせよ，第三主体という考えにせよ，これらはただのメタファーです。すなわち，分析体験や，母‐乳児の関係性や，その他の多くの親密な情緒体験の一部を描写するうえでのメタファーにすぎないのです。何を言いたいかというと，この二種のメタファーは同じ現象を説明しているわけではないということです。ふたつのメタファーが同じ事象を描写することはないのです。メタファーを活用するときの要点は，あるものを別のものと比較することで，そのあるものを説明するための独自の方法を創り出すことにあります。フィールド理論は第三主体ではありません——関連したアイデアだとは思いますが，共に考えるという体験を，それぞれが異なるやりかたで捉えています。私自身は，分析セッションの過程で患者と私が体験していることについて，どちらのメタファーのほうがいま起きていることをよりよく説明しているように見えるか，という話のように思っているのですが，ただ，どちらの理論でもそんなにうまく説明できない場合がほとんどだと思いますね。私の場合は，セッションの後に，あるいは（これは良し悪しですが）セッションの最中に，患者と

味わっている体験の外側に自分の足場を見出そうとするときに，これらの概念を用いて事を考えています。

　分析的な書き手としての私の人生プロセスにおいて発展させてきたアイデアたちは，それぞれに切り離すことなどできないことに気づかされます。たとえばですが，先程「考えるにはふたり以上の人間を要する」というアイデアについてあなたに話しているとき，私は動詞，副詞，前置詞，接続詞の使用法やメタファーの性質についても話している自分がいることに気づきました。私のなかの言語というものへの関心と精神分析に対する関心は，互いに切っても切り離せないものとして発展してきたのでしょうね。

ルカ：精神分析における言語の役割に関する議論を続けるために，分析家としてのあなたにとって，書くことの重要性とは何なのかをお聞かせいただけたらと思います。あなたのなかで書くことが特別な意味を有していることは明らかですよね。フェッロ，ラカルブート Racalbuto，セミ Semi の研究が示すように，イタリアの分析家たちは「精神分析における書くこと」という概念的アイデアに長年関心を寄せてきました。あなたの作品は文体の明晰さだけでなく，読者との情緒的な交わりという点でも，イタリアの精神分析コミュニティに大きな影響を及ぼしてきました。あなたにとって文学にふれることと分析的な実践とのあいだにはどのようなつながりがあるのでしょうか。何かお話しいただけたらと思います。

オグデン：ルカ。文学は私の生涯を通じての情熱であり，歳を重ねるごとに，その重要性はますます増している気がしています。私の考えでは，精神分析と文学は単に言語を思考や感情の表現手段としてではなく，もっと重要なものとして，すなわち，思考や感情を**創造する**ための媒体としての言語に対して深い愛と敬意を向けるという点で共通しています。これも重要なことですが，私たちは言葉でできています。私たちは自身の体験の大部分を言語という媒体を通じて思考や感情に変形していきます。ビオンとフェッロがそれぞれ独自のやりかたで示したように，起きているときも眠っているときも，夢見のなかの視覚イメージが，なまの体験をパーソナルな意味へと部分的に変

第8章　トーマス・H・オグデンとの会話　　213

形させているわけです。ただ，私自身はフロイトの「事物的表象を言語的表象に変形する（無意識的体験を前意識的体験に変形する）」という考えもまた，自分の体験 self-experience を創り出すうえで同様に重要だと考えています。人間的な創造性（人間的な表現とは対照的な）における言語の役割については，文学者も精神分析家もどちらもよく似た形で評価しているように思います。

　言語が私たちを人間足らしめるという考えをさらに一歩進め，私たちが分析家としてそれぞれの患者に特有の人間的な部分に対応していくには，患者とのあいだで分析的な会話 analytic conversation を展開していく必要があるのだろうと思います。それは世界中の他の誰ともできないような唯一無二の会話です。私が言っていることは，別にメンタルヘルス領域に携わっているかどうかは関係なく，あらゆる人にとって当たり前の話だと思います。というのも，私たちは配偶者やパートナーに対して，世界中の他の誰にもしないようなやりかたで話しますよね。ここで述べていることは，**何を話すか**ということではなく，**どのように話すか**というそのやりかたについてです。同様に，私たちは親しい友人，長女，末の娘，兄弟，父親，母親など，親密な関係にあるあらゆる人に対して，世界中の他の誰かと話すのとは夢にも思わないような違ったやりかたで話しているはずです。

　ちょっと補足しますと，いま私が思いがけず用いた「**夢**」という言葉は，私たちがその人生のなかでそれぞれの人に話す，その独自のやりかたと大いに関係しています。患者との会話も同様です。もし，私の患者のひとりが，私が別の患者と話しているのを何らかの形で聞くことがあったならば，その人には「そのようなあなたの話し方はどうも好きになれないですね。誘惑的であったり，親身であったり，強圧的であったりするわけではないのだけど，でも，私にはしっくりこないんです」と言ってもらいたくなります。それに対して，私は「そう言って欲しいと思っていました。なぜなら，それはあなたのための話し方ではないし，あなたと私が一緒に創ったものでもないし，一緒に夢見て創り上げたものでもないからです」と伝えるでしょう。私のなかでは，患者との独自の話し方をこしらえることは，分析的な作業の前提条件というよりも，それこそが分析的な作業なのです。患者が「ありのまま話す speaking his mind」ことができているとき，その人は自分自身を創り出し，

214

自分自身を感じる自分を創り上げています。それがある程度まで進むと，その人は自身の夢見のなかで（視覚的イメージを媒介として）自分に語りかけたり，親密な関係にある他の誰かと（言語的，非言語的なやりかたで）語り合ったりすることができるようになります。このような会話がその人の分析を持続させていきます。つまり，想像的な言語と実際に言葉にしていく言語を介して，その人を存続させていくのです。

　転移が会話の話題になることがありますが，それは患者が「ありのまま話す」のを妨げているものを理解するのに奏功することがあります。解釈という用語がありますが，それは私が患者とどのように話すのかをそれほどうまく言い表していないように思ったりもします。「解釈する」よりも，「患者と語り合う talking with the patient」というフレーズのほうが，私が患者と共に味わっている会話の感じをよりうまくつかんでいるような気がします。患者から「なぜ，あなたは解釈をしないのか」と聞かれたならば，私はそれをお褒めの言葉として受け取るでしょうね。これは私が分析的に思考していないことを意味するわけではないのです。そうではなく，私は"分析的には話していない"ということなのです。分析的に話すことは，外国語で話すようなものです。つまり，私が創ったわけではない言葉で話すことです。とても難しいことではありますが，私は私自身の言葉で話そうと努めています。

　声の独自性というアイデアから，詩や小説を読むことが私の思考や分析家としての仕事に与える作用のことを考えさせられました。「自分の言葉で話す」ということが何を意味するのかを学ぶには，偉大な作家たちを訪ねるのが一番です。世界の歴史上，ボルヘスのように書いた人は誰もいません。もし，誰かがそうしたならば，その人は単にボルヘスの模倣者になったにすぎません。カフカ，カルヴィーノ Calvino，ホメロス Homer，クッツェー Coetzee，ワーズワース Wordsworth，メルヴィル Melville，ベケット Beckett，フロストなんかにも同じことがいえますね。私のお気に入りの作家をほんの少し並べただけですけど。こうした偉大な作家たちに会いにいくのは，単にそのありかたを眺めるだけでなく，私が私自身の言葉を創り出すことに参入するためでもあります。

第8章　トーマス・H・オグデンとの会話　　215

ルカ：トム。あなたの言語と文学への愛は考えさせられますね。あなたの最新作『クリエイティブ・リーディング Creative readings』を読みましたが，フロイト，アイザックス，フェアベアン，ウィニコット，ビオン，ローワルド，サールズといった厳選されたテクストに対するあなたのコメントが，私は本当に大好きです。ここで私は何か新たなものを発見する方法としての愛について考えています――この本でいえば，これらのテクストのなかに，何か新たなものを発見することになりますね。あなたの読み方には説得力があって，新しい理解の道が開かれ，この重要な思索家たちの暗がりになっていた部分に光が差しこまれる感じがします。あなたが選んだ著者は，確立された規範を超えていくのを恐れなかった分析家たちのように思います。彼らは型破りで，ちょっと先見の明があり，独立した思索家で，でも，先人への愛も忘れていませんね。彼らに対するあなたの情熱と，精神分析の先人として彼らをどのように活用しているかについて，もう少し詳しく教えてもらえますか。

　オグデン：精神分析の先人というフレーズで真っ先に思い浮かんだのは，「カフカこそが自分のなかの先人というものを創り上げた」と述べられているボルヘスのエッセーですね。私もそうですし，他のすべての読者もそうだと思うのですが，私たちは先人の文章のなかに自分自身を見出すことで――もしかすると，創り出しているのかもしれませんが――自分自身の先人を創り上げているのだろうと思うのですね。私たちは彼の作品のなかに未だ形になっていない可能性を見出し，そこから彼らが何者なのかということだけでなく，私たちが何者なのかということをも発見するのでしょう。『クリエイティブ・リーディング』に収められた，過去10年にわたる一連の論考のなかで，特に意図したわけではなかったのですが，私は自分のなかの精神分析の家系図をこしらえてきたように思います。これらの著者たちの書き物について書くことで，私はある意味では彼らの作品を私自身のものに書き換えたのでしょうし，別の意味では，彼らが私に影響を与えることで，私自身が書き換えられてきたともいえるでしょう。ウィニコットは母親を鏡として使う乳児について描写しましたが，それと同じようなやりかたで，私は彼らの作品を使用してきたのです。このような比較が何を意味するのかを説明してお

216

きたいと思います。しばしば母親の鏡機能に関するウィニコットの考えは勘違いされて受け取られており，発達に不可欠なものを病的なものに変質させてしまうような形で誤解されています。分析家たちがウィニコットの母親の鏡役割という考え方を「母親の目のなかに映る自分自身を見ている乳児」と表しているのを度々見聞きします。ですが，ウィニコットが実際に述べているのは，乳児は母親の目のなかに「自分の**ようなもの** something *like* himself」を見ているということです。後者は乳児が母親の目のなかに，変形された自分自身を見るという象徴的な機能のことを表しています——乳児は自分に対する母親の解釈を見ている，言い換えれば，乳児が見ているのは，乳児が母親のなかに創り出した印象を表現するために母親が創造したメタファーなのです。乳児が母親の目のなかに見ている変形された自分が，非言語的な象徴領域に存在するものです。乳児が**彼の**母親の目のなかに見ている"乳児"は，決して彼の鏡像（分身）ではありません。むしろ，乳児が見ているのは，彼に対する印象です。それは**彼が他者に刻みつけた**印であり，母親が彼女自身に何かがなされたことで創り出された印象なのです。

　このような観点からすると，"母親の目のなかに自分のようなものを見る"という乳児の体験は，自分ではない誰かとつながる体験であるといえそうです。このように，鏡体験とは二種のそれぞれに異なる意味での分離の体験となっています。第一に，それは母親からの分離体験であり，このとき母親は彼女自身の乳児に対する体験にて彼女自身のメタファーを作り出す別個の人物となっています。そして，これと同じくらい大切なことは，誰かの目のなかにメタフォリカルな形で変形された自分を見るという乳児の体験は，乳児が自分独自の意識性や自己 - 覚知のキャパシティを発展させていくうえで，きわめて重要な出来事であるという点です。母親が**乳児に対する自分自身の体験**として創り上げたメタファーを見るという乳児の体験において，乳児のこころのなかで同時的に二種の乳児が実在化されることになります。この二種とは「知覚者としての乳児 infant-as-perceivingself」（I）と「母親の知覚対象としての乳児 infant-as-object of the mother's perception」（me）です。観察する乳児（I）と母親の目のなかに見出される観察される乳児（me）とのあいだにある空間こそが，意識性なる体験が生まれる空間であり，乳児が

第8章　トーマス・H・オグデンとの会話　　217

観察する自己であると同時に観察される自己でもある空間なのです。

　私は精神分析の偉大な思想家たちの著作を読む体験のなかに，こうした鏡役割のような体験があることに気づきました。私は彼らの考えを，私自身の思考のための（彼らの作品を読むプロセスのなかで考え続けるための）メタファーとして捉えています。**彼らの考えのなかにこそ**，つまりは私の創作物ではない考えのなかにこそ，私はこれまで知らずにいた私自身を反映するもの（変形された私）を見出すのです。このことはどれだけ強調してもしすぎることはないでしょう。私が彼らの作品を自分なりのやりかたで書き直すために用いるのは，私自身の変形なのです。つまり，私が書くものは，彼らのものと切り離すことができる（それは私自身のオリジナルな考えである）と同時に，切り離すことのできない（私の考えは彼らの考えの変形物である）私自身の思考なのです。さらに別の言葉で言うならば，彼らはまだ私がやったことのないようなやりかたで私を見ており，そして，私はまだされたことのないような見方で彼らを読んでいくのです。この意味で，私は私を創り出していく私独自の先人を創り出しているわけですね。

　このような形で先人について考えることは，厳密な意味での継時的な時間概念を排することでもあります。影響力の動き（と時間の動き）というものは，単に過去から未来へ，現在から未来へ向かうだけではありません。影響力と時間の動きは現在から過去へ，未来から現在へと向かうものでもあります。フロイト，アイザックス，ウィニコットに対して現在の読者である私たちは，彼らの書き物を変形させる（再考する）いまこのときの行為によって，過去を変えてもいるのです（彼らの理解に沿いながら，彼らの作品を変形しているのです）。そして，もっとも肝要なことは，彼らの作品を私たち自身のものにしていくことで，私たちが自分独自の思索家として立ち現われることであり，さらに，そうして生まれた考えを，将来誰かがいまの私たちには思いも寄らないようなやりかたでその人たち自身を創造していくプロセスに活用していくことなのだと思います。

　ルカ：あなたは何十年にもわたって精神分析を実践してきましたが，その核にあるものは何だと思いますか？

オグデン：あなたの問いかけに応えようとするなかで，すぐにふたつのことが頭に浮かびました。ひとつは人間的であることの大切さです。それが分析家であることの決定的な特性になっていないならば，分析家と患者のあいだで起こる体験は何ひとつ分析的なものにはなりえないでしょう。候補生に対しても，あるいはメンタルヘルスの専門家以外の方の場合もありましたが，私は多くの人たちの個人分析の困難に関する相談にのってきました。分析家が逆転移に対処できず，患者に対する姿勢が非人間的なものになることはよくあることです。ときには，分析家が患者をあたかも自分の幸福や，誠実さや，評判を脅かす敵かのように扱うといった形を取る場合もあります。そして，ほとんどすべてのケースで，分析家は無意識のうちに，自分と患者のあいだで起きていることを自身の正気の部分に対する脅威として体験しているようでした。この脅威に対し，分析家は患者の正気の部分を脅かすような態度を取ることで反撃しようとしがちです。分析家は患者のことを深く知っていることになっているので，患者にとって何がもっとも恐ろしいことかを突き止めるのに最良の立場にいますからね。

　守秘義務の関係上，詳細は語りませんが，こうした分析家の反撃が，完全に依存的になっている患者の転移感情を悪用する形でなされているケースがいくつかありました。こうした例では，分析家はそのような不快で危険な患者を相手にする分析家や治療者など誰もいないという感じを伝えることで，明に暗に自分もつながりを切るぞと患者を脅し続けます。こうなると，分析家は単に患者を見捨てるだけでなく，世界中の誰もが患者を置き去りにするという考えを患者に伝えることになり，その結果，患者は世界のなかでたった独りである自分を感じ，自分を慰撫することもできなくなり，やがてこころを死なせるか，失うことになるでしょう。どちらも同じことかもしれません。いずれにせよ，これが私のいう非人間的な治療です。こんなものはもはや精神分析ではありません。

　精神分析の中核にあるものについてのあなたの問いかけによって思い浮かべたことがもうひとつあります。もはや古臭く常套句ともいえるようなものなのですが，でも，ほとんど無視され，忘れ去られているように思える考え方です。いま浮かんでいるのは，精神分析は単なる「語りの療法 talking

therapy」などではなく，「会話療法 conversation therapy」であるという
考えです。フロイトがいうように，分析家は「平等に注意を漂わせ evenly
hovering attention」つつ患者のことを聞き，適切なタイミングで転移を解
釈していくわけですが，たとえこうしたことが最高級の技術と正確さでもっ
て行われたとしても，それだけでは事足りません。いま私はこのような正確
さをもって機能する分析家のスーパーヴィジョン体験にもとづいて話してい
るのですが，確かにそのように機能すれば，患者は自分をより見つめられる
ようになり，過去と現在の体験を結びつけることが可能となるでしょう。し
かし，根本的な心的成長をもたらすには，自分を知る self-knowledge だけで
は不十分です。私の考えでは，分析体験とは，他者に向けて話す体験ではなく，
他者と共に話す体験です。前者は子どもたちの並行遊びに似ている気がしま
すね。一方，後者のようなふたりの人が相手と共に語り合う会話には，言葉
の構造化と体験の構造化という二種の異なるタイプの構造化がともなわれま
す。そこで語り合われている会話は，ふたりが共に考えている無意識の会話
と共鳴しています。私のなかでは，この「共に考える thinking together」こ
とが，精神分析のもうひとつの本質的な特性になっています。先程も言いま
したように，考えるにはふたりの人間が必要です。つまり，ふたりが共に考え，
感じることで練り上げられる無意識の思考様式を創造する必要があり，そう
することで，個々人では考えることも，感じることもできなかったようなや
りかたで，その体験を考えることができるようになるのです。その会話のな
かにいるもうひとりの人と意識的にも無意識的にも共に考えるという体験こ
そが，患者と分析家の双方に心的な変化が生じる状況を生み出していくこと
になるのだと思います。

　精神分析の核となるものは他にもたくさんありそうですが，私にとっては
これらのことが分析体験の本質となっています。

　ルカ：トム。あなたが提起した「分析的第三者」なる概念は，「分析的フィー
ルド理論」とどのように異なるのでしょうか？

　オグデン：私自身は両方とも使っていることに気づきました。どちらを使

うかは，分析体験のどのような側面について考えようとしたり，話そうとしたりしているかによって変わるのでしょうね。どちらの概念もメタファーであり，それぞれが精神機能の異なる側面を強調しています。こころは物体ではないゆえに，見ることも，測ることも，どこにあるのかさえ特定できません。耳周りを占めているわけでもない。そんなことは知っているにもかかわらず，こころは頭の「なか」にあるのではないかと思ってしまうのですよね。でも，それは誤解であり，こころは物質的なものではないので，私たちは物理的な世界から引き剥がされた精神機能なるものを考えるうえで，メタファーを用いるわけですね。

　分析的フィールド理論は，目に見えない心的な力の相互作用を，電磁場や重力場のような場がもつ力の相互作用と比較しているという点で物理学を拝借していますよね。分析的フィールドというメタファーは，異なる「極pole」の相互作用によって生成される力場 force fields のありようについて，あるいは，目に見えない出来事によって生成される巨大な力の作用に重点を置いているようです。一方，分析的第三者という概念は，いま自然科学の理論化たちによって練り上げられている「創発理論 emergence theory」と似通ったメタファーになっています。創発理論では，あるカテゴリーの物質やエネルギーが，それぞれを組み合わせたものとはまったく異なる性質のものを，それゆえにまったく予測不能な生成物を産出するようなやりかたで結合する可能性について論じています。この種の「創発」のもっとも劇的な例は，無生物である化学物質と電気的な力の結合による生命の誕生ですよね。「分析的第三者」というメタファーは，ふたりの人間の意識的，無意識的な体験によって創造される力場よりも，第三のこころの創造に，その形成に関わるふたりの主体の総和に還元しえないような第三の主体の創造に重きを置いています。分析的第三者は，それ独自で存在し，その第三主体の創造に寄与した人が自分ひとりでは生み出せないようなやりかたで考えることのできるこころの創造についてのメタファーなのです。分析的第三者のメタファーについての説明をお聞きになって，すでに感づかれたかもしれませんが，このメタファーをあまりに具象的に使うと危険なことになります。具体的に考え始めると，たとえば「これは肉体を持たない第三の人間のことなのでしょ

第8章　トーマス・H・オグデンとの会話　221

か？」とか「肉体を持たない第三のこころなんてものが，身体性にもとづく体験などできるものでしょうか？」といった疑問が出てきてしまいますね。

　当然なのですが，このメタファーを物理的な事実として捉えると，さまざまな不合理が出てきます。あらゆるメタファーにいえることですが，メタファーというものはやたらに拡大解釈されたり，あまりに具象的に用いられたりすると，途端に限界点に達してしまいます。大事なことは，メタファーを使うときにはそれがあくまでメタファーであることを忘れないことです。古いメタファーが限界に達したり，形骸化したりしたときは，他のメタファーを使ってみるとか，新たなメタファーを考案していく必要があるのでしょうね。

　もちろん，分析的フィールドというメタファーにも限界があると思いますよ。これをメタファーとしてではなく字義通りに捉えてしまいますと，「そもそも精神の力場とは何なのでしょう？」とか「ふたりの人のそれぞれの無意識が，もう一方の人の無意識と"触れ合っていく"のでしょうか？」とか「精神的な場において"触れる"とはどういうことなのでしょうか？」といった不条理な問いが出てきますね。

　ルカ：あなたはどのようなときに分析的フィールドのメタファーを使うのでしょうか？　逆に分析的第三者のメタファーを使うのはどういうときなのでしょう？

　オグデン：難しい問いですね。ちょっと考えさせてくださいね。というのも，私はこのふたつの概念のあいだを自然な形で行き来していて，このふたつのあいだに厳密な境界線を引いているわけではないからです。

　このふたつの考え方は多くの部分で重なっているように思います。ただ，これは何となくといった感じになりますが，私は分析的な枠と関わる分析状況や，その枠組みと関わる形で分析家に何かしらの圧力がかかっている事態について考えようとするときに，分析的フィールドの考え方を用いている気がします。

　一方，もの想いについて考えるときに，また，分析家と被分析者のいずれかのみが創り出したわけではない思考や感情が表出された事態について考え

ようとするときに，分析的第三者の概念を用いる傾向があるように思います。患者の夢についても同じように考えています。患者の夢は患者のみの創造物として捉えてはならないと思います。ただ，このような私の第一感を，このふたつのメタファーを適用する際の「正しい文脈」の表明などとは思わないでいただきたいですね。分析体験のなかである瞬間に起こっていることについて考えようとする際に，各人がもっとも効果的なやりかたで分析的第三者や分析的フィールドというメタファーを用いることになるはずです。そして，そう遠くないうちに，どちらのメタファーも形骸化するでしょうから，そのときには別のメタファーを考案する必要があるのでしょうね。

ルカ：あなたはご子息のベンジャミンと一緒に，精神分析と文芸批評に関する著書『精神分析家の耳，文芸批評家の目——精神分析と文芸批評を再考する *The analyst's ear and the critic's eye: Rethinking psychoanalysis and literary criticism*』を執筆されましたね。春には英語とイタリア語で出版されるそうですね。本書をご子息と書いた体験について少し教えていただけますか？

オグデン：ベンと共にあの本を書いたことは，私の人生のなかで，もっとも充実した，楽しい体験のひとつとなりました。もう子どもではなく，立派な文学者になった息子と一緒にこの種のプロジェクトに取り組むことは，本当に特別なことでした。よく尋ねられるのは，この本を書くにあたって，ふたりのあいだに競争心とか敵対心などは生じなかったのか，という質問なのですが，私は毎回この手の質問に驚かされます。だって，私たち双方に敵意など微塵もなかったのですから。この本を共同執筆したことは，私たちが大人として互いを知るための素晴らしい媒体になってくれましたね。

この体験がとても楽しかった理由のひとつは，ベンから本当に多くのことを学ばせてもらったからです。私が書いた文芸批評において，一貫して私のなかで無自覚だったある想定について，ベンが洞察力に富む指摘をしてくれたのですが，それにはすっかり驚かされました。その一例をあげますと，私は作者のさまざまな言葉の使用法のなかでも，特にその作者の声を優遇する

傾向があると彼は言うわけですね。ある文章があったとして，その文章の構文のありようとか，その文章から醸し出される文学的ジャンルとか，そういったものよりも，特にそう考える正当な理由もないのに，その文章におけるもっとも重要な要素を声だと決めつけていると指摘されたのです。他にも，ある詩や小説が何らかの特定の感情状態を喚起することがあったとしたら，作者は少なくとも一度や二度は——もしかしたら，その作品を書いているときだけだった可能性もありますが——その種の感情を体験したことがあるに決まっていると私が思いこんでいるように見えると言うわけです。これには私も「登場人物というものはフィクションなので，彼ら自身が何かを感じることなんてできないだろう？ この物語が喚起する情緒を感じられるのは作者以外にいないんじゃないのか？」と尋ねてみました。すると彼は「作者がそのテクストのなかで何らかの感情状態を，読者のこころを鷲掴みにするような形で創り出すことができるほどに，言葉の使用に手練れている可能性だってあるんじゃないかい？」と逆に尋ねてきました。私は「体験したことのない感情を，それを呼び起こすような形でもっともらしく書くことなんてできないと思うのだけど」と応えました。

　ベンはそれは私の思いこみだと言うのですよね。別に説き伏せるつもりはないが，私が自覚的になっておくべき想定だと思う，とのことでした。さらに彼は私の考えについて自分も同じように疑問に思っていると述べ，いずれにせよ，私が本を読んだり，文芸批評を書いたりするときに，その問いを頭の片隅に置いておくと，きっと面白いことになると思うよ，と言ってましたね。

ルカ：あなたがたはふたつの観点でもって本書を書いたということですが，本書はどのように構成されているのですか？ 対談などもあるのですか？

オグデン：いいえ。私たちは本書を精神分析家と文芸批評家の対談本という形にはしなかったんです。私たちは読者に語りかけるために「私たち」というナラティブを使っています。私たちふたりがお互いから学び合い，精神分析と文芸批評の関係性をより複雑に理解できるようになるにつれ，「私たち」はこの本のプロセスのなかで変化していきました。

ルカ：この本を読むのを楽しみにしています。あなたの最近の二冊の著書
『精神分析というアート *This art of psychoanalysis*』と『精神分析の再発見
Rediscovering Psychoanalysis』では，あなたの理論的立ち位置が変化して
いるように思ったのです。説明的な言葉遣いから離れて，患者に寄り添うた
めに，より情緒的な言葉遣いへと移っていったように思ったんです。

　オグデン：それはとても鋭い見解ですね。そのように仰っていただくとは
思いもしませんでしたが，本当にそのとおりだと思います。先程申し上げた
ように，私は分析的な対話 analytic dialogue を，それ以外の状況では決して
起こりえない類の会話であると，ますますそう考えるようになってきていま
す。私は患者と分析家の対話の構造を，分析家が耳を傾け，それから自身の
考えをまとめ上げ，患者のコミュニケーションの無意識的な意味を理解した
後に解釈を供給する，というような構造だとは思っていません。そうではな
く，分析的なペアが共に夢見ているのだと思っています。医師 - 患者関係と
いう枠組みのなかで，それぞれの人が真実だと感じ，他の誰かによって活用
しうるものになる何かを語っていく機会なのだと考えています。この前半部
分は大事なことです。分析家は患者と対等である一方で，患者とは明確に異
なる役割と責任を担っています。このことについては後で話しますね。とり
あえず質問に対する回答を続けますと，私の役割はそれぞれの患者の無意識
を案内してまわるようなものではないと思っています。自分**について**の深い
知を得ることが，変化や成長を促進するわけではないのです。変化とは，あ
りのままのあなたという人を，あなたがあなたになっていく途上にあること
を，そんなあなたを認めてくれるもうひとりの人と**共にいる**という文脈のな
かでのその人自身の体験のことを指すのだろうと思っています。こうしたも
うひとりの人と**共にいる**という分析的体験はユニークなものです。患者がカ
ウチに横たわり，分析家が患者の背後の見えない位置にいるという風変わり
な設定と共にある分析関係こそが，共に夢見る関係を促進し，このふたりで
夢見ることこそが無意識のコミュニケーションの主たる媒体となり，分析家
と患者が相手と共に語り合ううえでの，そして，分析家が患者に語りかける
対象となる思考や感情の主たる源泉となっています。

第 8 章　トーマス・H・オグデンとの会話　　225

ただ，このような考えは，現在の私の患者との取り組み方を一般論として伝えたものにすぎず，これが私の患者との体験そのものであるとは思わないでいただきたいですね。先程も話したように，精神分析における各々の患者との私の体験は，各々の患者に固有のものであることはどれだけ強調してもしすぎることはないと思います。その患者と私が，その患者と私でしかできない分析体験を夢見て創り上げる dream up ことが不可欠です。そして，それぞれの患者と精神分析を再発見していくことも不可欠なことです。いま私のなかにある患者のことが浮かんでいるのですが，その患者とは私たちの関係性について，つまりは転移について語り合うことが（患者と私自身の）心的成長にとって何よりも大切なことでした。

　そして，別のある患者とは，毎回のセッションで実に多くのことを考えてきたにもかかわらず，私は何年ものあいだ自分たちの関係性については話し合わないできました。私は二番目の患者との分析よりも最初の患者との分析のほうが，転移がより重要であったと言いたいわけではありません。そうではなく，私が言いたいのは，その数年間の分析においては，二番目の分析よりも，最初に提示した分析のほうが転移について明確に検討することがより重要であったということです。

　ちょっと前に脇に置いていた，分析家のなかの患者に対する医師としての責任という話に戻りましょう。私は分析家が精神分析に対する責任や，その責任を保持し続ける必要性について話したり書いたりしているのを見聞きすると，そして，それこそが私たちが患者に提供すべき最善のことであると書かれているのを見ると，いつも "それは違う" という想いを抱きます。また，変化は患者次第であり，分析家の手に及ぶものではないので，分析家は精神分析の結果に関心をもつべきではないという考え方にも反対です。私自身はこれらの姿勢とは真逆です。私自身は，私の責任は精神分析にではなく，患者に対してあると強く感じています。私の責任は患者の何らかの心理的・身体的な問題に対し，可能な限り患者に最善の治療を供給することです。もっと強く言いますと，もし，患者が非人道的な扱いを受けているとしたら，患者や患者を取り巻く周囲の人たちに対して，私こそが責任を果たさねばならないと思っています。厳密な医学的意味合いではなく，より広い意味合いで

はありますが，先に話したように，やはり私は患者にとっての医師なんです。その患者が精神分析を活用できそうならば，私はその患者にとって最適な形の精神分析を考案しようとするでしょうし，患者がアルコール依存や薬物依存のような病に苦しんでいるのなら，そのような患者を手助けする治療プログラムを紹介するでしょう。精神分析は薬物依存の患者の治療には悪名高き実績をもっておりますからね。

　いま話していて，私が臨床業務のコンサルタントを行っているある分析家のことを思い出しました。最近のことですが，彼の面接室で患者が卒倒したんですね。この患者は少し前にも同様の症状が出たそうですが，そのときは特に何もしてこなかったそうです。この分析家は初期キャリアが内科医だったのですが，それもあってか，近所に住む患者の妹宅まで患者を車で送ることにしたのです。その後，妹が患者を病院に連れていき，そこで精密検査を受けることになりました。私にはそれこそがこの分析家がその患者に対して行うもっとも治療的なことだったように感じられます。これは他の分析的なペアへの処方箋ではありません。そのような状況はその分析家と患者ならではの出来事だからです。この例から私が受け取ったのは，その時々の状況下で患者が必要とする医師になろうとする分析家の自由についてです。その患者に対して最良の医師であることは，その患者にとって最良の分析家でもあるのだと私は思います。精神分析家とは単に精神分析を実践する人ではなく，分析的な感性，分析的な訓練，分析的な体験を患者との営みに活かすことのできる人のことだと思うのです。

ルカ：トム。あなたは日常に広がる in general トラウマに対してどのようにお考えですか？ 特に世代間伝達されるトラウマの問題をどう考えていますか？ 後者は至るところに存在していて，特に南アフリカ，バルカン半島，アメリカ南部，北アイルランド，そして，ホロコーストによって揺さぶられた地域に深く根付いています。

オグデン：ルカ。私のなかでは，トラウマとは考えられない体験のことを指します。トラウマとは，その個人が考えたり感じたりするには，あまりに

第8章　トーマス・H・オグデンとの会話　227

衝撃的で，あまりに不穏で，あまりに耐え難い出来事のことです。その体験においては，本当の意味で夢見ることができません。すなわち，無意識の心的作業が行えません。夢見ることのできないこの種の体験，つまり，「夢見えない夢 undreamt dreams」の結果として，身体症状，反復される変化なき悪夢，夜驚，自閉的ひきこもりといった事態に見舞われます。

　トラウマに対しては，少なくともふたりの人間がその出来事について考え，感じる必要があります。トラウマのなかには，グループ設定でしか処理しえないものもあるかと思います。自分ひとりだけだと，必然的に人は事を考え，夢見るパーソナリティ組織に限界をきたします。そして，その時点で，つまりはその限界において，人は症状を，すなわち自身の思考が考えることも夢見ることもできず，そこから先に進めなくなったことを示す症状を呈します。幸いにもトラウマ体験（それは常に現在にあり続けます）を独りで抱えこまずにすんだ人は，以前には考えられなかった体験を考え／夢見るうえで，誰かの，あるいは複数人の助力を得ることができます。このような人は，ひとりでは体験しえなかったことを考えたり感じたりすることを手助けされながら，もうひとりの人，もしくは人々と関わっています。ここでいうもうひとりの人とは配偶者かもしれませんし，友人かもしれませんし，同胞かもしれませんし，分析家かもしれません。もうひとりの人，もしくは人々との会話のなかで，ふたり（あるいはそれ以上の人たち）は単一のパーソナリティ組織よりもさらに大きな作用をもたらします。考えられない考えをもちこたえることでもたらされるものは，個々のパーソナリティ組織の総和よりもさらに大きなものです。ふたり，もしくは複数人の人々によって，誰もがたったひとりでは考えられないことを考え，変容的な形でその体験を取り入れられる無意識の第三主体が創り出されます。

　考えられない考えを考えるには，ふたりだけでは，あるいは十人いたところで，十分ではない場合もあります。考えようとする試みに関わっているすべての人が同じトラウマを抱えている場合です。全世代にわたって，そのような集団である場合もあります。たとえば，アパルトヘイトを味わった（黒人も白人もふくめた）南アフリカ人の（二世代，三世代にわたる）世代，「トラブル the troubles」の渦中にあった（カソリックもプロテスタントもふく

めた）北アイルランドの人々の世代などがそれに該当すると思います。この「トラブル」といういかにも控えめな言葉にこめられた恐ろしさは，そこで行われている殺人，虐殺，テロリズムが，考えることも，ましてや口にすることさえも憚られるほどのものであることを反映しているように私には思えます。

　時折，こうしたトラウマを負った世代のなかから，これまでは考えられなかったことを国民全体が考えられるよう手助けする人が現れます。ネルソン・マンデラ Nelson Mandela やデズモンド・ツツ Desmond Tutu といった人たちです。ガンジー Gandhi もそうですね。マーティン・ルーサー・キング牧師 Martin Luther King はアメリカの奴隷制度という世代間トラウマと関連する形でこの種の役割を果たしたように思います。私は二, 三の人たちが国家的に考えられないことを考え，夢見，語りうるものに変えることができるといった幻想を抱いているわけではありませんが，でも，彼らが事態を良くしていくことを信じています。

　ルカ：お時間をいただいて，考えてくださったことに感謝申し上げます。

　オグデン：私たちふたりにとって，とても大切なテーマをあなたと話すことができて大変嬉しく思います。

註1　サンフランシスコの精神分析家であるルカ・ディ・ドナ博士に感謝申し上げます。氏はこの対話をとても生き生きとした，洞察に富んだものにしてくれました。

解　題

　本書は 2016 年に The New Library of Psychoanalysis シリーズの一冊と
して出版された Ogden, T. H. 著『Reclaiming Unlived Life；Experiences in
Psychoanalysis』の全訳である。私にとってオグデンの二冊目の翻訳書になる。
　トーマス・オグデンは 1946 年生まれの米国の精神分析家であり，精神科
医である。現在はサンフランシスコにて精神分析の個人開業をフルタイムで
営んでいる。彼の経歴の詳細については 2022 年に翻訳出版した『投影同一
化と心理療法の技法』の解題にて詳述したため，そちらを参照いただきたい。
　金剛出版の立石正信氏からの依頼を受けて，私が本書の翻訳に取りかかっ
たのが 2023 年の春のことだった。
　この 1 年はひたすらオグデンと共にある 1 年だった。日々の業務や別の依
頼原稿の合間に少しずつ訳出作業を進めていった。この作業に戻るたびに，
（私が思う）精神分析マインドを取り戻す感じがあり，私のなかに――少な
くとも私だけは――ユニークだと思える新たな臨床的アイデアが浮かんでき
た。おかげでこの 1 年で 10 ほどの論文アイデアが生成された。興味深いこ
とに，そのほとんどが本書の内容とは無関係なものである。だが，これらの
アイデアの生起がこの訳出作業と無関係であるはずがない。私は彼の本のな
かに未知の新しい自分を（思考を）見出していた。新たな自分を夢見ていた。
オグデンの書は私を夢見に誘ってくれたのだろう。というよりも，自身の言
動，立ち居ふるまいが相手の夢見に寄与する人こそが精神分析家なのだろう。
この 1 年はオグデンと共に夢見た 1 年だった。
　だが，その作業は単に心地よいだけのものではなかった。むしろ，その大
部分は苦闘の日々だった。苦しかったのは翻訳の技術的問題ではない。過去
に翻訳を手掛けてきたメルツァー Meltzer, D. やケースメント Casement, P.
と比べると，オグデンの英語はアメリカンイングリッシュらしく基本的には
明解で訳しやすかった。辛かったのは，純粋に来る日も来る日も終わりの見

えない翻訳作業に取り組むことそれ自体の労苦だった。

　題名の訳出からして出鼻をくじかれた。「Reclaiming」「Unlived」「Life」。たった三語でありながら表題としてまとめ上げることがなかなかできなかった。再生，開拓，再要求，再請求，改善，取り戻すといった多義的な意味をもつ reclaim，命，生命，人生，生活，活力，生の意をもつ life。どれを当てはめるべきか，翻訳作業を終えたいまでもわからない。Reclaiming が現在分詞であることも悩ましかった。本の題名としては「生きえない生の再生」と体言止めにしたいところだが，そうすると ing がもつ広がり進みゆく感覚が失われる。悩み抜いた末に『生を取り戻す——生きえない生をめぐる精神分析体験』とした。この形がベストかどうかはわからない。ただ，私のなかでは本書は『生を取り戻す』で定着してしまっており，もはや後戻りは難しい感じがある。

　それでも第3章まではオグデンを訳せる喜びと勢いで生き生きと取り組めていた。雲行きが怪しくなったのは第4章のビオン章からだった。オグデンの文章が急に訳し辛くなっただけでなく，（既訳があるとはいえ）そもそもビオンの原文自体が難解だった。オグデンがたえず読み手側に立ってビオンの言説と対峙してくれていることが救いだった。私たちが当然のように感じる疑問やわからなさをオグデンも当たり前のように感じてくれている（これは第7章の『バベルの図書館』を読むときにも感じられる）。彼が私たちを置き去りにしないことが唯一の救いだった。

　第5章は別の意味で苦しかった。私の人生上の葛藤が刺激されたからである。私は精神分析家になりたい。なりたいがその夢を叶えられずにいる。訓練途上ですらなく，訓練に入る手前でやきもきしている。私の同世代は次々と訓練に参入しつつある。「私ではなく，精神分析家や候補生の誰かが訳すべきだ」と何度も思った。自分の職業キャリアとプライベートな人生とを改めて突きつけられる感じがあった。

　第6章のカフカ章がもっとも苦しかった。このころには私の生活は翻訳作業に幽閉されている感じがしていた。好きな本を読みたいし，趣味の将棋もやりたい。周囲の人と気兼ねなく日常を楽しみたい。しかし，訳さねばならない。訳さねば終わらない。あたかも走っている最中に走ることの意味がわ

232

からなくなったマラソン選手のようだった。遂には，オグデンさえも結局の
ところ「精神分析」と「書くこと」の囚人なのではないかと感じさえした。
第7章のボルヘス章までくると，出口の光が薄っすらと見えた気がした。で
も，それは幻だった。翻訳はまだ続く。しかも（やはり既訳があるとはいえ）
『バベルの図書館』の英語部分が難解だった。

　それでも第8章の対談章に至ると終わりを感じた。この作業が終わってし
まうことに急に寂しさを覚えた。そこで語られるウィニコットの母親の鏡機
能に関するオグデンの見解は，かつて私も同じことを考え，論文にしていた
（上田，2012）。彼と同じ着想を有していたことが純粋に嬉しかった。やはり
私はオグデンが好きなのだと思った。大好きなのだと思った。それだけのこ
とでこれまでの苦労が報われた気がした。私は大抵自分の文章をふりかえる
と苦々しい想いに駆られるのだが——もっと書けたのではないか，何と回り
くどい文章なのだと自罰的になる——初めて，たどたどしい自分の翻訳文に
愛着を感じた。

　読者はすでにお気づきだと思うが，ここに記した私のパーソナルな翻訳体
験は，明らかに各章のテーマと，各章の言語が創り出す効果や雰囲気と連動
していた。私はやはりオグデンと共に生きたのだ。彼がフロイトやウィニコッ
トやビオンの考えを**説明する**（第1章）のではなく，フロイト**と共に**，ウィ
ニコット**と共に**，ビオン**と共に**事象について考えているように，彼が患者に
ついて理解するのではなく，患者**と共に**理解していくように，私もまた確か
にオグデンと共に生きたのだ。

＊

　私が初めてオグデンの思索に出会ったのは『こころのマトリックス』
（1986/1996）だった。彼の二作目の書である。

　あのときの感動はいまでも鮮明に思い出すことができる。オグデンが私に
供給してくれたのは，思考のための補助線だった。彼はフロイト，クライン
の本能論を理解するうえで「心理的深部構造」という補助線を差し出し，妄
想-分裂ポジション，抑うつポジションをつかむうえで「歴史性」「主体性」「体

解題　233

験様式」という切り口を与え，ウィニコットの発達早期の錯覚状態を「不可視の一体性」と言い換えることで，先人の理論を，その理論を私の臨床状況に活用していくやりかたを，私が自分なりに考えていくための道筋を創り出してくれた。ぼんやりとしか感知できなかった事柄の解像度が急激に上がった感覚があった。

次に読んだのは『もの想いと解釈』（1997/2006）だった。

かねてから私は探索的な（精神分析的な）心理療法での治療者としての自身の体験が，どこか推理小説を読む体験に似ていると感じていた。当初はわからなさ（謎）だけがどんどん積み上げられ，次第に何となくわかったような気になるが，でも何かがひっかかっており，そうこうしていると，あるとき突然にこれまではまったく考えもしなかった，言葉にもしなかった——しかし，ふりかえって考えると，本当は何とはなしに察知していた——真実の感覚をともなった理解が場に去来する。そして，その理解をふたりがそれぞれ手に取ったときには，いつのまにか事態はまったく違った文脈から体験されている。場が，世界が，決定的に変わっている。そのような体験の積み重ねであると感じていた。『もの想いと解釈』のなかで提示されている事例はすべてそのような事例であり，私はそれを読みながら，自分がすでにその体験を知っていることに気づいた。臨床現象を書き表す術を教えてもらった気がした。

＊

私はそのキャリアにおいて，終始オグデンに感化されてきた。彼が言葉にしていることは本当にわかる感じがあり，第5章の「自分が好きな分析家の声や語り方を取りこむ」という点に注目したくなるのは身をもってわかる気がしたし，ローワルドのエディプスコンプレックス論を何度も引用したくなる（Ogden, 2009/2021）気持ちもわかる。ビオンの『記憶と欲望についての覚書』，ウィニコットの『破綻恐怖』を取り上げたくなる気持ちもわかる。私自身もウィニコットとビオンのベストペーパーはこの二論文だと思っていた。患者が提示する分析素材の「その部分」に注目したくなる気持ちもわかる。

だが，ここまで一気呵成に書いてきて，いま私のなかにはそれとは真逆の気持ちも湧いている。私はオグデンではないし，精神分析家でもない。オグデンと「共に生きた」というのも錯覚にすぎない。彼はアメリカ暮らしで，私は声すら聴いたことがない。本書を読む体験は，私をこのアイソレートされた感覚にも至らせた。第7章の『バベルの図書館』の項の最後の文章がそのことを実感させてくれる。

　　　だが，物語は宇宙ではない——物語は読者がそれを読み終わった後にもそこにあり続ける，ただのページ上の記号の集まりにすぎない。物語は単に物語なのだ——「残念ながら，世界は現実であり，残念ながら，私はボルヘスである」（Borges, 1947, p234）。

　おかげで私はオグデンに溶解してしまいそうな自分を取り戻すことができる。私は私でいることができる。ただ，その私は本書の訳出に漕ぎ出したころの私ではない。私はこの書との体験によって何かが変わった。でも，やはり私は私のままだとも思う。「自分」と「他者」のあいだを遊ぶように，「私が I」と「私を me」のあいだを遊ぶように，「私 me」と「私でない not-me」のあいだを遊ぶように，私は「変形した私」と「変形していない私」のあいだを遊び，夢見ているのだろう。

＊

　通常，解題はその本の成立事情，その専門分野での本書の位置づけ，内容解説を記すものである。その意味で，この解題は解題の体を成していない。それにもかかわらず，私は本書と共に歩んだ自身のパーソナルな体験を語るところから始めることが，本書の解題として相応しいと考えている。
　最初の『投影同一化と心理療法の技法』（1982/2022）から『こころのマトリックス』（1986/1996），『体験の兆すところ』（1989），『あいだの空間——精神分析の第三主体』（1994/1996）までのオグデンは，（彼が第1章の「説明」と「理解」のところで述べているように）既存の分析理論や分析的事象に対

解題　235

する優れた——複数の事柄を同時に描き出す技術に長けた——コメンテーターであったように思う。風向きが変わり出したのは，私の印象では，『もの想いと解釈』（1997/2006）以降である。『精神分析というアート』（2005），『精神分析の再発見』（2009/2021），『クリエイティブ・リーディング』（2012），そして，本書『生を取り戻す』では，彼はそのとき俎上に載せている事象や理論や人と，あるいは読者と，「ひとつになり」なりつつ「共に考える」ように書いている。読むという体験それ自体がもたらす効果の創造に成功している。その成功の一例が先に示した私の体験である。フロイトが無意識の現れる場として夢，症状，失策行為，分析状況をあげたように，オグデンは人間的で創造的な体験が現れる場として，読むこと，書くこと，夢見ることを提示しているのだろう。

　第1章で彼が強調するのは分析状況の独創性である。そこにあるのは世界中の他の誰ともできないような唯一無二の「会話」である。オグデンはもはや「患者が連想し，分析家が解釈する」というスタイルを採用していない。そこでなされることは「会話」である。提示される事例には地の文がほとんどない。直接話法で会話内容が連綿と綴られる。患者だけでなく，オグデンも相当自由に喋っている。そうでありながら，分析的なダイアローグを逸脱していない。彼は精神分析を遊んでいる。多くの人が思う「精神分析」的なやりとりを超えながら，あくまで精神分析の枠内にいる。オグデンが生きるのは「精神分析」という「檻」ではなく，精神分析という「宇宙」である。そして，その宇宙では，リアルな他者と愛し合うことも，別れることも，性愛も，身体も，動物も，植物も，川も，山も（第7章）——それが実在しなかったとしても——すべてが感じられる。第1章は，このときの（2016年付近の）オグデンがどこにいるのかを私たちに示してくれている。

　第2章は途端に学術的な論考となる。魔術的思考，夢思考，変形性思考という新概念の提示がなされる。その論はクリアカットで相変わらず興味深い。興味深いが，しかしながら，一読したときには私自身はさほど新鮮味を感じなかった。魔術的思考は『こころのマトリックス』の妄想-分裂ポジションの章や『体験の兆すところ』の最終章の二番煎じのように思えたし，夢思考は『精神分析の再発見』ですでに述べられていることのように感じた。彼は

本当にこの章を本書に収載したいと思っていたのだろうか，本書を「精神分析的な装い」にするためにあえて挿入したのではないか，と訝しい気持ちにさえなった。

　だが，二回目に読んだときには私のなかにひとつの問いが喚起された。それは「（病理的な）魔術的思考とウィニコットのいう（発達に不可欠な）乳児の錯覚状況での体験は何が違うのか」という問いだった。どちらも「主体が自分の思い描く世界を生きている」という点では共通している。どちらもナルシシスティックである。だが，一方は病的で，一方は健全な発達に不可欠な事態である。相違点は何なのか。

　オグデンの記述を追うと，魔術的思考では現実を自分の都合のよいように「捏造する」と記されている。魔術的思考は自分のニードを満たす形で現実／環境を捻じ曲げる。裏を返せば，現実／環境側は本来的にはその個人のニードを満たす形態になっておらず，それにもかかわらず，その個人が思う形に捻じ曲げられる。他方，ウィニコットのいう原初の母性的没頭に包まれ，錯覚的世界を生きる乳児に対する環境（養育者）は「積極的」（Winnicott, 1952）に乳児のニードに適応している。環境側が否応なしに反応させられているのか，積極的に応答しているのかの違いがある。すると，魔術的思考と錯覚状態の違いは環境側の問題なのだろうか。おそらくそれだけではない。乳児の錯覚状況をこしらえる「環境としての母親」も，ある意味では否応なしに反応させられている。ただ，その反応は乳児のニードと一致している。乳児は世話を要し，養育者は世話の供給の必然性を感じている。ふたりはひとつになっている。それは乳児が真のニードを発しているからである。そのニードは真実である。一方，魔術的思考を駆使する患者のニードは真実ではない。真実でないからこそ，魔術的思考は「何も築かない」（第2章）。色に例えると，魔術的思考を駆使する患者は本来青色であるはずの環境／現実／養育者を自身の赤色に染め上げる。他方，錯覚状況では（外側から見たとき）乳児の赤色と環境側の青色が出会い，混じり合い，紫になったり，赤と青のマーブルになったり，（たとえ，乳児側の主観としては，世界は自分色に染まっているように見えたとしても）多彩な世界が創られている。そこでは「私」と「私でない」，「内」と「外」，「空想」と「現実」が一様に収められ共存し

ている。移行現象の萌芽がすでにここにある。ある事態が魔術的思考の駆使となるのか発達促進的な錯覚状況となるのかは，その場を構成するふたりの人間の相互作用に拠っている。

　このように第2章に対する私なりの書きこみを進めていったとき，ようやく私は本章の存在意義を見出した気がした。オグデンはここで自分の書を読者が魔術的思考によって書き換えてしまうのか（逆に読者がオグデンによって書き換えられてしまうのか），あるいは，共に夢見て創り上げ，運がよければ変形性思考を生成する方向に進むのか，その分水嶺を提示しているのではなかろうか。彼は読者が本書をどう使い，どう体験するのかを問うている。

　第3章は本書の中核的な章である。ここでオグデンはウィニコットの『破綻恐怖』を読み解きながら，『Reclaiming Unlived Life』の「Unlived」の部分を思考する。それは体験されながらも意識領域にもちこめていない事態のことではない。そうではなく，事が起きていながらも，それが体験されえない事態のことである。トラウマはその代表例である。本章ではオグデンの精神病理論が展開されている。ここでオグデンはウィニコットのいう「破綻」に「母-乳児の絆の破綻」と書きこむ。さらに「母親から切り離されたとき，乳児は苦悩を体験する代わりにその体験を簡略化し，（解体などの）精神病的な防衛を組織化することで置き換えていく」，「（人には）その失われた自己部分を希求し，いまだ生きえない（体験しえない）生を可能な限り自分のなかに包みこむことで，最終的には自分自身を全うしていきたいという切なるニーズがある」と書きこんでいく。

　そして，「Unlived Life」に対する治療論の展開が第4章である。ビオンのいう「直観」，すなわち「いまこの瞬間にある（無意識的な）心的現実とひとつになること」（第4章）がその方法論である。それは象徴的に表現された顕在内容から潜在内容を解するような行為ではない。確かにそれでは「生きえない生」「体験しえない体験」をつかむことはできない。なぜなら，私たちが直観の対象とするものにはまだ中身（コンテンツ）がないからである。それは誰かにキャッチされることで初めて形づけられるような何かである。

　　精神分析における「観察」は，何が起こったのかということや，何が

起ころうとしているのかということではなく，何が起きているのかに関心がある（Bion, 1967a, p136）。

　分析家がターゲットとするのは，過去に体験したが無意識下に抑圧された体験（記憶）でもなく，「こうなってほしい」「こうなるのではないか」という願望や予期（欲望）でもなく，いまこの瞬間にふたりのあいだに生じている出来事である。「精神分析はただひたすらに現在においてのみ行われる営為である」（第4章）。むしろ，この徹底的に「現在」に注目し続けることが，過去や，未来や，記憶や，欲望を自ずと浮かび上がらせるのだろう。裏を返せば，私たちが既知の過去，未来，記憶，欲望によって最初からこころを埋めてしまうならば，この種の自生的な創造物が息づく空間は失われる。ビオンが「記憶なく，欲望なく，理解なく」と否定形の命題を提示したのは，こころを「空」にするためである。私たちは生まれ出るもののためにスペースを空けておかねばならない。患者の心的現実が注がれ，形づけられるための空間を用意せねばならない。そのために私たちは「自分を手放さなければならない」（第4章）。自分をロスト（Meltzer, 1967）させねばならない。

　だが一方で，自分を手放すには，私たちは精神分析状況に繋ぎ留められていなければならない——そうでなければ，私たちは「命綱を断たれた宇宙飛行士」（第3章）となるだろう。分析家はごく自然に——私たちが何の企図もなく，さも当然のように地球上を生き，さも当然のように空気を吸っているように——精神分析状況に，精神分析に，馴染んでいなければならない。精神分析家とは精神分析に馴染み，だからこそ自分を手放すリスクに身を投じることのできる人である。

　第5章は精神分析に馴染み，その住人となった人々（オグデンおよびギャバード）の思考である。ここから私がつかんだことは，精神分析家とは，あらゆる事柄が，あらゆる体験が，精神分析的に構造化されうる世界の住人であるという見解である。私は精神分析家ではない。主収入を臨床業務に依存していないという意味ではもはや臨床家ですらない。私は大学教員であり，一研究者である。だから，本章を精神分析家やその候補生がどのように体験したのかを是非ともうかがいたい。外側から，自分がいま棲まう場所から，

解題　239

精神分析家について観察し，研究してみたい。

　第6章のカフカ章については異議を唱えたいところがある。それは「『断食芸人』の団長はオグデンがいうほど愛情深い人間ではない」という点である。

　確かに団長は檻のなかに埋もれていた断食芸人の話に耳を傾けている。だが，原文を読むと，断食芸人が「諸君，許してくれ」と語り始めたところには，すなわちオグデンが「……」と省略記号を入れた箇所には，以下の文章が続いている。

　　　「いいとも」と団長は言って，指を自身の額に当て，そのしぐさで断
　　　食芸人の状態を係員たちに仄めかした。少し頭にきている，というしぐ
　　　さだ。

　団長は檻のなかの断食芸人をさっさと片づけるために話を聞いているにすぎない。そして，断食芸人の最後の語りの後，団長は「それじゃあ，片づけるんだ」と号令をかけ，藁と共に断食芸人を埋めてしまう。まだ生きている彼を葬ってしまう。

　オグデンがいうように，確かに断食芸人は団長に抱えられる感覚のなかで，自身の心情を初めて素直に吐露したのかもしれない。だが，私には断食芸人は飢餓による意識水準の低下のなかでウィニコットのいう錯覚状況を，それどころかビオンのいう幻覚 hallucinosis を（自分をさっさと始末したい団長を「愛情に満ちた対象」とする幻覚を）体験していたように見える。もしかすると，断食芸人はこの団長の欺瞞をぎりぎりのところで感知したゆえに，自分が得た（と思いこんでいた）「うまいもの（愛し，愛され，見つめ，見つめられる体験）」と自己-覚知の感覚を放棄したのかもしれない。

　いずれにせよ，これほどに文献を緻密に読みこむオグデンが，なぜ，団長の本質を示す記述を「省略」し，団長を「乳児を抱える母親」のように理解したのかは相当に不思議なことである。だが，私にはこの誤読にこそオグデンの姿が示されているように感じられる。

　オグデンが断食芸人にカフカを重ね，さらには真実の感覚を，自身の真のニーズを生きえない患者たちの姿をみとめていたことは間違いないだろう。

そして，まったく救いようのないこの物語に，オグデンは「団長」という「救い主」を見出した。これは彼が単におめでたい人だからではないと私は思う。彼はやはり治療者なのだ。救いようのない絶望的な物語にも，症例にも，患者にも，彼はやはり希望と救いを見出そうとする人なのだ。そして，その救いは彼がどうしようもなく患者と同一化することで成し遂げられてきたのではなかろうか。団長の実態を省略し，真実に目を閉じる彼はまるで断食芸人のそれである。オグデンは患者と深く同一化し，患者と同一平面を生きる体験のなかで，患者の苦悩を文字通り我が身を介して体感する治療者なのだろう。彼の「投影同一化論」や「第三主体」というアイデアは，だからこそ不可欠な——患者と自分を引き剥がし，治療者としての自分を取り戻しつつも，患者と共存するうえで必要な——概念だったのかもしれない。

　カフカは典型的なスキゾイド気質のように思えるが，もしかするとオグデンはカフカにも同一化していたのかもしれない。だが，オグデンが「愛すべきスキゾイド」といった印象であるのに対し，カフカのスキゾイド性は徹底的にアイロニカルである。

　一転して，第7章のボルヘス章は愛に満ちた感覚を私たちに伝えてくる。オグデンはカフカとは同一化しているが，ボルヘスには共感（Schafer, 1959）しているのかもしれない。彼のクロース・リーディングがふたたび冴えわたっている。人間の世界や生を（カフカ以上に）揶揄しているようにも見える『バベルの図書館』から，オグデンは言語がそなえる性質と無限なるものとの関係性を導き出す。図書館にはあらゆるものがありながら何もなく，言葉があらゆる意味を有するならば，そこには何の意味もない。彼は無限であることの無意味さを露わにする。

　精神分析は原理的には無限の営みである。「無意識の意識化」というとき，その無意識には限りがない。明確な終わりの基準もない（ある行動回数の減少といった目に見える形の基準はない）。この営みは続けようと思えば永遠に継続できる，原理的には終わりなき営みである。そして，精神分析が無限である限り，それは「無用の長物」（Borges, 1941）と化す。そこに意味が創られるためには，無限を一時的に包みこみ，輪郭づけ，分節化する（ある意味では有限化する）ものを要する。それが言葉であり，現実であり，『バ

解題　241

ベルの図書館』の最後の最後に立ち現われた「作者（ボルヘス）」（現実に根差し，事を解釈し，意識性をもつ主体）である。だが，無限を分節化し，同定するだけでは，無限であることの豊かな可能性は死滅する。オグデンはここにも弁証法的緊張を創り出す。無限と有限，意味の拡張と同定，すべてがあることと何もないこと（在と不在），作者が書きながら，作者もまた書かれていくこと（夢見のように，作者でありながら，登場人物にもなること），こうした二極を揺れながら生きていくことに人間存在の意義を見出そうとする。

　最後の第8章はルカ・ディ・ドナ氏との対談（会話）である。ルカ氏は北カリフォルニアの精神分析インスティテュートで訓練を受けた分析家であり，過去にはエチゴーエン Etchegoyen やワーラーシュタイン Wallerstein らのインタビューにも臨んでいる。

　対談といって思い出すのは，『「あいだ」の空間 Subjects of Analysis』に収録されたスティーブン・ミッチェル Mitchell, A. S. との対談である。（ミッチェルがその方向の問いを投げかけているゆえだろうが）そこでのオグデンはさまざまな理論的対立を——「本能か，関係か」，「解釈か，態度か」，「妄想‐分裂ポジションは定められた発達段階なのか，防衛なのか，あるいは凝り固まったこころの発達促進的脱構築なのか」などの議論を——架橋する考え方や概念の提示に終始している。

　一方，今回の対談（会話）で提示されているのは，架橋的な思考ではなく，精神分析の基底にある要素である。それは本書の至るところで折にふれて取り上げられている考え，すなわち「何かを考えるには少なくともふたりの人間を要する」（第8章）という考え方であり，分析家が「自分自身であること a person in his own right」の意義である。これらの考えにはさまざまなふくみがある。「第三主体」「フロイト，クライン，ウィニコットにおける主体性をめぐる思索」「もの想い」「夢思考」など，彼がその歴史のなかで積み上げてきた思考が響き合っている。

　ここでのオグデンは珍しく自身の子ども時代を回想している。彼が子ども時代から小説を好んでいたのは確かにそうなのだろう。というのも，オグデンの著書や臨床はいずれも美的だが，その美は絵画的でも音楽的でもなく，やはり文学的，小説的なものだと感じるからである。

絵画には何も書きこめない。音楽もそうである——何かを付け足せば，それはノイズとなってしまう。だが，小説は書きこめる。現に読者のなかには，本書に対していつも以上に線を引いたり，連想内容を書きこんだりした人もいたことだろう。

オグデンの著書はそれ自体で完結していない。彼の美は完成された美ではない。むしろ彼には隙がある。隙間がある。日本語的には懐と言い換えてもよい。それは私たち読者が自由に入りこみ，自由に思索を展開し，自由に使用（Winnicott, 1967）することが許容されている空間である。

私はオグデンの懐で遊んできたのだろう。読者にも同様の体験が供給できたならば，本書を訳して本当によかったと思う。

＊

最後に訳語について簡単にふれておきたい。

まず，life についてだが，これは基本的には「生」と訳しているが，文脈に応じて「人生」という訳をはめている部分もある。real は本書においてもっとも訳語がばらけた単語であり，文脈に応じて「現実の」「現実的な」「本当の」，あるいはそのまま「リアルな」と訳し分けている。最後の「リアル」に関しては，ひとつの日本語に置き換え難い多義的な意味がこめられていると考えたときに，そのままカタカナ表記にした。a person in one's own right は直訳で「自分である権利をもつ人」と訳したが，文脈に応じて意訳である「自分が自分であるひとりの人間」と訳している部分もある。

あとは feel, feeling であるが，これは前回の『投影同一化と心理療法の技法』のときから悩ましかった。心理学では伝統的に，emotion, affect, feeling, mood を訳し分けており，emotion は「情動」（事象に対する直接的な一次的反応。感情・情緒は事象に対する瞬間的解釈が入る二次的反応。後者は「○○ゆえに悲しい」というもので，前者がコントロールし難い反応であるのに対し，後者は比較的コントロールがつく可能性がある），mood は「気分」（情動，感情，情緒よりも，時間的に持続性がある）と明確に訳し分けしやすいのに対し，feel を感情とするか，情緒とするかは相当に悩まされた。日本語の違

解題　243

いを見ると，感情は事象にふれて生じる全般的な想いを表すときに使用され
やすく，一方，情緒はより細やかな気持ちを示すときに使用されていると
ろがあり，本書では feel, feeling は基本的には「情緒」と訳している。ただ，
ここにはさまざまなご意見があることと思われる。

　本書では私が訳出に迷った単語については英語表記も合わせて掲載している
ので，訳出にさらなるご意見があれば，是非ともご示唆いただければと思う。

　さて，いよいよ，解題も終わろうとしている。あれほど苦しかった翻訳作
業も，いざ終わりを迎えると一抹の寂しさが湧く。この作業を出れば，もう
二度とそこには戻れない。何年後かに再度訳し直したところで，このときの
翻訳体験は二度と味わえない。二度と取り戻せない。

　生を取り戻すことは，生を取り戻せずにいた自分との別れをともなってい
る。裏を返せば，別れをともなっていない，喪の作業を経ていない部分こそ
が，生きえなかった生であり，取り戻されるべき生なのだろう。

　最後になりましたが，本書の制作にご尽力いただいた金剛出版の遠藤俊夫
さんに厚くお礼申し上げます。細やかなスケジュール調整と筆者の意向を常
に気遣ってくださる姿勢にこころ癒されるところがありました。

　そして，『Reclaiming Unlived Life』の翻訳へと誘ってくれた金剛出版の
立石正信さんに厚くお礼申し上げます。

　立石さんは臨床家としての私を，研究者としての私を，ここまで育ててく
れました。出版編集者は単に本を出版するだけでなく，人を育て上げる人で
もあるのでしょうね。立石さんと出会えて本当によかったと思う。この感謝
の念をどのような言葉でお伝えすればよいのかわからないので，この翻訳作
業にすべて注ぎこみました。

　ありがとうございました。お身体を大切に。

2024 年 5 月

上田勝久

文　献

Meltzer, D.（1967）The Psycho-Analytical Process.　Karnac Books, London.　松木邦裕（監訳）飛谷渉（訳）（2010）精神分析過程．金剛出版.

Ogden, T. H.（1982）Projective Identification and Psychotherapeutic Technique.　Karnac Books, London.　上田勝久（訳）（2022）投影同一化と心理療法の技法．金剛出版.

Ogden, T. H.（1986）The Matrix of Mind：Object Relations and the Psychoanalytic Dialogue.　Karnac Books, London.　狩野力八朗（監訳）,藤山直樹（訳）（1996）こころのマトリックス――対象関係論との対話．岩崎学術出版社.

Ogden, T. H.（1989）The Primitive Edge of Experience.　Karnac Books, London.

Ogden, T. H.（1994）Subjects of Analysis.　Jason Aronson, New York.　和田秀樹（訳）（1996）「あいだ」の空間――精神分析の第三主体．新評論.

Ogden, T. H.（1997）Reverie and Interpretation：Sensing Something Human.　Roudlege, London.　大矢泰士（訳）（2006）もの想いと解釈――人間的な何かを感じとること．岩崎学術出版社.

Ogden, T. H.（2001）Conversations at the Frontier of Dreaming.　Karnac Books, London.　大矢泰士（訳）（2008）夢見の拓くところ――こころの境界領域での語らい．岩崎学術出版社.

Ogden, T. H.（2005）This Art of Psychoanalysis：Dreaming Undreamt Dreams and Interrupted Cries.　Roudlege, London.

Ogden, T. H.（2009）Rediscovering Psychoanalysis：Thinking and Dreaming, Learning and Forgetting.　Roudlege, London.　藤山直樹（監訳）清野百合・手塚千恵子（訳）（2021）精神分析の再発見――考えることと夢見ること，学ぶことと忘れること．木立の文庫.

Ogden, T. H.（2009）Creative Readings：Essays on Seminal Analytic Works.　Roudlege, London.

Schafer, R.（1959）Generative empathy in the treatment situation. The Psychoanalytic Quarterly 28:342–373.

上田勝久（2012）鏡の中の自己――ナルシシズムをめぐって．精神分析研究56（1）pp53-63.

Winnicott, D. W.（1952）Psychoses and Child Care.　In D. W. Winnicott（1958）Collected Papers：Through Paediatrics to Psycho-Analysis.　Tavistock publication, London.

Winnicott, D. W.（1967）The use of an object and relating through identifications. In D. W. Winnicott（1971）Playing and reality. Hogarth Press, London.

索　引

人名索引

アイザックス (Isaacs, S.S.)⋯⋯ 210, 216, 218
アブラム (Abram, J.) ⋯⋯⋯⋯⋯⋯⋯⋯ 84
イェセンスカー (Jesenska, M.) ⋯⋯⋯ 150, 152
イヨネスコ (Ionesco, E.) ⋯⋯⋯⋯⋯⋯ 118
ウィニコット (Winnicott, C.)⋯⋯⋯⋯ 83, 84
ウィニコット (Winnicott, D. W.) ⋯⋯ 4, 9, 10,
　12, 21, 34, 41, 57, 59-75, 82-84, 107, 117,
　126, 209, 210, 216-218
ウィリアムズ (Williams, W. C.) ⋯⋯ 170, 210
ウィリアムソン (Williamson, E.) ⋯⋯⋯⋯ 205
ウッダル (Woodall, J.) ⋯⋯⋯⋯⋯⋯⋯ 205
エリオット (Eliot, T. S.) ⋯⋯⋯⋯⋯ 101, 118
オグデン (Ogden, B. H.) ⋯⋯⋯⋯⋯⋯ 223
オグデン (Ogden, T. H.) ⋯⋯ iii , 31, 60, 64,
　69-71, 112, 121, 131-133, 143, 144, 148,
　149, 156, 157, 159, 176, 185, 188, 190-192,
　195, 197, 198, 207, 213, 216, 219, 220,
　222-225, 227, 229
ガッディーニ (Gaddini, R.) ⋯⋯⋯⋯⋯ 84
カフカ (Kafka, F.) ⋯⋯⋯⋯⋯ 141-153, 157,
　158, 165, 168-170, 173, 174, 179, 180, 199-
　204, 210, 215, 216
カルヴィーノ (Calvino, I.) ⋯⋯⋯⋯⋯⋯ 215
ガンジー (Gandhi, M.K.) ⋯⋯⋯⋯⋯⋯ 229
キアネーゼ (Chianese, D.)⋯⋯⋯⋯⋯⋯ 212
キェシロフスキー (Kieslowski, K.) ⋯⋯⋯ 118
ギャバード (Gabbard, G. O.) ⋯⋯ 131, 132,
　133, 137
キング (King, M. L.) ⋯⋯⋯⋯⋯⋯⋯⋯ 229
クッツェー (Coetzee, J. M.) ⋯⋯⋯⋯⋯ 215
クライン (Klein, M.) ⋯4, 24, 41, 57, 107, 210

グリーン (Green, A.) ⋯⋯⋯⋯⋯⋯⋯⋯ 84
グロトスタイン (Grotstein, J. S.) ⋯32, 52, 160
サールズ (Searles, H. F.)⋯⋯⋯⋯⋯4, 210, 216
サミュエル・ベケット (Beckett, S.)⋯⋯⋯ 183
サンドラー (Sandler, J.) ⋯⋯⋯⋯⋯⋯ 135
シーガル (Segal, H.) ⋯⋯⋯⋯⋯⋯⋯ 210
ジェームズ (James, H.) ⋯⋯⋯⋯⋯⋯ 118
ジェームズ (James, W.) ⋯⋯⋯⋯⋯⋯ 211
シュタイナー (Steiner, J.) ⋯⋯⋯⋯⋯ 127
スタニスラフスキー (Stanislavski, C.) ⋯⋯ 133
スティーブンス (Stevens, W.) ⋯⋯⋯ 170, 210
チヴィタレーゼ (Civitarese, G.) ⋯⋯⋯ 212
ツツ (Tutu, D.) ⋯⋯⋯⋯⋯⋯⋯⋯⋯ 229
ディ・ドナ (Di Donna, L.)⋯⋯ 207, 213, 216,
　218, 220, 222, 223, 224, 225, 227, 229
ニーチェ (Nietzsche, F. W.)⋯⋯⋯⋯⋯ 169
ネルーダ (Neruda, P.) ⋯⋯⋯⋯⋯ 184, 185
バートン (Burton, R.) ⋯⋯⋯⋯⋯⋯⋯ 186
バウアー (Bauer, F.) ⋯⋯⋯⋯⋯⋯ 147-150
パウンド (Pound, E. W. L.) ⋯⋯⋯⋯⋯ 118
バシリデス (Basilides) ⋯⋯⋯⋯⋯⋯⋯ 194
バランジェ夫妻 (Baranger, M. & W.) ⋯⋯ 212
バリント (Balint, M.) ⋯⋯⋯⋯⋯⋯⋯ 208
ヒーニー (Heaney, S.) ⋯⋯⋯⋯⋯⋯37,170
ビオン (Bion, W. R.) ⋯⋯⋯ 4, 11, 34, 35, 37,
　41, 57, 80, 87, 88, 89, 90, 91, 92, 93, 94, 95,
　96, 97, 98, 99, 100, 106, 107, 110, 111, 112,
　116, 118, 135, 136, 160, 170, 209, 210, 216
ピカソ (Picasso, P.) ⋯⋯⋯⋯⋯⋯⋯⋯ 118
ピノチェト (Pinochet, A.) ⋯⋯⋯⋯ 184, 203
ピンター (Pinter, H.) ⋯⋯⋯⋯⋯⋯⋯ 118
ファインバーグ (Faimberg, H.) ⋯⋯⋯⋯ 84
フェアベァン (Fairbairn, W. R. D.) ⋯⋯ 4, 41,
　57, 79, 209, 210, 216
フェッロ (Ferro, A.) ⋯⋯⋯⋯⋯⋯ 34, 212
フォークナー (Faulkner,W. C.) ⋯⋯⋯⋯ 118

ブラック（Braque, G.）……………… 118
ブロート（Brod, M.）143, 145-147, 149-152, 169
フロイト（Freud, S.）…… 3, 4, 11, 23, 40, 52,
　　57, 67, 69, 90, 91, 107, 128, 129, 130, 170,
　　207, 208, 209, 210, 214, 216, 218, 220
フロスト（Frost, R.）………… 170, 210, 215
ベケット（Beckett, S.）………………… 215
ペロン（Peron, J. D.）……… 180, 181, 184
ホメロス（Homer）………………… 215
ボルヘス（Borges, J. L.）… 141, 142, 169, 170,
　　173, 174, 175, 176, 177, 178, 179, 180, 181,
　　182, 183, 184, 185, 189, 190, 191, 192, 193,
　　197, 199, 202, 204, 205, 210, 216
ボロニーニ（Bolognini, S.）……………… 212
ポンタリス（Pontalis, J.- B.）…………… 33
マンデラ（Mandela, N.）……………… 229
ミルナー（Milner, M.）…………… 209
メルヴィル（Melville, H.）………… 215
モネガル（Monegal, E.R.）………… 205
ユング（Jung, C. G.）……………… 69, 130
ラング（Lange, N.）……………… 178
リンチ（Lynch, D.）………………… 118
ローゼンフェルド（Rosenfeld, H.）34, 116, 209
ローワルド（Loewald, H.）…… 4, 11, 57, 121,
　　170, 210, 216
ロベルト・クロプシュトク（Klopstock, R.）… 152
ワーズワース（Wordsworth, W.）………… 215
ワイルド（Wilde, O.）……………… 176

事項索引

あ

愛情に満ちた分離の感覚………………… 50
相手の本質的な善意……………………… 9
赤ん坊の居所…………………………… 104
新たな生き方…………………………… 50
ありのまま話す………………………… 214
アンビヴァレンス……………………… 126
怒り…………………………………… 31

生き生きと無視する…………………… 71
生きえない……………………………… 5
　　——生…………………………… iii
　　——体験……………………… 64
生きえなかった
　　——側面を体験する………………… 73
　　——体験………………… 80
生きた
　　——感覚……………………… 80
　　——時間…………………… 110
　　——身体感覚……………… 96
生きている心的現実…………………… 110
生きられた体験………………………… 64
生ける屍………………………………… 78
意識性
　　——という「贈り物」………… 141-170
　　——という課題…………… 199
　　——の創造……………… 173
　　——の体験……………… 201
　　——の問題……………… 202
意識的思考………………………… 36, 97
意識と無意識の関係…………………… 21
依存状態………………………………… 73
一次過程思考……… 4, 22, 23, 32, 51, 112
イド……………………………………… 41
居場所がない…………………………… 27
いまだ生きえない（体験しえない）……… 72
意味生成………………………………… 7
永遠に落ち続けること………………… 66
英国対象関係論………………… 207, 210
エディプスコンプレックス……………… 210
起こり続けている情緒体験…………… 106
幼いころの愛情の欠如………………… 77
大人の自己……………………………… 23
思いやり…………………………… 48, 50

か

快原理…………………………………… 92
解釈…………………… 106, 107, 110
外的現実…………………… 24, 26, 31
　　——対象………………… 41
会話療法………………………… 220

覚醒状態……………………………	33	興奮させる対象……………………	79
過去という名のいま………………	100	子どもの自己………………………	23
葛藤…………………………………	126	コンサルテーション………………	3, 18
──の解消………………………	128	コンテイナー… 23, 32, 51, 112, 118, 119, 126	
考える		コンテイニング…………… 13, 25, 31	
──こと…………………………	22	コンテイン………………… 36, 74	
──自由…………………………	9	コンテインド…… 23, 32, 51, 112, 118, 119	
感覚印象……………… 89, 90, 92, 94, 95		コンテインメント…………………	3
──に奉仕する…………………	90		

さ

感覚的体験から派生する…………	90	罪悪感………………………………	103
患者		時間の共時的感覚…………………	4, 112
──との語り合い………………	110	思考	
──の現実の歪曲………………	31	──の三形態……………………	21-53
──の思考の仕方………………	51	──の万能性……………………	23
──の対人的空想の実演………	126	──や感情を創造するための媒体………	213
──の無意識の心的現実………	87	前意識的── …………………	36
間主体的		操作的── ……………………	22
──概念…………………………	117	変形性── …… 2, 21, 23, 37-41, 51	
──な思考…………… 116, 211		魔術的── …… 21－26, 31, 33, 35	
──な第三主体…………………	34	無意識的── ………… 89, 112	
──プロセス……………………	34	夢── ………… 2, 4, 21, 23, 32－36	
感情状態……………………………	24	自己	
感じること…………………………	22	──感覚…………………………	31
既知………………………………98, 99		──形成の時期…………………	27
基底想定……………………………	22	──を全うしていない感覚……	75
基本原則……………………………	3	自己-覚知	
逆転移……………………… 73, 219		──の窓…………………………	200
共苦的な想い………………………	16	──的な人間……………………	33
強迫的な「追いかけ」行為………	79	自己嫌悪の感覚……………………	124
拒絶する対象………………………	79	事後性の概念………………………	67
ゲシュタルト……………… 49, 52		自殺衝動……………………………	43
結果思考……………………………	4	自身	
原因思考……………………………	4	──の生きた体験………………	116
嫌悪感……………………… 44, 176		──の人生を「弁明」してくれる本……	195
言語的な表象………………………	214	──の両親を殺す………………	121
現実が想像を凌駕する事態………	203	死の恐怖……………………………	82
現実感の喪失………………………	65	事物的表象…………………………	214
現実世界での生……………………	204	自分	
原初		──が生きてきた世界…………	47
──的苦悩…… 13, 64, 67, 68, 70		──探し…………………………	202
──の母性的没頭………………	34	──自身の声を育むこと………	120
原-精神状態………………………	80		
健全なエディプスを生きる子ども…………	116		

——たちの成熟体験…………………… 131
——に気づく………………………… 164
——に「目覚めた」（自意識をもつ）状態を
　達成し，維持していく苦闘……… 168
——の内なる世界…………………… 73
——の身体に対する憎しみ………… 44
——の体験を生きる………………… 60
——のなかにある恐れ……………… 29
——のようなもの…………………… 217
——を見失う………………… 15，17
——を見失う体験…………………… 36
自閉 - 接触ポジション ………… 22，32，52
自閉的思考…………………………… 22
主題の提示…………………………… 67
象徴
——生成……………………………… 7
——内容……………………………… 21
情緒
——交流……………………………… 12
——体験……… 35，95，96，118，124，133
——的な驚きの感覚………………… 24
——的な諸条件……………………… 50
——的なつながり…………………… 122
——的な文脈………………………… 31
——的な交わり……………………… 213
——的な問題………………………… 49
——に関する概念…………………… 211
初回面接…………………………… 26，42
真実 - 恐怖原理……………………… 91
真実 - 探求原理……………………… 91
真実を探求する機能………………… 7
心身共動の喪失……………………… 65
人生
——の外的現実……………………… 204
——の真実にまつわる意識性……… 204
——のなかに欲するものを見出せなかったこと
　…………………………………… 168
——の不穏な情緒的真実…………… 173
——の無意識的な部分への推論…… 142
身体
——と性愛の世界…………………… 204
——内幻想…………………………… 22
——空間………………………… 31，39

——現実……………………………… 24
——現実を直観すること………… 96-98
——な文脈…………………………… 6
——排除……………………………… 22
——平衡……………………………… 134
——変化……………………………… 1
——防衛……………………………… 24
真の自己 - 体験……………………… 26
心理的 - 対人的
——事態……………………………… 34
——な情緒的文脈…………………… 22
スーパーヴァイザー ………… 116，118-120
スーパーヴィジョン ………… 89，210，220
すべての時が永遠の現在…………… 194
成熟
——した対象関係…………………… 83
——の勾配…………………………… 125
精神的破綻…………………………… 16
精神病的な
——情緒体験………………………… 209
——破綻……………………………… 63
精神分析における
——「観察」………………………… 94
——言語の役割……………………… 213
世代間継承…………………………… 5
「説明する」という行為 …………… 11
喪失感………………………… 48，103
想像力の無限の可能性……………… 196
躁的防衛……………………………… 22
創発理論……………………………… 221
即興に身を投じる…………………… 133

た

体験
——された破綻恐怖………………… 67
——を知ること……………………… 32
対象関係……………………………… 24
大切なものを諦める寛容力………… 73
ダイレクトでない体験を提示……… 74
耐え難い
——自己 - 認識……………………… 160
——ほどの孤独感…………………… 43

確かな自己感覚…………………… 29
他者と共に話す体験……………… 220
『断食芸人』…………… 141-170, 199
父 - 娘の愛情……………………… 51
直観…………………………98, 99, 100
　　――する………………………… 7
　　――的思考…………………… 106
治療プロセスとしての精神分析…… 9
通時的感覚……………………… 4, 112
通常の夢思考……………………… 50
つながることへの恐れ…………… 149
転移……………… 6, 73, 74, 215, 226
　　――解釈………………76, 79, 133
転移 - 逆転移……………………… 27
投影同一化……… 24, 25, 32, 34, 116, 210, 211
どのように話すか………………… 214
共に考える………………………… 220
トラウマ………………………… 227, 228
　　――体験………………………… 5

な

内省への嫌悪……………………… 149
内的
　　――世界構造…………………… 22
　　――世界のすべて……………… 155
　　――対象………………………… 41
　　――対象世界…………………… 80
　　――破壊工作員………………… 79
二次過程思考…… 4, 12, 22, 23, 32, 51, 97, 112
二重運動…………………………… 84
乳児的・幼児的性愛………………… 6
乳児の不安な体験………………… 34
人間的
　　――であること………………… 219
　　――な意識性…………………… 10
ネグレクト………………………… 75
脳性麻痺…………………………… 8

は

パーソナリティの
　　――精神病的部分……………… 22

　　――無意識的な側面…………… 13
パーソナルな
　　――アイデンティティの創造…… 137
　　――孤立………………………… 117
　　――万能感……………………… 70
排除された観察者………………… 127
バイパーソナルフィールド……… 34
破局的変化………………………… 37
破綻恐怖………………………… 6, 57-84
発達早期の破綻…………………… 68
発達促進的な環境の失敗………… 84
母親
　　――からの分離体験…………… 217
　　――との早期の関係…………… 208
　　――との不満足な対象関係…… 80
　　――の鏡機能………………… 217
母 - 乳児
　　――の絆の破綻………………… 82
　　――の結びつきの破綻………… 75
『バベルの図書館』……………… 173,185-199
万能感に蝕まれた患者………… 26 – 32
万能空想……………………… 22, 24
万能的思考……………………… 160
飛翔の最中……………………… 211
ひとつであること………………… 12
ひとつの体験を共に生きる……… 10
ひとまとまりの自己……………… 62
ひとりでいる能力………………… 117
不安な心的現実………………… 100
不穏な情緒体験…………………… 25
不快にさせる身体………………… 44
普遍的な現象……………………… 60
フランス心身症学派……………… 67
ブレークスルー体験……………… 41
分析
　　――がどの程度「生きている alive」のか 133
　　――スタイル………………… 134
　　――体験の本質……………… 220
　　――の第三主体……………… 124, 210
分析家
　　――としての役割……………… 78
　　――になることの難しさ…… 135
　　――のアイデンティティ…… 126

——の成熟……………………… 116
——の成熟体験………………… 119 – 127
——の理解の欠落………………… 125
分析的
——第三者……… 211, 220, 221, 223
——第三者のメタファー…………… 222
——な愛情関係…………………… 105
——な会話………………………… 214
——な対話………………………… 225
——な訓練の経過………………… 130
——な枠組みのマネジメント………… 3
——フィールド理論…………… 220, 221
分離していること………………… 12
防衛の組織化……………… 62, 66
捕食する赤ん坊………………… 10
ほどよく…………………………… 126

ま

マザリング……………………… 84
未知……………………………… 98
無意識……………… 6, 7, 12, 69
——の情緒的な生の一要素………… 98
——の心的現実…………………… 97
——のプロセス…………………… 207
無意識的
——空想…………………… 7, 127
——な協定………………………… 127
——な心的活動…………………… 23
——な心的作業…………………… 32
メタファー………………………… 9
——としての子宮…………………… 6
目に見えない心的な力の相互作用………… 221
メランコリー……………………… 11
妄想 - 分裂ポジション……… 22, 32, 41, 51
もの想い………………… 2, 6, 35, 36, 98, 210

や

夢 - 作業………………………… 32
夢のような内面生活……………… 147
夢見………………………… 3, 33, 97
——としての語らい………………… 2
——のプロセス…………………… 23
夢見えない夢…………………… 228
夢見て創り上げる………………… 5
夢見る…………………………… 118
夢を夢見る夢見者………………… 32
夢を理解する夢見者……………… 32
ユリイカ現象……………………… 41
抑うつ状態……………………… 209
抑うつポジション………… 22, 32, 41, 52
読むという体験………………… 194
より良き
——親……………………………… 5
——分析家………………………… 5

ら

ラットマン症例…………………… 24
理解する作業…………………… 32
「理解する」という行為 …………… 11
リビドー的自我…………………… 79
両親
——の変成的内在化……………… 121
——を不滅の存在にする…………… 121
レジリエンス……………………… 9

わ

私 - 性…………………………… 165
「私たち」というナラティブ ………… 224
私たちはいまや別世界を生きているのだ… 153
私のなかに浮かんだあらゆる考え………… 76

訳者略歴

上田勝久 （うえだ かつひさ）

1979 年　三重県伊賀市に生まれる
2008 年　兵庫教育大学大学院 教育臨床心理コース 修了
2018 年　京都大学大学院 教育学研究科臨床実践指導者養成コース 修了（教育学博士）
現　　在　兵庫教育大学大学院 臨床心理学コース 准教授 臨床心理士・公認心理師
著訳書　『日常臨床に活かす精神分析——現場に生きる臨床家のために』（分担執筆）（誠
　　　　信書房 , 2017）、『心的交流の起こる場所——心理療法における行き詰まりと治
　　　　療機序をめぐって』（単著）（金剛出版 , 2018）、『実践に学ぶ 30 分カウンセリ
　　　　ング——多職種で考える短時間臨床』（共編）（日本評論社 , 2020）、『道のりか
　　　　ら学ぶ——精神分析と精神療法についてのさらなる思索』（共訳）（岩崎学術
　　　　出版社 , 2021）、『投影同一化と心理療法の技法』（単訳）（金剛出版 , 2022）、『個
　　　　人心理療法再考』（単著）（金剛出版 , 2023）、『トラウマとの対話——精神分析
　　　　的臨床家によるトラウマ理解』（日本評論社 , 2023）
受　　賞　日本心理臨床学会 奨励賞（2015）、日本精神分析学会 山村賞（2015）
　　　　京都大学大学院教育学研究科長賞（2016）、三好暁光学術奨励賞（2017）

生を取り戻す
——生きえない生をめぐる精神分析体験

2024 年 11 月 1 日　印刷
2024 年 11 月 10 日　発行

著　者　トーマス・H・オグデン
訳　者　上田　勝久
発行者　立石　正信
発行所　株式会社金剛出版
　　　　〒 112-0005　東京都文京区水道 1-5-16
　　　　電話 03-3815-6661　振替 00120-6-34848

印刷・製本　精文堂印刷株式会社
装　画　渡邊沙織
装幀　装釘室・臼井新太郎
組版　古口正枝

ISBN978-4-7724-2072-3　C3011　　　　　　　　　　　　　　©2024 Printed in Japan

JCOPY 〈(社) 出版者著作権管理機構 委託出版物〉
本書の無断複製は著作権法上での例外を除き禁じられています。複製される場合は，そのつど事前に，出版者
著作権管理機構（電話03-5244-5088，FAX 03-5244-5089，e-mail: info@jcopy.or.jp）の許諾を得てください。

個人心理療法再考

［著］＝上田勝久

●四六判 ●並製 ●288頁 ●定価 **2,970** 円
● ISBN978-4-7724-1942-0 C3011

「精神療法」での連載の単行本化。
著者が臨床の場で学んできたことを通じて
「個人心理療法」の技能の
内実，有効性，価値を問い直す。

心的交流の起こる場所
心理療法における行き詰まりと治療機序をめぐって

［著］＝上田勝久

●A5判 ●上製 ●240頁 ●定価 **3,960** 円
● ISBN978-4-7724-1636-8 C3011

精神分析の最新の研究成果を
実践応用するための技術論を展開。
仮説と検証のプロセスを辿り，
あらゆる心理療法に通底する「治療原理」を探求する。

投影同一化と心理療法の技法

［著］＝トーマス・H・オグデン
［訳］＝上田勝久

●A5判 ●上製 ●220頁 ●定価 **3,960** 円
● ISBN978-4-7724-1920-8 C3011

投影同一化は，患者－セラピスト関係の重要な相互作用である。
米国で最も注目される精神分析家
Ｔ・オグデンによる精神分析的思索の
はじまりとなる著作の邦訳。

価格は10％税込です。